価値と資本

資本主義の理論的基盤

飯田和人 著

桜井書店

明治大学社会科学研究所叢書

目　次

第 1 部　価値と資本：その予備的考察

第 1 章　価値および資本概念と経済学……………………………………11

Ⅰ　緒言……………………………………………………………………11

Ⅱ　呪物性としての価値…………………………………………………12

　　1　実体主義から関係主義へ　13

　　2　価値形態論と呪物性論：関係主義的価値理論の視座から　15

　　3　呪物性の根拠としての社会的諸関係　18

Ⅲ　経済学のツールとしての価値論：抽象的労働説へ………………20

Ⅳ　資本とは何か？………………………………………………………24

　　1　資本概念：モノのレヴェル　24

　　2　モノとしての資本の運動の特徴　26

　　3　自己増殖する価値　27

Ⅴ　市場経済から資本主義経済へ………………………………………28

Ⅵ　資本主義経済とその分析視角………………………………………32

Ⅶ　結論……………………………………………………………………35

第 2 章　価値と資本循環……………………………………………………39
——体化労働説と抽象的労働説について——

Ⅰ　問題の所在……………………………………………………………39

Ⅱ　体化労働説と抽象的労働説…………………………………………40

Ⅲ　抽象的労働概念の存立構造…………………………………………43

Ⅳ　抽象的労働説における価値の量的決定……………………………45

　　1　抽象的労働説と純生産物　46

　　2　価値の尺度基準　48

Ⅴ　総資本の循環と社会的再生産………………………………………49

　　1　P…P 循環　51

4

  2　W′…W′ 循環　53

  3　G…G′ 循環　56

 Ⅵ　抽象的労働説と貨幣資本循環……………………………………… 59

 Ⅶ　結論：社会的再生産の理論と抽象的労働説………………………… 61

第2部　価値と価格の理論

第3章　抽象的労働説と国民所得論……………………………… 69

 Ⅰ　緒言……………………………………………………………… 69

 Ⅱ　抽象的労働説における国内純生産…………………………………… 69

  1　抽象的労働説における労働と純生産物　70

  2　過去の労働の生産物（＝在庫品）の評価　75

 Ⅲ　抽象的労働説と本源的所得…………………………………………… 76

  1　抽象的労働説とサービス生産　77

   ①抽象的労働説における生産概念　78

   ②サービス生産について　79

  2　国内純生産の構成　81

   ①民間「産業」部門の労働：市場の評価を受けた労働　82

   ②政府サービス生産者の労働について　83

   ③対家計民間非営利サービス生産者の労働について　85

  3　本源的所得と派生的所得　86

  4　帰属計算　88

  5　金融労働における本源的所得と派生的所得　89

 Ⅳ　結論……………………………………………………………… 92

第4章　諸資本の競争関係のなかでの剰余価値率と利潤率……… 97

 Ⅰ　緒言……………………………………………………………… 97

 Ⅱ　剰余価値と剰余価値率について：抽象的労働説の立場から……… 97

  1　労働力の価値と価格　98

  2　労働力の価値と剰余価値　100

  3　抽象的労働説における剰余価値と剰余価値率　105

   ①労働力の価格レヴェルでの概念規定　106

②価値レヴェル（＝長期・平均分析レヴェル）における概念規定　108

　　4　剰余価値率から利潤率へ　114

　Ⅲ　利潤率概念について……………………………………………………115

　　1　分析者の立場と日常意識の観点　115

　　①分析者の立場から規定された利潤率　116

　　②日常意識の観点　117

　　2　諸資本の部門間競争と利潤率　119

　Ⅳ　結論…………………………………………………………………………123

第5章　抽象的労働説と再生産可能価格……………………………127

　Ⅰ　問題の所在…………………………………………………………………127

　Ⅱ　再生産可能価格論の理論的枠組み……………………………………127

　Ⅲ　資本の運動に媒介された労働の社会的編成（配分）………………129

　　1　労働価値論と生産価格論　129

　　2　価値論なき生産価格論　131

　Ⅳ　価格変動の重心としての生産価格……………………………………134

　Ⅴ　剰余価値再分配と市場過程……………………………………………135

　Ⅵ　部門内の剰余価値再分配メカニズム…………………………………138

　Ⅶ　投下労働価値モデル……………………………………………………141

　Ⅷ　期間的な需給不一致……………………………………………………145

　Ⅸ　結論…………………………………………………………………………148

第6章　独占価格について…………………………………………………153

　Ⅰ　問題の所在…………………………………………………………………153

　Ⅱ　景気循環過程における期間的超過利潤の発生………………………156

　Ⅲ　景気循環の周期的変動を超えて持続する独占価格…………………160

　　1　買い手独占　160

　　2　売り手独占　164

　　3　過去の価値の流通過程への動員　166

　Ⅳ　過去に蓄積された価値の国家による動員……………………………168

Ⅴ　結論 ……………………………………………………………………… 170

第3部　資本の理論

第7章　資本概念と近代的企業システム ……………………………………… 177

Ⅰ　問題の所在 ……………………………………………………………… 177

Ⅱ　近代的企業システムとしての資本とその発展 ……………………… 178

  1　歴史貫通的な存在としての企業　178

  2　近代的企業システムの成立条件　179

  3　近代的企業システムの普及・一般化　181

  4　グローバル資本について　184

Ⅲ　資本内部の人的組織 …………………………………………………… 188

  1　資本‐賃労働関係　189

  2　資本家概念　190

  3　資本の人格化と資本の論理　191

  4　資本の論理の市場規律による再規定　192

Ⅳ　結論 ……………………………………………………………………… 193

第8章　資本家概念の拡充 ……………………………………………………… 197
——危険負担，企業組織および革新の担い手——

Ⅰ　問題の所在 ……………………………………………………………… 197

Ⅱ　失われた環としての資本家概念 ……………………………………… 198

Ⅲ　P…P 循環と組織者または経営者機能 ……………………………… 200

Ⅳ　W′…W′ 循環と企業家機能 …………………………………………… 203

Ⅴ　G…G′ 循環と資本家機能 ……………………………………………… 205

Ⅵ　結論 ……………………………………………………………………… 209

第9章　資本の所有，経営そして支配 ………………………………………… 213

Ⅰ　問題の所在 ……………………………………………………………… 213

Ⅱ　個人企業における所有と機能 ………………………………………… 214

Ⅲ　所有と機能との分離 …………………………………………………… 215

Ⅳ　株式会社制度と資本所有……………………………………………217

　1　譲渡自由な株式制　217

　2　有限責任制　217

　3　所有の二重化　218

Ⅴ　株式会社資本：私的資本に対立する社会資本 …………………220

Ⅵ　株式会社と企業統治…………………………………………………222

　1　所有と経営との分離　222

　2　経営者は株主の代理人か？　225

　3　所有と支配との分離　227

Ⅶ　会社は誰のものか？…………………………………………………229

　1　経営者支配とコーポレート・ガバナンス　231

　2　株主価値重視の経営とコーポレート・ガバナンス　233

　3　公器としての巨大株式会社　235

Ⅷ　結論……………………………………………………………………238

おわりに………………………………………………………………………243

　参考・引用文献　245

　初出論文一覧　252

　あとがき　253

第1部　価値と資本：その予備的考察

第1章　価値および資本概念と経済学

I　緒言

　資本主義経済を動かしている最も基軸的なエレメントは，価値と資本である。これらは，いずれもヒトとヒトとの社会的関係のなかから生み出されながら，逆に経済主体としての人々を動かし，そのことによって資本主義経済を駆動している。本書のテーマは，この価値と資本を徹底的に分析し解明することにある。

　価値と資本と言えば，J. R. ヒックスの名著『価値と資本』(1939年) がよく知られているが，本書のテーマはその意味も企図するところもまったく別物である。彼の方法論は正統派の新古典派経済学であり，これに対して本書はマルクス経済学の方法論に拠っている。ここにおいてはまた，価値は労働価値論によって基礎づけられると同時に，資本は自己増殖する価値もしくは自己増殖する価値の運動体として概念規定される。この価値および資本概念に関しては，『資本論』が刊行されてからおよそ150年をへた現在も，マルクス経済学の方法論的立場にたつかぎり基本的に大きな変更はない。

　とはいえ，この150年のあいだにいくつかの再検討を余儀なくされる事態が生じていることも事実である。マルクス自身の労働価値論は体化労働説と呼ばれる理論的類型に属するが，これは価値から生産価格への論理的展開において転形問題という大きなアポリアを抱えていたことが明らかになっており，また，価値・価格論の表舞台はもはや自由競争価格たる生産価格論ではなく，寡占・独占価格論ともなっている。さらに言えば，彼の資本概念は19世紀のイギリスで支配的であった企業形態 (＝個人企業) を基礎にしたものであったが，現代では時代の主流をなす巨大独占企業のほとんどが株式会社資本である。

　こうした時代の変化に対応して，本書においては価値論に関しては同じ労働価値論ではあるが，体化労働説ではなく抽象的労働説に依拠することでその現代化を図り，それを踏まえて資本を自己増殖する価値として捉え概念構成し直

12　第1部　価値と資本：その予備的考察

している。本書の狙いのひとつは，この資本概念を基礎に19世紀イギリスの時代から現代までの企業形態の発展，具体的に言えば個人企業から株式会社資本までの発展を理論的に検証し，それによって資本概念そのものを現代化していくことにある。

　この課題に関しては，本書の第3部・第7章以下で近代的企業システムという独自の概念を提示しながら本格的に展開していくつもりだが，そのためにもまずは価値論の現代化を図らなければならない。第1部の課題は，この価値論の現代化を踏まえて資本を自己増殖する価値として捉え直すことにおかれている。

　本書の最終的な目的は，以上の手続きをとおして，価値および資本概念の抜本的な変革を図り，それにより経済学の新しい理論的地平を切り拓いていくことにある。

補遺　本書の拠ってたつ抽象的労働説の内容については後述するが，この新しい労働価値論が登場するのは，1960年代後半から欧米を中心に展開された，いわゆるマルクス・ルネサンス期であった。抽象的労働説の先駆的業績としては，ルービン学派の影響を強く受けたKrause [1979]，さらにはLipietz [1982]，Foley [1982b]，Moseley [2000]らをあげることができる。このうちKrauseの理論的特徴については拙著 [2001] を参照されたい。

　　なお，LipietzやFoleyらはやがて「新解釈」学派と称するようになり，価値から生産価格への転形を前提とするDual Systemを否定して，労働量と価格とを直接に接合するSingle Systemアプローチを主張するようになる。彼らの価値と価格との一体性を前提するSingle Systemアプローチは，本書の拠ってたつ抽象的労働説と共通部分もあるが，ただし抽象的労働と貨幣との関係性の認識においてはやはり根本的に異なっている，と言わざるをえない。この「新解釈」学派については，本書の第4章で取り上げる。

II　呪物性としての価値

　マルクスの経済学の最も枢要な概念は，言うまでもなく「資本」である。彼の主著のタイトルが『資本論』(*Das Kapital*) となっていることからも，そのことは容易に窺い知れよう。その資本概念は，すでに述べたように自己増殖する価

値の運動体として規定されている。そして，この独特の資本概念を理解するためにも価値概念すなわち労働価値論が重要になるのである。

1 実体主義から関係主義へ

　労働価値論はいくつかの理論的類型に分かれる。最も一般的なものは価値本質論と呼ばれる類型に属し，体化労働説とも呼ばれる理論である。これは，生産過程で投下された労働量によって価値の大きさが決定されると考え，この価値の実体を抽象的人間的労働として把握する立場である。詳しくは後述する。

　それに対して，本書の労働価値論は抽象的労働説と呼ばれる理論的類型に属している。これは，体化労働説が価値の実体としての抽象的労働を労働・生産過程で自存するものとして捉えるのに対して，市場すなわち流通過程において商品が貨幣に転化することによって商品生産労働が抽象的労働に転化する，と考える。言い換えるなら，抽象的労働説は，商品の貨幣への転化（W—G：販売）によって商品生産労働が抽象化され，価値を生産する抽象的労働として実現される，という論理をとるのである。これも詳しくは後述しよう。

　もっとも，筆者ははじめから抽象的労働説にたっていたわけではなかった。多くのマルクス学派と同じように体化労働説の立場から出発しており，それもこの体化労働説から直接的に抽象的労働説の立場に移行したのでもなかった。最初は，体化労働説における価値実体である抽象的人間的労働の自存性を否定して，これをひとつの社会的関係規定として捉え直す立場，すなわち関係主義的な価値理論（以下，価値関係説とも表記）の立場にたつことで，体化労働説の実体主義的な価値概念を否定する側に移ったのである。この移行に力を与えてくれたのは，当時，価値関係説の代表的論客であった哲学者・廣松渉[1]の『資本論』研究であった[2]。

　あとで確認するように，関係主義的な価値把握と実体主義的な価値把握とは，じつのところマルクス自身の労働価値論体系のなかに併存もしくは混在していたものである。したがって，ここで価値関係説の立場からの実体主義的な体化労働説への批判といっても，それは彼の価値論体系内部における理論的対立とも言うべき性格をもっている。

　こうした観点から，かつて筆者は旧著［2001］『市場経済と価値──価値論の

新機軸』において，マルクス価値論体系のなかから価値関係説的な論理を析出し，これに体化労働説を対峙させることで，体化労働説という実体主義的な価値理論の引力圏から一度は脱出している。要するに，そのことによって価値実体をいわば単なる関係性に解消したのである。しかしながら，それは「一度は脱出した」ということにすぎなかった。その後，筆者は十有余年をへて今度は抽象的労働説という人間労働を価値「実体」とする労働価値論に舞い戻ってきたからである。では，なぜそうしたのか？

たしかに，実体主義的な価値概念を否定し，ある種の社会的関係規定として価値を捉え直すことは，存在論的もしくは認識論的なレヴェルにおいては重要な意義を有することは間違いなかった。それは，経済学における価値概念の存立構造（もっとわかりやすく言ってしまえば，その楽屋裏）を開陳したのと同じことでもあった。

とはいえ，そのことによって経済学からその分析ツールとしての価値論を失わせたこと（あるいは，それを無力化してしまったこと）も否定できないのである。さらに言えば，純生産物という集計概念を不可欠とするマクロ経済領域では，この集計量としての価値（＝純生産物）の実体が何であるのかという問題を曖昧にしておくことは，（少なくともマルクス学派の立場からすれば）理論的には許されないことであった。こうした事情によって，筆者は経済学の世界に抽象的労働説によって価値論を復位させることになったわけである。

かくして，本書においては，純生産物（あるいは価値生産物）を産出したのは人間労働であるという労働価値論の基本的な立場にたって価値「実体」を再措定している。むろん，一度は価値関係説の立場に拠った以上，体化労働説に復帰することはありえない。価値関係説にたち，そのうえで価値「実体」（＝人間労働）を経済学のツールとして措定しなければならないからである。そして，それを可能にした労働価値論が抽象的労働説だった，ということである。

こうした次第で，筆者はすでに現在は抽象的労働説の立場にたっている。そこで，ここにおいてはもう一度マルクス労働価値論のなかから関係主義的な価値論を抽出し，その基本的内容を確認しておこう。そのうえで，この価値関係説にもとづいて抽象的労働説を経済学のツールとして再確立（再確認）する，という作業に着手していくことにしたい。

2 価値形態論と呪物性論：関係主義的価値理論の視座から

　さて，上述してきたような関係主義的な価値理論は，『資本論』第1巻第1章，すなわち商品章第3節の価値形態論と第4節の呪物性論のなかで展開されている。それは，主として商品や貨幣の呪物性の根拠を論ずるところで示されるのである。たとえば，マルクスは，価値形態論のなかで相対的価値形態において現れる商品の呪物性と等価形態において現れる貨幣（ただし，その萌芽）の呪物性に関して次のように論じている。

　　「この呪物性は等価形態において相対的価値形態におけるよりもいっそう顕著に現れてくる。……この形態は，まさに一商品の物体形態または現物形態が直接に社会的形態として，他の商品のための価値形態として通用しているということに存在する。だから，われわれの交易の中では，等価形態をもつということは，したがってまた，それが感覚的にそこにありさえすれば他の諸物と直接に交換されうるということは，ある物の社会的な自然属性として，その物に天然に具わる属性として現れるのである。」[3]

　貨幣は，あらゆる商品に対する直接的交換可能性という，ある種の呪物的性格を生まれながらに具えている。それは，あたかも貨幣に「天然に具わる属性」であるかのように，その「社会的な自然属性」とも言うべき形で人々の意識に映現している。このことをマルクスは上記の引用文のなかで等価形態の特性として説明しているわけである。

　ここで重要な点は，彼がこの商品および貨幣の呪物性について次のように捉えているところである。すなわち，それらの呪物性とは，市場経済（マルクスの表現を借りるなら「商品世界」）において取り結ばれる私的諸労働の社会的性格が，そこで生活する人々の意識にそれら諸物の価値性格として反映されたものである，と。この点，彼は価値形態論を含む商品章全体を総括するその第4節においてこう述べている。

　　「互いに独立な私的諸労働の独自な社会的性格はそれらの労働の人間労働としての同等性にあるのであって，この社会的性格が労働生産物の価値性格の形態をとる。」[4]

　　「私的生産者たちの頭脳は，……異種の諸労働の同等性という社会的性格を，これらの物質的に違った諸物の，諸生産物の，共通な価値性格という形態で

16 第1部 価値と資本：その予備的考察

反映させる。」[5]

　それでは，市場経済（＝商品世界）のなかで生活する人々の頭脳もしくは意識に「労働生産物の価値性格」として反映させる「私的諸労働の独自な社会的性格」とは何であろうか？

　マルクスは，これを「異種の諸労働の同等性」あるいは「人間労働としての同等性」であると述べている。彼によれば，さらにこの「私的諸労働の社会的性格」は「私的諸労働の社会的諸関係」であり，そのことは貨幣形態によって物的におおい隠されてしまっているのだ，とされる。次の引用文のなかにそのことが示されている。

　　「商品世界のこの完成形態——貨幣形態——こそは，私的諸労働の社会的性格，したがってまた私的労働者の社会的諸関係をあらわに示さないで，かえってそれを物的におおい隠すのである。」[6]

　ここでは，人々の意識に「労働生産物の価値性格」として反映される「私的諸労働の独自な社会的性格」すなわち異種の諸労働の人間労働としての同等性が「私的労働者の社会的諸関係」と言い換えられている。つまり，「異種の諸労働の同等性」が「私的労働者の社会的諸関係」として捉え直されているわけだが，じつは，この捉え直しのなかに価値関係説へとつながる理論的回路が存在しているのである。以下においては，この価値関係説をベースに労働価値論を抽象的労働説として提示するつもりだが，ここではひとまずこの関係主義的な価値概念のエッセンスだけを提示することにしよう。

　上記引用文で言う「私的諸労働の独自な社会的性格」すなわち異種の諸労働の人間労働としての同等性とは，体化労働説の立場にたてば価値の実体としての抽象的人間的労働のことにほかならない。そして，この場合には，それがあらゆる種類の労働において支出される人間の生理的エネルギーとして，実体化され自存化された位相で把握されることになる。

　これに対して，価値関係説の立場からは，この「私的諸労働の独自な社会的性格」は，ある種の社会的関係規定として把握される。そして，そのような価値関係説的な理解は，もともとマルクス自身の価値論のなかに存在しており，たとえば次の引用文のなかにそうした理論的立場が示されていたのである。

　　「私的諸労働の社会的な形態とは，同じ労働としてのそれらの相互の関連で

ある。つまり，千差万別のいろいろな労働の同等性は，ただそれらの不等性の捨象においてのみ存在しうるのだから，それらの社会的形態は人間的労働一般としての，人間的労働力の支出としての，それらの相互の関連であって，このような人間的労働力の支出は，すべての人間的労働力がその内容やその作業様式がどうあろうと，実際にそういうものなのである。どの社会的な労働形態においても，別々な諸個人の労働は，やはり人間的労働として互いに関連させられているのであるが，ここではこの関連そのものが諸労働の独自に社会的な形態として通用するのである。」7)

ここにおいては，文字どおり「関連そのものが諸労働の独自に社会的な形態として通用する」ことが言明されており，私的労働の社会的性格（＝抽象的労働）を関係概念として，独自の関係性の位相において捉える立場が打ち出されている。

ここで言う「私的諸労働の社会的な形態」とは，異種の私的諸労働の同等性とされるが，じつは，それは諸商品の社会的関係（＝商品の交換関係あるいは価値関係，さらにはそれに媒介される商品生産労働の等置関係）のなかでだけ存立し，それ自体はこの関係のなかで互いに等置された異種の労働の一方でもなければ他方でもない。言い換えれば，それは両者に共通の第三者であり，このような第三者はいわば「抽象的な共通性としての普遍」としてだけ存立可能なのである。そのかぎりで，これはただ関係のなかでだけ把握され，この関係性（たとえば種類の異なった労働どうしの等置関係）を離れたところでは決して存立しえない。

こうした観点から見れば，体化労働説はこのような関係性のなかでだけ把握可能な抽象的労働を価値の実体として措定しているのであるが，これは同じような存立構造をもつ「抽象的な共通性としての普遍」概念そのものを実体化しているのとなんら相違はないのである。要するに，それは，その一方でもなければ他方でもないもの（＝第三者）を，この関係を取り結ぶ両者に帰属させ実体化してしまっている，ということである。

これに対して，関係主義の場合には，この抽象的労働が，これを異質的な諸労働の同等性もしくは「抽象的な共通性としての普遍」として成立させている「関係」そのものとして措定される。つまり，ここにおいては，異質的な諸労

働の同等性は実体化されることなく，もっぱら関係性の位相においてのみ把握されるのである。

　そこで，このような関係主義の立場から異質的な諸労働の同等性を関係性の位相でのみ把握したものをここでは「抽象的労働」と呼び，これを実体化したところで把握したものをマルクスに倣って「抽象的人間的労働」と呼ぶこととしよう。これによって，用語上も両者の違いを明確にしておこうというわけである。

　関係主義的価値概念のエッセンスとしては，以上のとおりである。筆者は，前掲の拙著 [2001] において，この抽象的労働概念の存立構造を明らかにすることで，これをある種の社会的関係規定として捉え直し，価値関係説のなかにその独自の位置づけを与えた。このなかでは，抽象的労働概念は，市場経済（商品世界）を構成する諸関係，諸関連の総体という，いわば重層的な関係構造において支えられていることを明らかにしたのであるが，その全体構造をここで示すことは割愛しなければならない。ここでは，ただ価値関係説についてのエッセンスだけを示し，ここからは価値形態論と呪物性論との関係をめぐる議論へと戻ったうえで，価値論を経済学のツールとして再措定する作業へと議論を進めていくことにしたい。

3　呪物性の根拠としての社会的諸関係

　すでに述べたように，商品世界においては商品が価値性格をもち，他方の貨幣はこの価値の絶対的定在として，あらゆる商品に対する直接的交換可能性という独特の性質を付与されている。マルクスは，こうした諸物の価値性格が人々の意識に反映された私的諸労働の社会的性格であるとして，その呪物性の根拠を商品章第3節の価値形態論や第4節の呪物性論の展開をとおして明らかにしようとしたわけである。

　そこでまず確認しておくべきは，彼の言う「私的諸労働の社会的関連」とは，これら労働生産物の商品としての交換をとおして形成されるということである。したがって，このような私的諸労働の社会的関連は，ひとまず諸商品の交換関係，価値関係という，いわば商品連関に媒介されて行われるのである。

　そこで，商品や貨幣の呪物性の根拠を私的諸労働の社会的関連のなかに求め

る以上，その分析次元を商品連関からそれに媒介された労働連関へと深化（＝
下向）させることは，いわば不可避の論理的手続きと言うべきであったろう。
マルクスもまた，このような商品連関から労働連関へという分析次元の深化を
価値形態論の展開のなかで行っているのであるが，ただし，ここでは次のこと
に注意しなければならない。

　商品および貨幣に内属している（と思われている）価値とは，そもそもは商
品世界のなかに生きる人々の独特の社会的関係そのものが，彼ら自身の意識の
うちに商品や貨幣のもつ固有の属性（＝「社会的自然的属性」）として反映され
たものであり，それら商品や貨幣に付着した呪物的性格である。価値関係説の
場合，ここで呪物性の根拠にされている商品世界のなかに生きる人々の独特の
社会的関係はもっぱら関係性の位相だけで捉えられ，それが実体化されること
は決してない。そして，このような呪物性論の基本的内容を論定するだけなら，
もともと関係でしかなかったものを実体化することも，さらには労働連関次元
へと下向することも必要のないことなのである。商品連関次元にとどまり，そ
の次元で商品および貨幣の呪物性の根拠を社会的関係として論定すればよい，
ということである。

　つまり，ここにおいては労働連関次元へ下向することなく，商品世界のなか
で取り結ばれている独特の社会的関係が人々の意識に諸物の呪物性として反映
されるメカニズムを析出することは十分に可能なのである。筆者は，こうした
観点から旧著 [2001] ではもっぱら商品連関次元で価値形態論を展開し，それに
よってこの商品世界に独特の社会的関係が人々の意識に商品および貨幣の呪物
性となって反映される論理構造（メカニズム）を提示した。

　それは，価値関係説に基礎づけられた呪物性論とも言うべきものである[8]。
そして，この理論的な核心だけを言えば，こうなる。諸商品に共通する第三者
もしくは「抽象的な共通性としての普遍」は，商品連関次元において商品世界
に独自の関係を取り結ぶ人々の社会的関係として（関係性の位相で）捉えられ
る。そして，この関係主義的な呪物性論は，商品や貨幣の呪物性の根拠を商品
連関次元で析出される「抽象的な共通性としての普遍」（＝価値）あるいはそれ
を支える関係性そのものに求める，ということである。

　これに対して，マルクス自身は商品連関次元からさらに労働連関次元に下向

20　第1部　価値と資本：その予備的考察

し，そこから析出された私的諸労働の社会的な関係にまで分析次元を深化させ
ているが，それはつまるところ諸商品に共通する第三者すなわち「抽象的な共
通性としての普遍」を労働連関次元で実体化するためであった。彼の言う「私
的諸労働の独自な社会的性格」すなわち異種の諸労働の人間労働としての同等
性とは抽象的人間的労働のことであり，その生産物が商品の価値なのである。
この意味で，商品価値はこの抽象的人間的労働の体化（＝対象化）されたもの
として措定されるわけで，その結果として私的労働の社会的性格たる抽象的人
間的労働は実体化されたのである。

　なお，労働連関次元へ下向せず商品連関次元で呪物性論を展開するかぎりに
おいては，それはいまだ単なる関係主義的な価値理論の立場にとどまっており，
したがって，この時点ではまだ労働価値論ではないということには留意された
い。あえて言えば，この段階においては，いまだ価値論はいわゆる存在論的も
しくは認識論的なレヴェルにおかれたままにある，ということでもある。

III　経済学のツールとしての価値論：抽象的労働説へ

　さて，ここでの目的は，上述した関係主義的な価値理論や呪物性論の内容を
あらためて世に問うことではない。ここでは，価値関係説の立場から労働価値
論を抽象的労働説として提示することが求められている。

　そこでまず確認すべきは，抽象的労働説にたつ場合にも，それが労働価値論
である以上は商品連関次元から労働連関次元への下向を不可欠とする，という
ことである。ただし，この場合，体化労働説的な労働価値論とは異なった方法
がとられなければならない。この点に関連して，筆者は旧著［2001］のなかでこ
の関係主義的な価値理論と労働価値論そのものとの区別と関連について次のよ
うに論じている。

　「労働価値論は関係主義的な価値理論をベースにこれを再構成できるが，こ
の労働価値論は通常の実体主義的な労働価値論とは区別される必要がある。
なによりもここでは，抽象的人間労働が価値の実体として労働・生産過程
で自存することはなく，商品世界という独特の物象化された空間を構成する
価値関係の内部でだけ存立するという点で，その理論的位相は決定的に異な

る。……したがって，この立場にたつかぎり，労働価値論は関係主義的価値論のベース上で展開されるある種の「道具」（比喩的に言えば，ひとつのアプリケーション・ソフト）の地位におかれることになるであろう。」[9]

要するに，関係主義的な価値理論は，労働価値論をある種の「道具」すなわち経済分析のためのツールとして措定することができる，という主張である。そこで，労働価値論をそのような「道具」として提示するためには，問題の抽象的労働概念を関係性の位相にとどめることなく，これを実体化していく必要がある。問題は，この実体化をどこでどのように行うのかということである。

まずここで必要とされるのは，商品連関（＝モノとモノとの関係）次元から労働連関（＝ヒトとヒトとの関係）次元への下向である。言葉を換えて言えば，物象的な諸関連，諸関係の次元から人格的な諸関連，諸関係の次元への分析の深化である。とりわけ注意すべきは，後者における人格的諸関連，諸関係とは，市場における交換の担い手としてのヒトとヒトとの関係ではなく，労働過程における分業の担い手としてのヒト，すなわち自然との物質代謝過程における主体としての人間相互の関連であり関係だ，ということである。

したがって，ここで行われる商品連関次元から労働連関次元への下向（すなわち分析次元の深化）とは，要するにモノとモノとの関係の背後に隠されたヒトとヒトとの関係を究明し，そうして析出された自然との物質代謝過程における主体としての人間相互の諸関連，諸関係の次元に価値論の存立基盤を移していく，という理論的作業にほかならない。

ただし，この場合，そうした商品連関次元から労働連関次元への下向という手続きだけで，抽象的労働を実体化してしまうことは許されないであろう。なぜなら，関係主義的な立場にたつ以上，労働連関次元への下向をとおして析出された異質な諸労働の同等性すなわち抽象的労働は，もっぱら関係性の位相においてのみ把握されなければならないからである。

さらに言えば，ここにおける労働連関次元への下向は，マルクスが商品章第1・2節で行ったような，最も単純な交換価値を表す2つの商品（たとえば，マルクス価値論の世界では有名なリンネルと上着）の等置関係（$W_1 = W_2$）をもとに行われるべきではない。分析の対象とすべきは，商品世界に存在する，すべての商品が互いに等置されあうような関係でなければならないのである。その

ことによってはじめて，関係としての抽象的労働概念が，あらゆる商品生産労働に共通する属性として，したがってまたそれら諸労働の具体性や有用性を捨象された労働として措定されるからである。では，そのような関係とはどのようなものか？

結論から言ってしまえば，それは最も発達した交換価値を表示する価値形態論における第四形態，すなわち貨幣形態に見られるような関係だということになろう。それは，以下のように示される。

ここにおいては，商品世界に存在するすべての商品（A商品，B商品……N商品）が貨幣金を媒介にして等置関係におかれている。そして，このような等置関係のもとで，はじめて商品生産労働は，あらゆる労働に共通の属性として，それぞれの具体性や有用性を捨象された抽象的労働として，その意味では相互に形態変換が可能な労働して関係しあうのである。むろん，こうして析出された抽象的労働も，関係主義の立場を墨守するかぎり，これが実体化されることなく，あくまでも関係性としてのみ把握されなければならない。

ただし，労働価値論を経済学のツールとして使用可能なものにするためには，この関係としての抽象的労働を実体化していく必要がある。そこで問題は，このような関係としての抽象的労働をどこで何を根拠に実体化するのか，ということであった。抽象的労働説の立場から言えば，この関係としての抽象的労働が実体化されるのは，商品の貨幣への転化によってである。

それと言うのも，貨幣は現実的に，市場経済（＝商品世界）のなかであらゆる商品に対する直接的な交換可能性を与えられている。したがって，商品がこの貨幣に転化するなら，言い換えれば，その販売（W—G）によって商品が貨幣として実現されるなら，当該商品を生産した労働は，それによってまたあらゆる種類の商品生産労働に対する直接的な交換可能性——もしくは変換可能性

——を付与されることになるのである。そして，このあらゆる種類の労働に交換（もしくは形態変換）可能な労働こそが抽象的労働にほかならなかった。かくして，抽象的労働説にしたがえば，商品を生産した具体的有用労働は，当該商品の貨幣への転化によって抽象的労働に転化する，ということになる。

こうして抽象的労働が実体化されたことで，労働価値論すなわち抽象的労働説は経済学のツールとして使用することが可能になるのである。それはいわば関係主義的な抽象的労働説というべきものであり，その理論的核心は次の点にある。

ここにおいて，抽象的労働は，労働・生産過程に自存するものとしてではなく，また単なる関係性としてでもなく，流通過程で商品が貨幣に転化することによって私的労働が転化すべき社会的労働として措定されている。つまり，関係主義的な価値理論において関係として措定された抽象的労働は，ここではそれが成立している関係性の位相から切り離され，これとは別次元の存在として措定されたわけである。そして，事実上はそのことによって，関係としての抽象的労働を実体化し，これを経済分析のためのツールに作り替えているということである。

むろん，このような関係としての抽象的労働の実体化は，市場における商品の貨幣への転化を根拠にしており，この意味では単なる思考のなかだけの論理的操作ではないことにも注意しなければならない。そして，そのさいなによりも重要な点は，ここで価値論は，いわば存在論的もしくは認識論的なレヴェル（＝関係主義的な価値理論）から経済分析のためのツール（＝抽象的労働説）へと変換されたのだ，ということである。

ただし，次のことに注意しておこう。ここで筆者は，関係主義的な価値理論を放棄して抽象的労働説という別の価値論に宗旨替えしたというのではない，ということである。存在論的もしくは認識論的なレヴェルでは，なお依然として関係主義的な立場であることにはなんら変わりがない。そうしなければまた，貨幣のもつ特性——あらゆる商品に対する直接的な交換可能性，すなわちその呪物性——を説明できないからである。ここでは，そうした商品世界における貨幣の特性（＝呪物性）とその説明原理とを前提したうえで，経済学のツールとして抽象的労働説を採用するということである。

24　第1部　価値と資本：その予備的考察

　なお，この抽象的労働説の理論内容については，次章においてさらに踏み込んで論ずることにしよう。以上を確認したところで，次に自己増殖する価値すなわち資本概念を取り上げたい。

IV　資本とは何か？

　ここで言う資本とは，言葉を変えて言えば企業のことであり，より正確に言えば資本制企業のことである。それは，剰余価値もしくは利潤の獲得を目的とした独自の機能集団もしくは経済組織体であるが，この規定は資本をもっぱらヒトのレヴェルで捉えたものである。ただし，マルクスの経済学においては，資本はヒトとヒトの関係でもなければ，あるいはまた単なるモノでもない。それは，モノとヒトとの転倒的な相互依存関係として捉えられているのである。

　たしかに，資本（もしくは資本制企業）は，独特のヒトとヒトとの関係から成り立っている一方で，それはまた貨幣や商品そしてさまざまな生産手段といったモノや，あるいは契約や規則，慣例といったコトの関係からも構成されている。したがって，資本とは単なるヒトとヒトとの関係でもなく，また単なるモノやコトの関係でもない。それは，ヒトとモノ（さらにはコト）との独特の関係の総体として捉えるほかはないのである。そこで本書では，マルクスにしたがって，この資本概念をモノのレヴェルとヒトのレヴェルの2つの次元から捉えていくことにしたい[10]。

　とりあえずは，モノのレヴェルからである。

1　資本概念：モノのレヴェル

　まず資本の運動をモノのレヴェルから捉えるなら，次のような形で表すことができる。

$$貨幣1—商品1\left\langle \begin{array}{l} 労働力 \\ \\ 生産手段 \end{array} \right. …生産過程…商品2—貨幣2$$

　これを記号式で示すと以下のようになる。

$$G—W \Big\langle \genfrac{}{}{0pt}{}{A}{Pm} \cdots P \cdots W'—G' \quad または——$$

$$G—W \Big\langle \genfrac{}{}{0pt}{}{A}{Pm} \cdots P \cdots W' \Big\langle \genfrac{}{}{0pt}{}{W}{+ \;—G'}{\Delta W} \Big\langle \genfrac{}{}{0pt}{}{G}{+}{\Delta G}$$

　これは，資本の一般的範式（もしくは循環定式）と呼ばれるものだが，基本的には資本のひとつの完成形態を示す産業資本の運動を表している。G が貨幣を W が商品を表し，G—W は購買（＝商品の貨幣への転化），W—G は販売（＝貨幣の商品への転化）を意味している。

　ここで，資本の運動の終点にある貨幣 G′ は，出発点の貨幣 G よりも ⊿G 分だけ大きな価値をもつ（G′—G＝⊿G）。この差額（⊿G）が剰余価値[11]であり，その獲得（＝自己増殖）が資本の運動の目的である。

　資本の運動の両サイドは，流通過程すなわち市場（販売 G—W と購買 W—G）である。産業資本の運動の特徴は，その間に生産過程（…P…）が組み込まれているところにある。以下，この資本の運動プロセスにしたがって，この一般的範式の意味を確認していこう。

　最初の段階 G—W は，資本がその生産過程を構成するためのさまざまな生産要素（労働対象，労働手段）を調達する過程であり，A は労働力を Pm は生産手段を表す。なお，労働力はもちろん単なるモノではなく人間存在であるが，ここではその人格性を問わない商品（モノ）として取り扱われていることに注意されたい。

　次の段階の生産過程（…P…）において，労働力（A）と生産手段（Pm）とが結合され，そこから新しい生産物（W′）が産出される。それは，いわば商品による商品の生産である。資本の運動の目的とする剰余価値は，この生産過程で労働によって生み出されるが，それは新しい生産物においては剰余生産物（⊿W）の形で存在する。この新しい生産物は次の段階で商品として販売（W′—G′）され，それによって回収された貨幣 G′ には最初に投下された貨幣額 G のほかに剰余価値 ⊿G が含まれている（G′＝G＋⊿G）。

　資本の運動の目的は，この剰余価値の獲得にあり，それが実現されたところ

26 第1部 価値と資本：その予備的考察

で資本の1回の運動は終了する。以上が資本の一般的範式の基本的内容であるが，ここからさらにモノとしての資本の運動の特徴を見ていこう。

2 モノとしての資本の運動の特徴

運動体としての資本における出発点の貨幣 G は，単なる貨幣ではなく，剰余価値の獲得手段として資本として機能する貨幣すなわち貨幣資本である。資本の運動の終点にある貨幣もまた貨幣資本だが，これは出発点の貨幣資本よりも価値的に大きくなければ意味がない。つまりは，そこに剰余価値（ΔG）が含まれている必要がある。

資本がこの剰余価値（ΔG）を含む貨幣資本（G′）に転化する前には，生産過程（…P…）をへて流通過程にはいる商品（W′）の形態をとるが，これも単なる商品ではなく商品資本である。さらには，資本の生産過程（…P…）を構成する労働力と生産手段のうち，後者は原料，燃料，補助材料等からなる労働対象と，道具や機械，工場設備等からなる労働手段との2つから構成される。これらは，いずれもそれぞれの商品市場（生産財市場）から調達されてくる。ただし，ここではそれら生産要素がただ寄せ集められているというのではない。この $W\left\langle\begin{array}{l}A\\Pm\end{array}\right.$ は，一定の使用価値をもった新しい生産物（W′）をつくりだすと同時に，資本の目的である剰余価値を生産するための独自の生産機構として存在し，ここからそれは生産資本として把握されることになる。

こうして資本は，貨幣資本から出発し，流通過程，生産過程そして再び流通過程へと活動の場を変えながら，剰余価値をともなって元の貨幣資本の形態に戻ってくる。このような運動は circulation（循環）という用語で表され，これが資本の運動のもつ特徴のひとつなのである。さらに，資本の運動の特徴を言えば，それがひとつの形態にとどまらず，次々と姿を変えていく運動だという点にある。こうした運動は，metamorphose（姿態変換）という用語で表現される。

かくして，貨幣資本，生産資本，商品資本と次々にその姿を変え（metamorphose）ながら，最後に剰余価値をともなって再び貨幣資本の形態に戻ってくる（circulation する）運動体，それが資本である。ただし，これはあくまでモノのレヴェルで資本を概念規定しているにすぎないという点に留意しなければならない。

3　自己増殖する価値

　このように，次々と変化を遂げるにもかかわらず変わらない存在は，実体（substance）という概念で捉えられる。では，この資本の姿態変換（metamorphose）運動の実体は何か？

　価値である。ここにおいては，価値が貨幣資本の姿をとり，生産資本の姿をとり，そして商品資本の姿をとる。いわば抽象的な存在（＝価値）が具体的な形態（＝資本諸形態）をとるのである。価値が資本の姿態変換運動の実体として把握されているということは，まさにこのような意味においてであった。と同時に，ここでまた価値は，貨幣資本から出発してさまざまな過程をへながら再び剰余価値をともなった貨幣資本へと回帰してくる循環（circulation）運動の主体としても把握されている。ここでは，価値が運動の実体であり主体なのである。

　そして，この実体＝主体としての価値は，こうした独特の運動をとおして剰余価値を獲得し自己増殖を遂げていく。ここにおいて資本を概念規定すれば，それは自己増殖する価値あるいは自己増殖する価値の運動体である。むろん，これはもっぱらモノのレヴェルで把握された資本概念であることに再度留意されたい。

　ただし，そうしたモノとモノとの関係として現れる資本の運動の背後には，言うまでもなく人間（ヒト）が存在する。というより，むしろ人間たちが実際には資本諸形態を動かしている。つまり，モノのレヴェルを離れてヒトの観点から見るなら，資本諸形態のもとで人間たちの取り結ぶ独自の関係や彼ら自身の諸活動が，モノとモノとの関係となって現れ，モノの運動プロセスとなって現れている，ということである。

　要するに，モノのレベルで規定された資本概念は，単にヒトとヒトとの関係が論理的に捨象されているにすぎないとも言うことができる。そこで問題は，このモノのレベルでだけ規定された資本概念と，ここで捨象されているヒトとヒトとの関係とがいかなる理論的関連をもつのか，ということである。このような問題は，本書の第3部で扱われる予定である。ここから先は，ひとまずこのモノのレヴェルで捉えられた資本の運動と社会的再生産との関係について議論を掘り下げておきたい。

V　市場経済から資本主義経済へ

　市場経済と資本主義経済とは一般的な通念としては同じものだが，これを論理的に区別することはできる。マルクス学派の場合には，とくにそれが重要な意味をもちうるであろう。それというのも，その経済学方法論の特徴は，商品概念から貨幣概念，そして資本概念へという「上向」展開をとおして，より単純なものから複雑なものへ，より抽象的なものから具体的なものへと理論展開するところにあり，この方法にしたがって，商品概念，貨幣概念からのみ構成される「市場経済」を資本主義経済のより単純な形態，より抽象的な形態として措定することが可能だからである。ここでもその方法にしたがって，市場経済から資本主義経済へと上向展開し，それによって，これ以降の議論の叩き台を用意すると同時に，さらなる理論展開のための道具立てを手に入れていくことにしよう。

　そこでまず市場経済は，資本主義経済から資本概念が論理的に捨象され，商品と貨幣とを基本的な構成要素とする独自の社会的再生産過程として概念構成される。このような意味での市場経済を最も単純化した形で示したものが下記の概念図である[12]。これは単純流通と呼ばれるが，以下においては，この単純流通の内容について簡単に説明していこう。

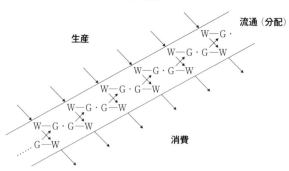

図1-1　市場経済と社会的再生産

　まず確認すべきは，この概念図のなかでは，きわめて簡単で抽象的な形では

あるが，社会的再生産過程を構成する4つの基本的なプロセス——すなわち，生産，消費，分配，交換（流通）——が示されている。しかも，ここにおいては，それらが単に表示されているというだけではなく，それぞれが相互の理論的な関連をもって示されている。つまり，ここでは，分離された生産と消費とが貨幣（G）に媒介された交換すなわち流通によって結びつけられている。生産と消費との分離は，社会的分業と私有財産制度が確立された社会的再生産過程の特徴であり，これが流通過程によって統一されるのが市場経済の基本的なあり方なのである。この流通（すなわち市場）のなかで分配が行われるが，それは分配が市場経済ではなんらかの生産要素（たとえば労働）の提供に対する反対給付もしくは報酬（たとえば賃金）という形で行われるからである。

また，ここにおいてはさまざまな商品（W）が生産過程から流通過程に送り込まれ，そこで貨幣（G）と交換されることにより持ち手を換えて，消費過程へと移動していることが示されている。こうした運動のなかで，商品は貨幣に転化（W—G）し，次いで貨幣から商品に再転化（G—W）している。この運動（W—G—W）は商品循環と呼ばれるが，これは広範囲に展開された社会的分業と私有財産制度が確立された社会における経済諸主体の再生産を仲介する独自の形態を示す。その意味は，こうである。

社会的分業のなかでは，各経済主体は基本的に限られた種類の商品（＝使用価値）を生産し，自らが必要とする多種多様な商品（＝使用価値）は同じ分業のなかで多くの他人によって生産されている。そこで，この社会で生活するには，まず自分の所有する商品（W）を他人に譲渡して貨幣（G）を入手し，次いでこの貨幣によって自分が必要とするさまざまな商品（W）を手に入れることが必要になる。そうすることで，はじめて自らの生活の再生産が成り立つのである。

他方，流通過程のなかでは，商品と貨幣との持ち手交換 $\begin{matrix} W-G \\ \times \\ G-W \end{matrix}$ が行われているが，貨幣はこの交換に介在しながら次々と持ち手を換え，限りなく出発点から遠ざかる独特の運動（G↗G↗）を見せている。これは通流（currency）と呼ばれ，流通手段としての貨幣独特の運動を表す。

こうして，流通過程は，商品循環（W—G—W）の無限累積であると同時に，

30 第1部 価値と資本：その予備的考察

この商品と貨幣との持ち手交換，言葉を換えるなら販売（W—G）と購買（G—W）との同時併存の無限累積として把握できる。前者は，市場経済に独自の社会的関係（すなわち広範囲に展開された社会的分業と私有財産制度が確立された社会）の存在を示唆し，後者は市場が——時間的にも空間的にも際限なく——商品の販売と購買，したがってまた商品と貨幣との持ち手交換をとおして不断に生産と消費とを結びつけ，社会的再生産過程の媒介機構として機能していることを含意している。

　要するに，ここで言う市場経済（＝単純流通）とは，もっぱら社会的再生産過程の媒介機構としての流通過程を照射しつつ，それを基軸に経済全体を捉え直した概念にほかならない。ただし，この概念図そのものは，社会的再生産過程の全体構造を示すことは間違いないが，それはきわめて単純で抽象的なものでしかない点に留意すべきである。そのことは，現実の市場では時間的，空間的になんらの制限もなく無数の貨幣が商品交換を媒介しているのに対して，ここではただひとつの貨幣の運動（G↗G↗）しか示されていない，というところからも明らかであろう。

　では，こうした市場経済の基本的構造は，論理的に資本が登場してきた段階ではどのようになるのか？ 結論から言えば，この形式そのものはまったく変わらない。つまり，資本の登場後も，換言すれば資本主義経済においても，ここに示された社会的再生産の構造，さらには生産と消費とを媒介する流通過程の形式も変わることがない。ただ商品を生産し，これを流通に投ずる主体が市場経済レヴェルでは明示されていなかったのだが，この段階では，それが資本（＝自己増殖する価値の運動体）であることが明確にされるのである。この点に関しては，以下に示す資本の一般的範式を用いて確認していくことにしよう。資本の一般的範式は，次のように示された。

$$\text{G—W} \left\langle \begin{array}{c} \text{A} \\ \text{Pm} \end{array} \right. \cdots \text{P} \cdots \text{W}'—\text{G}'$$

　この資本の運動の両サイドは，すでにその内容を確認した市場（＝流通過程）であり，ここから資本はなによりもまず市場の存在を前提していることが確認できるであろう。そこでまず明らかにすべきは，この流通過程と資本の運

動とがどのように関連しているか，ということである。これを確認するためには，ひとまず資本の運動をその連続性の相で把握する必要がある。

資本は，G（＝貨幣資本）から始まりG′（＝G＋ΔG〔剰余価値〕）で終わる1回の循環だけでその運動をやめることはない。無限の剰余価値の獲得を求めて，その運動を繰り返す。その繰り返しを資本の再生産というが，それは次のように示される。

$$G—W\genfrac{<}{}{0pt}{}{A}{Pm}\cdots P\cdots W'—G'\cdot G—W\genfrac{<}{}{0pt}{}{A}{Pm}\cdots P\cdots W'—G'\cdot G\cdots\cdots$$

注目すべきは，資本の再生産過程の結節点（W—G・G—W）である。これはすでに確認した流通過程を構成する商品循環とまったく同じ形式である（下記の連続した資本の一般的範式を見よ）。このことは，流通過程（W—G・G—W）すなわち市場が資本の再生産を仲介する過程として存在していることを意味する。

さきに市場経済という独自の社会的再生産過程のあり方を示す概念図において，流通過程を形成する商品循環（W—G—W）の存在を確認したが，ここではそれが資本の再生産を仲介する過程として現れている。ただし，社会的再生産過程においては，この流通過程が生産過程と消費過程とを結びつけていた。これに対して，資本循環ではこの両サイドが生産過程Pである。この疑問は，資本にとっての生産活動が同時にさまざまな生産要素の消費（＝生産的消費）活動であることを考慮に入ればただちに解消する。

資本にとって生産過程とは，労働力と労働対象（原料，燃料，補助材料等）や労働手段（道具，機械，工場設備等）から構成される多様な生産手段とを有機的に結合しつつ，それらを生産的に消費する過程なのである[13]。そこで，このことを踏まえれば，上記の連続した資本の一般的範式は次のように書き換え

32　第1部　価値と資本：その予備的考察

ることができる。

　まず，資本の再生産過程となる流通過程（W—G・G—W）を軸に，その両サイドにあるPの前後のGを連結させる。すると，資本の再生産運動は果てしない直線運動（—→）から両サイドに2つのPを組み込んだ無限の円環運動（◯）に変換される。こうすることで，さきに市場経済として提示した社会的再生産過程と資本の再生産（＝円環）運動とを流通・再生産過程（W—G・G—W）にあわせて統合・合体（ドッキング）させることが可能になる。

図1-2　資本の再生産運動と社会的再生産過程

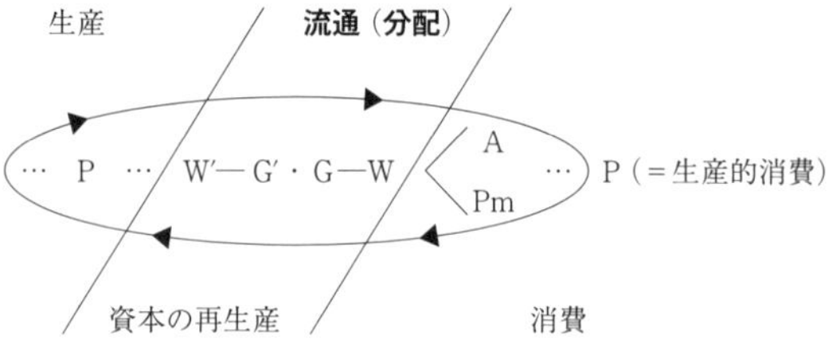

生産　　　　　　流通（分配）

$$\cdots P \cdots W'—G' \cdot G—W \quad \substack{A \\ Pm} \quad \cdots P \,(\,=\text{生産的消費}\,)$$

資本の再生産　　　　　　　消費

　そのうえで見えてくるのは，流通過程が資本の再生産過程を仲介しているということだけではない。さらに，資本主義経済という特殊歴史的な社会的再生産過程のもつ独自性が姿を現す。その意味は，こうである。

　資本は無限の剰余価値の獲得を求めて，その運動を繰り返す。つまり，自己増殖する価値の運動体としての資本の運動は，とどまることを知らぬ拡大指向の無限運動（◯）であった。また，さきに流通過程はこの資本の再生産を仲介する過程として存在することを確認したが，観点を変えるなら，じつはこの資本の運動（G…G'）に媒介されて全体としての生産，消費，流通，分配という社会的再生産過程が遂行されているのである。要するに，この駆動力としての資本が存在しなければ，生産も，消費も，流通も，分配も，いっさいの経済過程が動かない，そうした独自な経済システムが資本主義経済だ，ということなのである。

VI　資本主義経済とその分析視角

　さて，経済学は従来この資本主義経済を再生産そしてミクロ，マクロという

3つの分析視角から取り上げて論じてきた[14]。ここにおいては，ひとまずこの3つの経済分析視角を本書のコンテキストのなかに理論的に組み込む作業をやっておきたい。

まず，ミクロ的分析視角から見ていこう。この研究領域を中心的に担ってきたのは，新古典派経済学におけるミクロ経済学である。それは価格分析を中軸に据えた経済学であり，その主たる研究領域は市場すなわち流通過程におかれている。問題の価格は，この市場における商品と貨幣との持ち手交換

$$\begin{matrix} W - G \\ \times \\ G - W \end{matrix}$$

の場に成立する。要するに，価格とはこの商品と貨幣との交換割合なのである。

新古典派ミクロ理論においては，この市場で相対する経済主体——たとえば，買い手（消費者）と売り手（企業）——が，それぞれ自分にとって最も有利なように合理的に行動（選択行動，最適化行動）することが前提されている。したがって，消費者であれば効用極大化行動をとり，企業であれば利潤極大化行動をとるのである。このとき価格はどのような水準に決定されるのか，あるいは価格がどのような水準に決定されるとき経済全体として資源の最適配分が行われるのか等々を研究してきたのが新古典派ミクロ経済学であった[15]。

この種の経済学では，こうした市場競争の究極の到達点として理論的に位置づけられる「パレート最適」に象徴されるように，もっぱら市場参加者たちの主観的な満足度（効用）だけが問題にされる。したがって，ここには本書で取り上げてきたような社会的再生産の観点もしくは再生産論的アプローチはほとんど存在していないのである。

では，これに対して，資本主義経済を社会的再生産過程の独自のシステムとして把握する立場からは，このミクロ的分析視角はどのように捉えられるであろうか？

再生産という観点から見れば，価格が成立する市場すなわち流通過程は，資本主義経済全体の生産と消費とを不断に結びつける社会的再生産の媒介機構として存在する。したがって，そこに成立する価格については，単なる需要と供給の関係によりその大きさが左右される，あるいは主観的な効用判断を基準にして合理的な価格形成を論定していく，というような議論ではすまされない。

ここで求められるのは，資本主義経済全体の再生産（＝社会的再生産）を継

34 第1部 価値と資本：その予備的考察

続して可能にしていくような価格がどこに決定されるのかを明らかにすることである。そこで，このような価格をここでは再生産可能価格と呼ぶとすれば，それは次のように定式化できるであろう。

再生産可能価格＝費用＋適正利潤

ここで再生産可能価格とは，以下の2つの意味をもつ。①社会的再生産そのものを可能にする価格，②商品の生産者にとって繰り返し供給することが可能な価格である。古典派経済学における自然価格やマルクスの生産価格がそれに該当するが，この内容そのものはきわめて簡単である。生産のための費用は販売価格のなかに組み込まれ，販売とともに回収されなければ次の生産（再生産）が続かないということ，さらには適正な利潤が確保されないかぎり，資本主義経済の生産過程の担い手たる資本は生産活動を継続できないということである。

また，費用に関して付言しておけば，それぞれの商品生産者の費用には，経済全体に張り巡らされた網の目のような分業連関がコストの連関として累積され反映されている。したがって，このことから言えることは，費用の分析は当該の資本主義経済全体の再生産の構造（＝産業連関）に関する理解を必要とする，ということである。

次に，マクロ的分析視角について検討してみよう。この研究領域を中心的に担ってきたのは，ケインズによって理論的・体系的に基礎づけられ，現在では国民所得論として展開されているマクロ経済学である。これ自体は，さきに見た新古典派ミクロ経済学とは異なり社会的再生産過程をその視野の内に収めていると言いうる。

それというのも，国民所得論は，一定期間中に「生産」された付加価値（＝純生産物）と，それが所得として「分配」された価値部分，さらにはこの所得から「支出」された価値部分との3つのレヴェルの価値の大きさが等しいこと（三面等価）を前提にして，この生産・分配・支出という3つの経済過程から捉えられた国民所得（＝産出量）水準の変化とその原因を研究対象とするからである。

つまり，ここにおいては，付加価値（＝純生産物）の生産，その（流通過程

の内部で行われる）分配，そしてその消費支出という，社会的再生産過程の基本的な4つのプロセス（生産，消費，流通，分配）を守備範囲に収めると同時に，この4プロセスの付加価値の循環＝再生産が取り扱われているのである。この意味において，国民所得論とは社会的再生産の規模に関する理論として捉えられるであろう。

　ところで，この社会的再生産に関する理論としては，ほかに社会的再生産の構造に関する理論とその変動に関する理論とがある。前者は，ケネーの経済表，マルクスの再生産表式論，レオンチェフの産業連関分析という形で発展させられてきたものであり，後者はその循環的変動を扱う恐慌・景気循環論，その趨勢的変動を扱う経済発展論（もしくは資本主義の歴史的発展段階理論）という形で展開されている。

　後者の理論領域は，いわゆるマクロ的分析視角の範疇から外れるものだが，前者の社会的再生産の構造に関する理論は，国民所得論として発展させられてきた社会的再生産の規模に関する理論とともに，マクロ経済分析視角の二大範疇として位置づけられるべきものである。そして，じつは産業連関分析においてはこの2つの分析視角が統合されて，社会的再生産の規模と構造に関する理論としてひとつの完成形態をとるのであるが，この点に関してはまた次章で取り上げることにしたい。

VII　結論

　さて，本章の前半では，価値論を経済分析のツールとして復権させるべく，関係としての抽象的労働を実体化する作業を行った。この実体化の理論的根拠とされたのは，市場における商品の貨幣への転化であった。

　そのことを踏まえて，本章では続いて，資本主義経済を動かす駆動力となっている資本をひとまずはモノのレヴェルで把握し，これを自己増殖する価値もしくは自己増殖する価値の運動体として概念規定した。そのうえで，この資本主義経済の特徴を，資本の運動（G…G′）に媒介されて全体としての生産，消費，流通，分配が実現される，独特の（その意味では特殊歴史的な）社会的再生産システムであることを確認した。つまり，この資本が存在しなければ，生

産も，消費も，流通も，分配も，いっさいの経済過程が動かない，そうした独自な経済システムが資本主義経済だ，ということである。

さらに，以上の議論を踏まえ，これまで経済学が主として再生産，ミクロそしてマクロという3つの分析視角からこの資本主義経済を分析してきたことを確認したが，じつは，この3つの分析視角の基礎におかれるべき理論こそが価値論なのである。むろん，ここでいう価値論とは労働価値論であり，しかも本書において経済分析のツールとして復権させられた価値論，すなわち抽象的労働説であることは言うまでもない。

この抽象的労働説は，すでに述べたように，市場における商品の貨幣への転化を理論的根拠にして抽象的労働を実体化させることによって措定された。むろん，そうした手続きそのものは単なる思考のなかだけの論理的操作ではないのだが，抽象的労働説の理論的基盤を説明するものとしては，じつはそれだけでは不十分なのである。

なぜなら，この貨幣は，資本主義経済においては資本（すなわち貨幣資本）としても機能し，この資本の運動に媒介されて，資本主義経済はすでに述べたような歴史的に特殊かつ独自の社会的生産システムとして存立しているからである。したがって，その分析ツールとしての労働価値論もまた，この社会的再生産の駆動力としての資本の存在を理論的な前提として措定されなければならない。では，それはどのようになされるべきなのか？　この問題については，章をあらためて論ずることにしよう。

注

1) 廣松渉のマルクス研究は膨大なものがあるが，価値論に関しては，さしあたり廣松［1974］を参照されたい。のちにこの増補版が勁草書房から刊行され（1987年），またその文庫本が平凡社ライブラリーとして出版されている（2010年）。

2) 廣松に見られる関係主義的な価値論の先駆として，1920年代のソ連におけるマルクス価値論論争のなかで独自の論陣を張ったI. I. ルービンによるマルクス価値論解釈があげられる（I. I. ルービン著／竹永進訳［1993］『マルクス価値論概説』参照）。また，この価値論論争の内容については，同書の「訳者解説」を参照されたい。さらには，ルービンにおける価値論と貨幣論との理論的関連を理解するためには，I. I. ルービン著／竹永進編訳［2016］『マルクス貨幣論概説』および同書の「編訳者解説」が参照されるべきである。なお，このルービンと廣松に見られる「マルクス価値論全体を関係

主義的視点から再構成しようとする」試みについては，向井公敏［2010］が傾聴すべき批判を展開している（同書，74-80頁）。要するに，ルービンや廣松が追求してやまなかった関係主義的な価値論と，その一方で彼らがなお放擲しきれずにいた体化労働説とは決して両立しえないということの究明であり，それにもとづく批判である。

3）　Marx［1983］S. 108. 邦訳151頁。

4）　Marx［1962］S. 88. 邦訳100頁。

5）　Marx［1962］S. 88. 邦訳99頁。

6）　Marx［1962］S. 90. 邦訳102頁。

7）　Marx［1983］S. 86-87. 邦訳72-73頁。

8）　この関係主義的な呪物性論については，価値形態論，交換過程論の解釈をめぐる諸論争を含めて，前掲の飯田［2001］（10章編成）全体を使って論究しており，その詳細については拙著そのものに当たってもらいたい。

9）　飯田［2001］308頁。

10）　資本をこのようにモノとヒトとの転倒的な相互依存関係として捉えるのは，その種の理論的基盤があってのことである。マルクスの場合，その背後にあったのは物象化論であった。物象化論はひとつの社会認識の方法であり，社会（＝ヒトとヒトとの関係）をモノ（諸物象）に媒介された独特の空間として把握し，とりわけ市場経済を諸物象（モノ：thing）と諸人格（ヒト：person）との転倒的な相互依存関係として捉えようとする理論的な立場である。この点について詳しくは，飯田［2001］37-43頁を参照されたい。

11）　資本が獲得した剰余価値のなかに利潤（＝企業者利得）が含まれると同時に，この剰余価値のなかから利子，地代，役員報酬，配当収入等々の賃金以外の所得も支払われる。この意味では，剰余価値は利潤の源泉であると同時に，その上位概念である。したがって，ここにおいては資本がその獲得の目的とするものを利潤としてではなく，当面はその上位概念としての剰余価値によって代表させることとする。つまり，資本はまずこの剰余価値の獲得を目的とし，そして最終的には獲得された剰余価値からその分配ぶんとしての利潤を手に入れる，と考えるわけである。

12）　ここでは単純商品生産社会を前提しているわけではなく，ましてやいわゆる論理＝歴史説的な立場からこれを措定しているのでもない。ここで言う「市場経済」とは，単に資本主義経済から資本が論理的に捨象され無視されているだけの存在（＝抽象）である。念のため。

13）　この社会的再生産過程の消費過程は，また立場を変えて資本に雇用され独自の生活再生産活動を行う労働者の立場から見れば，同時に労働力商品の生産（＝再生産）の過程でもある。むろん，これはあくまでも資本の立場から見た労働者の「消費」把握でしかない。

14）　経済学にとって重要な分析視角はミクロ，マクロだけではない。本書は，このミクロとマクロをその通説的な理解を捉え直すための理論的基礎として前提している「再生産」という分析視角こそが最も重要であるという立場にたつ。この再生産という分

38   第1部　価値と資本：その予備的考察

析視角は，古典派経済学さらにはそれを批判的に継承したマルクス経済学の最も基本
的な理論的フレームワークにほかならない。

15)　この新古典派経済学の源流は限界効用学派だが，それ以前の古典派経済学が生産・
再生産の観点から市場を分析したのに対して，この学派は消費の観点から，その担い
手（＝個人）の主観的価値判断を基礎にして独自の価格理論を展開した。この意味で
の限界「革命」であり「新」古典派経済学であった。

第2章　価値と資本循環
―― 体化労働説と抽象的労働説について ――

Ⅰ　問題の所在

　資本主義経済では，社会的分業を構成する各産業部門への労働の配分，つまり具体的有用労働の社会的編成は，労働生産物たる商品と一般的等価物としての貨幣との市場での交換をとおして，したがってまたそこに成立する市場メカニズムを介して行われている。ここにおいて貨幣はあらゆる商品に共通する価値の絶対的定在として機能するところから，こうした諸商品を生産する私的労働の社会的編成（配分）は，価値に媒介されて遂行されると見ることができる。この意味において，労働価値論の第一の理論的使命は，そうした価値に媒介された人間労働の社会的編成のあり方を明らかにするところにある。

　そこで，まず言いうることは，そのような使命をもつ労働価値論は，資本主義経済から論理的に資本の存在を捨象した，いわゆる単純流通の論理的レヴェルでも論定可能だということである。換言すれば，人間労働の社会的編成（配分）が市場メカニズムもしくは価値を媒介にして遂行されること自体は，商品，貨幣，資本と展開される，いわゆる「上向」プロセスにおいて資本の導入（すなわち「貨幣の資本への転化」）以前に，商品・貨幣論の段階でも論定可能であるということである。

　ただし，資本主義経済においては，上述のような諸商品を生産する私的労働の社会的編成は貨幣によるだけではなく，それが資本の運動に媒介される点が重要である。つまり，価値の絶対的定在としての貨幣は，そこでは単に流通手段としてではなく貨幣資本としても機能するのであり，そうした資本（すなわち自己増殖する価値）の運動に媒介されて――この意味ではまた価値に媒介されて――諸商品を生産する私的諸労働が社会的に編成（配分）され，それによってまた資本主義経済という独自の社会的再生産過程が遂行されている，とい

40　第1部　価値と資本：その予備的考察

うことである。

　本章の目的は，この資本の運動と体化労働説および抽象的労働説という労働価値論の2類型[1]との理論的関係を考察することによって，労働価値論の新しい可能性を提示していくことにある。

II　体化労働説と抽象的労働説

　まず，ここでは問題の体化労働説と抽象的労働説との違いについて論じておきたい。

　体化労働説は，マルクスに固有の投下労働価値論であり，端的に表現すれば，商品価値を抽象的人間的労働の体化したもの（＝対象化）として捉える。

> **補遺**　ここで体化労働説をマルクスに固有の投下労働価値論というのは，以下の理由による。彼は，商品の価値対象性を抽象的人間的労働の対象化（あるいは，ある種の類的本質の外化）されたものとして捉えており，そこにはヘーゲル的論理（あるいは疎外論的なニュアンス）が潜んでいる。そうした特殊な論理に依拠していたからこそ，マルクスはこの価値対象性が「幻のような対象性」[2]だ，と一見不思議なことも言いえたのである。その点を踏まえて，ここでは体化労働（embodied-labor）という用語を――スミスやリカードウの投下労働価値論とは区別する意味で――使用している，ということである。
>
> 　さらに言えば，この古典派とマルクスの価値論における違いは，前者とは違い後者が実体と形態とを明確に区別しえたという点にあるが，それもマルクスの労働価値論が上述した意味での体化労働説であったからこそ価値を「実体」概念として把握することが可能だったとも言いうるのである。マルクスの価値実体規定の特徴，またそれをめぐる諸論争に関しては，飯田 [2001] 第1章「商品世界における価値とその実体」を参照されたい。

　マルクスが『資本論』においてこの体化労働説の理論的基盤となる抽象的人間的労働概念を最初に打ち出すのは，その商品章第1節においてであった。彼は次のような論理で価値実体としての抽象的人間的労働を導出している。

　「商品体の使用価値を問題にしないとすれば，商品体に残るものは，ただ労働生産物という属性だけである。しかし，この労働生産物も，われわれの気

第 2 章　価値と資本循環　41

がつかないうちにすでに変えられている。労働生産物の使用価値を捨象する
ならば，それを使用価値にしている物体的な諸成分や諸形態をも捨象するこ
とになる。それは，もはや机や家や糸やその他の有用物ではない。労働生産
物の感覚的性状はすべて消し去られている。それはまた，もはや指物労働や
建築労働や紡績労働やその他の一定の生産的労働の生産物でもない。労働生
産物の有用性といっしょに，労働生産物に表わされている労働の有用性は消
え去り，したがってまたこれらの労働のいろいろな具体的形態も消え去り，
これらの労働はもはや互いに区別されることなく，すべてことごとく同じ人
間労働に，抽象的人間的労働に，還元されているのである。」3)

　さらに商品章第 2 節においては，この抽象的人間的労働は，以下のような形
で説明されている。

　　「労働の有用的性格を無視するとすれば，労働に残るものは，それが人間の
　労働力の支出であるということである。裁縫と織布とは，質的に違った生産
　活動であるとはいえ，両方とも人間の脳や筋肉や神経や手などの生産的支出
　であり，この意味で両方とも人間労働である。それらは，ただ，人間の労働
　力を支出するための 2 つの違った形態でしかない。」4)

　ここで抽象的人間的労働とは，要するに異なった使用価値を生産する諸労働
(＝具体的有用労働) に共通する存在であり，あらゆる種類の労働において支
出される，いわば人間の生理的エネルギーとして捉えられている。この意味に
おいて，それはいかなる種類の具体的有用労働にも形態変換が可能な存在でも
ある。また，ここで主張されているように，抽象的人間的労働がどんな労働に
おいても共通する「人間の脳や筋肉や神経や手などの生産的支出」であるとす
れば，それはまたいかなる時代の人間労働においても共通する，いわば歴史貫
通的な性格をもつとの解釈も可能であろう。とはいえ，この歴史貫通的な抽象
的人間的労働が対象化されて商品価値となるためには，言うまでもなく特定の
歴史的条件を必要とする。それは，商品生産という独自の社会的関係であり，
さらに突き詰めて言えば資本制商品生産である。

　ここで注意すべき点は，このマルクスの労働価値論を単なる体化労働説と特
徴づけることには，ややミスリーディングなところも出てくるということであ
る。それというのも，すでに確認しているように彼の価値概念のなかには，い

42　第1部　価値と資本：その予備的考察

わゆる関係主義的な諸契機も見いだされるからである。その論理は，商品章第3節の価値形態論と第4節の呪物性論において主に散見されるが，ただ同時に次の点にも留意しておかなければならない。

　マルクスが関係主義的な論理を展開するのは，もっぱら価値の質的な側面——言い換えるなら，抽象的人間的労働概念の存立構造——に論及する場合に限られており，価値の量的側面に関する分析ではほぼ体化労働説的な論理が用いられているということである。たとえば，彼が価値から生産価格への転形を論ずる場合，その価値概念は基本的に体化労働説的な基礎をもつものである。

　そこで，本書においてマルクスの体化労働説という場合，もっぱらそれは価値の量的分析というコンテキストにおいて使用されているということ，この点をあらかじめ断っておきたい。

　いずれにせよ，上述したような価値実体論（＝体化労働説）は，マルクス学派では確固たる通説的地位を確立している。それに対して，筆者の依拠しようとする労働価値論は抽象的労働説と呼ばれる理論的類型に属する。これは，体化労働説が価値の実体としての抽象的労働を労働・生産過程で自存するものとして捉えるのに対して，市場すなわち流通過程において商品が貨幣に転化することによって商品生産労働が抽象的労働に転化する，と考える。言い換えるなら，抽象的労働説は，商品の貨幣への転化（W—G：販売）によって労働が抽象化され，価値を生産する抽象的労働として実現される，という論理をとる。そこで，この論理において重要な鍵を握るのは貨幣把握である。そのさい，問題は貨幣の本質をどう捉えるかにある[5]。

　じつのところ，これは貨幣がどのように生成したのかという問題に答えることでもある。マルクス学派のなかではよく知られているように，現行『資本論』体系では，いわゆる貨幣生成論は2つの理論領域で論じられている。『資本論』第1巻第1章第3節の価値形態論と第2章の交換過程論である。

　さらに言えば，交換という歴史的プロセスのなかから貨幣が発生してきたということから，価値形態論と交換過程論という2つの貨幣生成論は，いずれも交換の歴史と貨幣生成との関係を論じているように解釈される場合も多い。だが，『資本論』（現行版）のなかで実際に貨幣の歴史的生成が主題的に論じられているのは交換過程論においてである。この場合，貨幣は歴史的にはさまざまな

理由から交換手段として最も使用頻度の高い物品が選ばれ，そうしたプロセスのなかから最終的に金があらゆる商品に対する直接的交換可能性を獲得して一般的等価物の地位につく，という論理が用いられている。

　他方，『資本論』(現行版) の価値形態論では，交換の歴史のなかから貨幣が生成するという論理構成はとられていない。そこでは，貨幣の必然性が，最も十全な価値表現を追求していく過程で一般的等価物＝貨幣に到達する，という独自の論理によって展開されている。と同時に，その論理を踏まえて一般的等価形態の地位についた貨幣が価値の絶対的定在として論定されている[6]。

　いずれにせよ，ここで確認すべきは，抽象的労働説は貨幣がすでに存在しているという論理的前提のもとに成り立つということ，さらには，それが労働価値論であるかぎり，諸商品の交換関係，価値関係が成立している商品連関次元から労働連関次元への下向 (分析次元の深化) を不可欠とする，ということである。ただし，この労働連関次元への下向は，抽象的労働説の場合，体化労働説的な労働価値論とはまた異なった方法がとられなければならない。要するに，それはマルクスが『資本論』商品章のなかで行ったように貨幣存在を論定する以前 (商品章第1節) の段階でも，あるいは貨幣の特性すなわちあらゆる商品に対する直接的交換可能性を論定する段階 (商品章第3節の価値形態論) でもなされるべきではない[7]。

　労働連関次元への下向は，商品が貨幣に転化し，そこから商品が価値として実現されることを踏まえて行われるべきである。そのためには，まず貨幣存在を先行的に明らかにしておく必要があるということになる。それによってはじめて，労働連関次元で私的な具体的労働が抽象的労働に転化すること (要するに，価値形成労働の論理的生成) を措定できるのである。したがって，それは少なくとも『資本論』第2章において貨幣生成論が完結する以前の論理段階でなされるべきではない，ということである。

III　抽象的労働概念の存立構造

　さて，すでに述べたように抽象的労働説の場合，商品は，市場において貨幣に転化すること (W—G) によって，その労働連関次元では私的な具体的労働

44　第 1 部　価値と資本：その予備的考察

が社会的な抽象的労働に転化する。商品が貨幣に転化する以前にも，人々は商品には価値があると思い込んでいるが，それは単に可能性でしかなく，その価値は実現されてはいないのである。人々は，この可能性としての価値を貨幣との等置関係のなかで価格（W＝G）として表現する。しかし，このように商品が貨幣に対して観念的に等置されているレヴェルで，仮に労働連関次元に下向しても，商品生産労働は私的労働であり具体的有用労働であるほかなく，そこから抽象的労働が析出されることはないのである。

　では，商品生産労働は，どのようにして抽象的労働という独自の存在形態を獲得できるのであろうか？　その答えはこうなる。

　商品価値は，市場で商品が貨幣に転化（W―G）することによって価値として実現される。これによって，商品は貨幣に対して観念的にではなく現実的に等置されるのである。ここで商品と貨幣との現実的な等置というのは，商品の貨幣への転化（W―G）を等置関係（W＝G）として捉え直したものである。そして，このなかで貨幣は一般的等価物としてあらゆる商品によって等置され，そのことによってまた，この貨幣はあらゆる商品（したがってまた，それら商品を生産した労働）に対する直接的交換可能性を与えられている。ここにおいて，貨幣は価値の絶対的定在として通用するのである。

　さらに，この商品連関次元から労働連関次元へと下向する（分析次元を深化させる）ならば，ここでは当該の商品を生産した労働が（一般的等価物としての貨幣を媒介にして）あらゆる種類の商品生産労働と等しいと置かれている。そして，この論理レヴェルにおいて商品生産労働は二重化されることになる。つまり，ここにおいては，それぞれ独自の使用価値を生産した具体的諸労働が同時に，その具体性，有用性を捨象された労働すなわち抽象的労働として――それゆえにまた，あらゆる種類の労働に共通して支出される抽象的労働――として等置され，重ねられているからである。こうして措定された抽象的労働の性格は，マルクスが商品章第 1，2 節で析出した価値実体（＝抽象的人間的労働）とほぼ同じものであると言ってもよいが，それは決して体化労働説が前提しているように労働・生産過程で自存しているわけではない。したがって，それはまた歴史貫通的な存在でもない。

　そこで，この価値関係を商品と貨幣との現実的等置（W＝G）から商品の貨

幣への転化（W—G）という元の関係に戻してみれば，ここにおいては，この商品の貨幣への転化をとおして，当該商品を生産した具体的労働は現実に抽象的労働に転化している。つまり，ここでは，貨幣との交換をとおして，具体的労働そのものが価値を生産した抽象的労働として評価され，そのようなものとして実現される，ということである。言葉を変えて説明を重ねよう。

貨幣は，あらゆる商品に対する直接的交換可能性をもつ。したがって，商品の貨幣への転化（W—G）により商品が貨幣として実現されるなら，当該商品を生産した労働は，それによってまたあらゆる種類の商品生産労働に対する直接的な交換可能性——もしくは変換可能性——を付与されることになる。そして，このあらゆる種類の労働に交換（もしくは形態変換）可能な労働こそが抽象的労働であり，ここから商品の貨幣への転化によって当該商品を生産した具体的労働が抽象的労働に転化する，というわけである。

次に問題になるのは，抽象的労働説における価値の量的決定であるが，その問題に移る前に，次のことを付言し注意を促しておきたい。

すでに指摘したように，抽象的労働説にとってのキー概念は貨幣であった。ただし，それは流通手段（もしくは購買手段）としての貨幣というだけではなく，資本としての貨幣（より直接的には貨幣資本）でもある。抽象的労働説は，単に貨幣の存在だけではなく，資本の存在をもその存立条件としている。この点，詳しくは後述するが，抽象的労働説を説明原理とする価値概念は，じつは資本の運動によって支えられているということである。

IV　抽象的労働説における価値の量的決定

抽象的労働説においては，商品を生産した労働（それ自体としては，その使用価値を生産した私的な具体的労働）が，当該商品の貨幣への転化にともなって，商品の価値を生産した労働（＝社会的労働）に転化し，それによって当該商品に含まれる価値生産物（V＋M）部分を生産した労働（＝抽象的労働）として実現される。では，その価値の大きさはどのようにして尺度されるのか？以下においては，この問題を取り上げよう。

46　第1部　価値と資本：その予備的考察

1　抽象的労働説と純生産物

　労働価値論においては，商品価値の大きさが労働によって決定されるが，この場合，価値の大きさを尺度するのは時間，すなわち労働時間である。ただし抽象的労働説の場合，その価値の大きさを規定する労働は，生産過程で投下された，あるいは体化された労働そのものではなく，流通過程で貨幣と交換されることによって抽象的労働として実現された労働であった。

　さらに，この抽象的労働説においては，市場で評価された労働はすべて価値を生み出した労働として認められる。言い換えるなら，このことは，市場で評価されるかぎり，商品生産労働はすべて価値形成労働であり，本源的所得（＝国民所得）の源泉になるということである。それゆえに，ここで社会的総労働は，それが市場で実現されるかぎり，ひとまずは新しく生み出された価値（＝純生産物）の合計すなわち国内純生産（NDP）を産出した労働としても捉えられることになる[8]。

　この場合，市場で販売され実現された商品の使用価値を生産した具体的労働時間（＝社会的総労働時間）は，経済全体としては，それらの諸商品の価値を生産した抽象的労働時間と等しい。つまり，ここにおいては次の等式が成り立つのである。

$$社会全体の具体的労働〔時間〕CL$$
$$＝価値総額を産出した抽象的労働〔時間〕AL$$

　これをもう少し正確に規定すれば，市場で販売された商品の使用価値を生産した具体的労働〔時間〕の総計（CL）は，これらの諸商品の価値を生産した抽象的労働〔時間〕の総計（AL）に等しい。すなわち，$CL＝AL$ ということである。ただし，ここにおいては次の点に注意しなければならない。

　社会的総労働のなかには，じつは生産されたにもかかわらず市場で販売されなかった，いわゆる「在庫品」を生産した労働部分が含まれているということである。国民所得論では，この「在庫品」部分も最終生産物として扱われ，今期に新しく生産された価値（＝純生産物）分として国内純生産（NDP）のなかに計算されている。この「在庫品」部分が最終生産物として扱われるかぎり，これもまた問題としている期間中の社会的総労働（CL）によって産出されたの

であり，この部分も当該期間中の国内純生産（NDP）を生み出した労働として認められることになる。この関係は以下のとおりである。

社会的総労働 CL → 価値生産労働 AL → 純生産物の集計量（NDP）

ただし，抽象的労働説にたつ以上，この関係は認められない。それというのも，これらの在庫品はいまだ市場で販売される以前であり，したがって，その生産に参加した労働（＝私的具体的労働）は市場の評価を受けることなく残されているからである。つまり，これらの労働は社会的労働（＝抽象的労働）に転化することがなく，私的具体的労働のままに市場の外側に存在するものとして扱われなければならないということである。

そこで，この点を考慮すれば，抽象的労働説における国内純生産（NDP）を規定する基本的な理論的枠組みは以下のようになる[9]。

今期中に実際に価値を生産した労働として市場で評価された社会的総労働は，さきに示した「社会全体の具体的労働〔時間〕CL」から在庫品ストックの純増減額分の生産に参加した労働〔時間〕を加減（プラス・マイナス）することによって与えられる。したがって，この場合には，上述した $CL＝AL$ ではなく，次の等式が成り立つことになる。（なお，以下の記号に付された＊は抽象的労働説に固有の規定性であることを示す。）

社会的総労働時間から在庫品ストックの純増減額分の生産に参加した
労働〔時間〕を加減した労働時間 CL^*
＝価値総額を産出した抽象的労働〔時間〕AL^*

$$CL^* = AL^*$$

ここからまた，新しく生み出された純生産物（＝価値生産物）の1年間の合計，すなわち国内純生産（NDP）に対応する社会的総労働は $CL^*（＝AL^*）$ として与えられる。こうして把握された社会的総労働 CL^* が，価値を生み出した労働 AL^* に転化し，一国の純生産物の合計すなわち国内純生産（NDP）をもたらすのである。むろん，この NDP は抽象的労働説におけるそれである。したがって，この関係は以下のようになる。

社会的総労働 CL^* → 価値生産労働 AL^* →
抽象的労働説における純生産物の集計量

CL^* → AL^* → 抽象的労働説における NDP^*

さて，以上のようにして規定された抽象的労働説における NDP^* であるが，それは当該期間中に実際に価値を生産した労働として市場で評価された社会的総労働（＝抽象的労働）によって産出された純生産物の総計を示している。ただし，ここでは，次の点に留意しておかなければならない。

じつは，次の章で明らかにするように，実際の国民経済計算によって示される国内純生産（NDP）のなかには，商品を生産せず，したがってまた市場の評価を受けることのない，公務あるいは国公立学校の教育サービスや国公立病院の医療サービスなどの政府サービス生産者等によって「産出」された価値部分も算入されている，ということである。したがって，ここで示された抽象的労働説における NDP^* には，その算入部分の処理がまだ残されているのである。

この問題についてはまた次章で取り上げ理論的に処理するつもりであるが，以下においては，抽象的労働説における NDP^* としてはさしあたりこの部分の処理を済ませたものとして扱っていきたい。つまり，ここで言う抽象的労働説における NDP^* とは，あくまでも当該期間中に実際に価値形成労働として市場で評価された社会的総労働（＝抽象的労働）が産出した純生産物の総計を意味する，ということである。

2　価値の尺度基準

ところで，このような純生産物の合計すなわち国内純生産（NDP）をもたらした社会的総労働の大きさを測る尺度は時間であった。そして，これは社会的総労働時間（CL）として与えられている。そこで，この社会的総労働時間で国内純生産を除す（NDP/CL）なら，社会的労働1単位あたりの生産する価値の大きさ（Lm）が求められることになる。

これは，社会的労働1単位あたりの貨幣評価（Lm）を表すもので，本書の抽象的労働説と理論的にきわめて近い関係にある「新解釈」学派の代表的論客の一人であるフォーリーの言う「価値の貨幣的表現」にほかならない[10]。正確に

は，以下の記号式で表されることになろう。

$$Lm = NDP^*/CL^*$$

　これはまた，抽象的労働説における価値の尺度基準であると言ってもよい。では，この価値の尺度基準を用いることによって何が明らかにされるのか？これを説明するために，以下においては，この社会的労働1単位あたりの貨幣評価（＝「価値の貨幣的表現」）を表す記号式としては，上記の NDP^*/CL^* ではなくして，Y/L という簡略化された式を用いていくことにしたい。

　いま，ある商品生産部門（n 部門）の1年間の産業別国民所得（Y_n）と，これを産出した年間総労働時間（L_n）が与えられていたとする[11]。そこで，このうちの年間総労働時間に上述した抽象的労働説における価値の尺度基準（Y/L）を乗ずるなら，当該部門の1年間で社会的労働によって産出される純生産物の総額が計算される。ただし，これは言うまでもなく抽象的労働説における価値の尺度基準で評価・換算された産業別国民所得（Y'_n）である。そして，これと実際に当該部門で実現された国民所得（Y_n）とを比較してみれば，当該部門の労働が社会的にどう評価されているのかが示されることになる。

　この場合，実際に当該部門で実現された国民所得（Y_n）が抽象的労働説の価値の尺度基準によって評価・換算された部門別国民所得（Y'_n）よりも大きければ，当該部門の労働は社会的により高く評価されている，ということになろう。そして逆の場合には，社会的にはより低く評価された労働だということになるのである。

　こうして，抽象的労働説における価値の尺度基準は，ある種類の商品を生産した労働（＝具体的有用労働）が，価値を生産する抽象的労働として，社会的にどのような評価を受けているのかを尺度し表現するのである。具体的に，この抽象的労働説における価値の尺度基準がいかなる分析ツールとして用いられるのか。この点については，本書の第5章，第6章で示される。

V　総資本の循環と社会的再生産

　ここからは，労働価値論と資本循環という本来の課題にはいっていきたい。

50 第1部 価値と資本：その予備的考察

まずは，ここで取り上げるべき資本循環について，それが個別資本ではなく社会的総資本の運動だという点を確認しておこう。なお，言うまでもなく資本の運動としては個別資本も総資本も同じように，以下のような資本の一般的範式として示すことができる。

$$G—W\begin{smallmatrix}A\\ \\Pm\end{smallmatrix}\cdots P\cdots W'—G'$$

　そこで出発点の貨幣資本（G）であるが，総資本の場合それは当該の資本主義経済全体で一定期間中に投下された各産業部面（＝1, 2, …n）の貨幣資本の総額（$G_1, G_2, …G_n$）として捉えられる。また，次の社会的総資本としての生産資本も，当該期間中に各部面において生産資本として動員された労働力の総体（$A_1, A_2, …A_n$）と生産手段の総体（$Pm_1, Pm_2, …Pm_n$）として把握される。

　さらに，この社会的総資本の生産過程（P）においては，この総資本を構成するさまざまな生産要素——すなわち単純労働から複雑労働，熟練労働から未熟練労働まで多様な質的差異をもって存在する諸労働力，これらが働きかける原料，燃料，補助材料等々の諸労働対象，さらにはその加工に使用される多種多様な道具類，機械類，設備類からなる諸労働手段など——が各生産部面で有機的に結合され，こうした総生産過程をとおして当該期間中のすべての種類の商品，つまり社会的総生産物が生み出されるのである。

　この社会的総生産物は，ここでは商品資本（W'）という，いわばひとつのバスケットのなかに入れられているが，このなかには当該の資本主義経済において一定期間中に生産された，あらゆる種類の商品（$W'_1, W'_2, …W'_n$）がはいっている。これら諸々の商品が流通過程で貨幣と交換されることで，資本は再び出発点の貨幣資本（G'）へと還流する。むろん，この社会的総資本の運動の到達点としての貨幣資本（$G'_1, G'_2, …G'_n$）には，それぞれ剰余価値（$\Delta G_1, \Delta G_2, … \Delta G_n$）が含まれており，それゆえにこの価値総額は出発点の貨幣資本よりも大きい。

　さらに注意すべきは，このような社会的総資本の運動は，その総運動として捉えられなければならないということである。そこでまず，この資本の運動を連続性の相で捉えれば，次のようになる。

G—W…P…W′—G′・G—W…P…W′—G′・G—W…P…W′—G′……

この一連の運動は，①Gを出発点とする貨幣資本循環（G—W…P…W′—G′），②Pを出発点とする生産資本循環（P…W′—G′・G—W…P），さらには③W′を出発点とする商品資本循環（W′—G′・G—W…P…W′）から構成されている。

むろん，現実の資本の総運動としては，ある形態での循環の反復が他の形態での循環の過程と重なり，しかもこれら3つの形態の循環を連続的に包括しつつ，それらを現実的に統一している。問題は，こうした資本の総運動と社会的再生産とがどのような関わりをもつのかということである。以下においては，この3つの資本循環とそれぞれの社会的再生産との理論的関連について考察していくことにしよう。

1　P…P 循環

はじめに，生産資本循環（P…P）を検討したい。これを最初に取り上げるのは，このP…P循環こそマルクスが古典派経済学から批判的に継承した労働価値論と密接な理論的関連を有するからである。

そこで，この生産資本の循環は，P…W′—G′・G—W…Pという一般的定式をもっているが，このことは上述したような形で社会的総資本として把握された生産資本においても当てはまる。したがって，この循環が意味していることは，こうであった。

「この循環の意味するものは，生産資本の周期的に繰り返される機能，つまり再生産であり，言い換えれば価値増殖に関連する再生産過程としての生産資本の生産過程である。剰余価値の生産であるだけではなく，その周期的な再生産である。生産的形態にある産業資本の機能ではあるが，一度だけのものではなく周期的に繰り返される機能であり，したがってその再開始は出発点そのものによって与えられている。」[12]

このようなP…P循環視点にたって，社会的再生産過程における生産Pの繰り返しに着目すれば，流通過程が社会的再生産過程の仲介者・媒介機構として機能していることが理解される。こうした理解を踏まえて，この流通過程に成立する価格に注目するならば，なによりもまずそれは再生産可能価格として把

握されなければならない。そして，その場合の価格分析の中心は，このような社会的再生産を可能にする価格水準がどこに決定されるのかという問題であった[13]。

こうした再生産可能価格論の最も古い形態は，古典派経済学の創設者アダム・スミスが展開した価値構成説であったろう。これは，商品の自然価格を賃金の自然率，利潤の自然率そして地代の自然率によってそれぞれ独立に定まる平均賃金，平均利潤，平均地代から構成されたものと説明する価格論で，問題の再生産可能性を長期・平均概念によって根拠づけたものにほかならなかった。

これに対して，古典派経済学の確立者となったデヴィッド・リカードゥは，投下労働価値説と支配労働価値説とが併存していたスミスの労働価値論のなかから前者を継承するとともに，価値構成説を否定して価値分解説を主張した。そして，このリカードゥの投下労働価値説（価値分解説）がマルクスに引き継がれて，いわゆる体化労働説という独自の価値論と，この労働価値論を基礎に据えた生産価格論へと発展させられたのである。

体化労働説とは，すでに述べたようにマルクス固有の投下労働価値論であり，今日の労働価値論の最も一般的な理論的類型である。これは，生産過程で投下（もしくは対象化）された労働量によって価値の大きさが規定されると考え，この価値の実体を抽象的人間的労働として把握する。むろん，こうして論定された価値も，ある種の再生産可能価格であるが，マルクスは，この価値＝価格から生産価格への転形を論ずることによって自らの価値・生産価格論を資本主義経済における再生産可能価格として確立したのである。

以上から理解されることは，古典派経済学の再生産可能価格論がこのマルクスの価値・生産価格論によってひとつの完成形態にいたったということ，さらには，体化労働説がこの古典派固有のP…P循環視点にたつ労働価値論として最終的に確立されていることである。この点は，体化労働説における価値の量的決定を想起すれば，ただちに理解されよう。というのも，ここにおいては，商品に対象化された抽象的人間的労働の大きさは，当該商品を生産・再生産するのに社会的・平均的に必要とされる労働時間によって尺度されるからである。

この商品に対象化された抽象的人間的労働が，市場では価値＝価格となって，そこでの不断の価格変動のいわば重心として機能し，そしてその転形形態たる

生産価格が同じような市場価格変動の重心として捉えられることで，それらはさきに提示した意味での再生産可能価格として措定されることになる。

他方，もっぱらこのP…P循環において社会的再生産過程を把握していた古典派経済学は，流通過程（W—G・G—W）を単なる再生産の仲介者・媒介機構にすぎないものとして理解する傾向があった。いや，それどころではなかった。古典派経済学は，この流通過程を構成している商品循環（W—G—W）から貨幣を捨象し，これを実物どうしの交換（W—W）に還元してしまってもいた。この場合，貨幣はこの実物的交換をおおう単なるベールのような存在として把握されることになる。いわゆる貨幣＝ベール観である。こうして，J.B.セーの言う「生産物は生産物をもってのみ買われる」（W—W）という販路説命題が導かれ，その基礎上に古典派経済学特有の実物分析の論理が構築されることになったのである[14]。

2　W′…W′循環

P…P循環視点では，流通過程が社会的再生産過程の仲介者・媒介機構として把握された。これに対して，W′…W′循環視点では，この社会的再生産過程を媒介する流通過程そのものが資本の流通過程（W′—G′・G—W）として分析の対象になる。そこで，このW′…W′循環をより詳しく示すならば，以下のようである。

このW′…W′循環も，個別資本ではなく社会的総資本の循環として捉えられなければならないが，そこから理解されることは，このW′…W′循環が「はじめから産業資本の全体運動として示されている」[15]という点である。もっと具体的に言ってしまえば，このW′…W′循環には，個人的消費のための諸商品を供給する消費財生産部門と，さらには生産的消費のための諸商品（＝生産手段）を供給する生産財生産部門の両部門の資本の運動が包含されている。さら

には，ここにおいては資本蓄積（＝剰余価値の資本への転化）による拡大再生産と単純再生産の区別と関連も示唆されている，ということである。

上述したように $W'\cdots W'$ 循環視点にたつならば，社会的再生産過程を媒介する流通過程そのものが資本の流通過程（W'—G'・G—W）として直接的に分析の対象となる。そして，このような $W'\cdots W'$ 循環のもつ独特の内容が，経済表や再生産表式論という独自の理論領域を切り拓いたのである。

そこで，再生産表式論の場合，まずはじめに分析の対象になるのは $W'\cdots W'$ 循環における出発点の W' である。これは，当該の資本主義経済で一定期間中に供給された社会的総生産物からなり，ここではそれが商品資本（W'）というある種のバスケットのなかに入れられている。そして，このバスケットのなかの商品総体（W'_1, W'_2, $\cdots W'_n$）の価値の大きさとその構成は $C+V+M$ で表される。

このうちの C 部分は社会的総資本として使用された不変資本の価値総額を表し，〔$V+M$〕部分は当該期間中にこの経済全体で産出された価値生産物（＝純生産物）の総額を表す。また，このなかの V 部分は可変資本として支出され労働者に賃金として分配された価値の総額を，M 部分は剰余価値として資本に取り込まれ賃金以外の所得（利潤，利子，地代，役員報酬等々）として分配される価値の総額を表す。

以上の内容をもつ商品資本 W' を基礎にして再生産表式がつくられるのである。仮に，ここで第Ⅰ部門すなわち生産財生産部門と第Ⅱ部門すなわち消費財生産部門との2部門分割モデルを適用するならば，バスケットのなかの商品総体（W'_1, W'_2, $\cdots W'_n$）は，素材的には生産財商品と消費財商品との2種類に区分される。と同時に，価値的には全生産部門が $W'_I=C_I+V_I+M_I$（第Ⅰ部門）と $W'_{II}=C_{II}+V_{II}+M_{II}$（第Ⅱ部門）から構成される，最も基本的な再生産表式として提示されることになるのである。

こうした理論的装置をベースに，再生産表式論では社会的総資本の再生産と流通とが分析され，そのことをとおして，社会的再生産過程における2つの主要な商品生産部門から供給される生産財と消費財相互の素材的な補塡関係と価値的な補塡関係とが明らかにされている。

このような再生産表式論の理論内容について，さらに説明を重ねていくこと

は紙幅の関係から割愛せざるをえないが，ここにおいてはただ次の点を確認しておきたい。それは，再生産表式論の分析がもっぱら価値タームで行われているということである。この問題に関して，マルクス自身はこう述べている。

「循環が正常に行われるためには，W′は，その価値どおりに，そして残らず，売れなければならない。さらに，W—G—Wは，単にある商品を別の商品に取り替えるということだけではなく，同じ価値関係で取り替えるということを含んでいる。ここでもそうだということがわれわれの仮定である。」[16]

マルクスは，価値どおりに売れること，売れ残りのないことを強調している。むろん，ここでいう価値とは体化労働説を基礎にしたものであり，その価値論はまたP…P循環視点にたつ再生産可能価格論として展開されてきた古典派の労働価値論をマルクスが批判的に継承するなかで確立されたものであった。かくして，再生産表式論がこの体化労働説にもとづく価値タームで展開されているのは，彼が社会的再生産過程を基本的にW′…W′循環視点にたつと同時にP…P循環（＝再生産価格論）視点にたっても把握していた，ということを示すものと言えよう。

では，これに対して同じW′…W′循環視点にたつ産業連関分析はどうか？ 産業連関表は，物量表示の産業連関表（＝物的産業連関表）と市場価値表示の産業連関表（＝価値的産業連関表）から構成されている。これは再生産表式論における素材的な補塡関係と価値的な補塡関係に対応するもので，W′…W′循環視点に固有の理論的構成である。ただし，後者に関して，再生産表式論においては価値タームが使用されたのに対して，産業連関表では価格ターム（＝市場価値表示）となっていることが重要である。

このことに対応して，市場価値表示の産業連関表（＝価値的産業連関表）では，供給側（供給価格額＝中間投入〔原料〕＋減価償却費＋付加価値〔賃金＋利潤〕）も，需要側（中間需要＋最終需要〔消費需要＋投資需要〕）も価格表示である。とりわけ，供給側の付加価値部分は生産国民所得もしくは分配国民所得（賃金＋利潤）に対応し，また需要側の最終需要は支出国民所得（消費＋投資）に対応している。ここからもわかるように，産業連関表は国民所得論と共通の理論的基盤にたっているのである。ちなみに，この場合には売れ残りは許容される。というのも，国民所得論では，それが在庫投資という形で最終需要（投

56 第1部 価値と資本：その予備的考察

資需要）として理論的に処理されるからである。

　ここで，次の点を指摘しておきたい。マルクスは，再生産表式論においては商品が価値どおりに売れること，売れ残りのないことを前提していた。要するにそれは，総供給と総需要との一致を前提するということである。このような総供給＝総需要一致は，資本主義経済においては景気循環過程をとおして長期平均的に実現されていく。ただし，ここでいう総供給と総需要の一致とは，国民所得論で言うところの，国内純生産（NDP）と国内純支出（NDE）とが事前的にも事後的にも一致している，ということではない。

　この場合には，生産過程から流通過程のあいだにとどまり，市場で実現されないままになっている生産物が「在庫投資」という形で国内純支出（消費＋投資）のなかに計算されているので，つねに需給一致（国内純生産＝国内純支出）となる。

　これを国民所得論的な総供給＝総需要一致とすれば，再生産表式論で前提される総供給＝総需要一致とは，そのような供給（＝国内純生産）と需要（＝国内純支出）との一致ではなく，いわば総価格（あるいは総産出：$\Sigma[C+V+P]$）レヴェルでの需給一致だということである。したがって，再生産表式論はあくまでも長期・平均分析の理論的枠組みにとどまるという点に留意すべきである[17]。

3　G…G′ 循環

　貨幣資本循環（G…G′ 循環）は，重商主義を表現する形態として知られている。むろん，そうした把握が可能になるのは，このG…G′ 循環を個別資本ではなく社会的総資本の運動として捉えた場合である。というのも，重商主義（そのよりプリミティヴな形態としての重金主義）は，できるだけ多くの貨幣＝金銀を国内に持ち込むことに固執したが，それはこの時代の国内市場の発展・拡大にとって貨幣が必要だったからである。当時は信用貨幣が十分に発達しておらず，貨幣は基本的に貴金属貨幣が用いられていたという歴史的背景がそこにはある。と同時に，この重商主義の段階は，文字どおりに貨幣が，正確には貨幣資本が——それも資本の前期的形態である商人資本（G—W—G′）の貨幣資本が——市場経済そのものをつくりあげていく時代でもあった。

第2章　価値と資本循環　57

補遺　現代フランスの異端的ケインジアンともいうべきJ. カルトゥリエ (J. Cartelier)，
カルロ・ベネッティ (Carlo Benetti)，G. ドゥルプラス (G. Deleplace) らは，G—W—
G′という形態をもつ前期的資本の運動によって市場経済がつくりあげられてきたと
いうだけにとどまらず，原理論的レヴェルで貨幣がある種の統合の原理として市場シ
ステムそのものをつくりあげてきたと考えている。この場合，貨幣商品説や労働価値
論は否定されることになる。

　また，彼らの提唱している「貨幣的アプローチ」という方法に依拠し，マルクス学
派および現代の制度学派の成果を援用しながら，資本主義経済システムの分析を包括
的に提示しようとした試みとして，植村博恭・磯谷明徳・海老塚明 [1998] がある
（とくに同書第1章および第2章参照）。

　さらに，この貨幣的アプローチからの分岐としてフランスのB. シュミット (B.
Schmitt)，イタリアのA. グラツィアーニ (A. Graziani) らの研究が存在しているが，
彼らはこのアプローチと共通する貨幣認識を基礎にケインズの「生産の貨幣的理論」
を再解釈する試みを展開している。これに関しては，竹永進 [2007-2009] で詳しく紹
介されている。参照されたい。

　ただし，社会的総資本の運動の一環として把握される G…G′ 循環の場合は
事情が異なる。この G…G′ 循環が同時に P…P 循環，W′…W′ 循環の存在を想
定するのは，そこに十分に発達した資本主義経済の存在が前提されているから
である。これが，重商主義の表現形態としての G…G′ 循環との根本的な違い
である。

　そこで，この意味での G…G′ 循環であるが，この運動の形態は自己増殖す
る価値の運動体としての資本の本性を端的に表現している。むろん，ここで取
り上げるべきは社会的総資本としての運動である。とはいえ，それが貨幣資本
であるかぎり個別資本も社会的総資本も質的な違いはなく，ただ量的な違いが
存在するだけである。したがって，以下の引用文は，個別資本と社会的総資本
との両方に当てはまる。

　「価値の貨幣姿態が，価値の独立な手でつかめる現象形態であるからこそ，
　現実の貨幣を出発点とし終点とする流通形態 G…G′ は，金もうけを，この
　資本主義的生産の推進的動機を，最も簡単明瞭に表わしているのである。生
　産過程は，ただ，金もうけのためには避けられない中間の環として，そのた
　めの必要悪として，現われるだけである。〔それだから，資本主義的生産様

58　第1部　価値と資本：その予備的考察

式のもとにあるどの国民も，周期的にひとつの眩惑に襲われて，生産過程の媒介なしに金もうけを成し遂げようとするのである。}」[18]

　上記引用文の後半{ }内の部分は，いわゆる貨幣資本循環の暴走性を示唆するものだが，この点についてはまたのちほど触れることにしよう。ここで指摘されているように，G…G′循環は資本主義的生産の推進的動機を表現する。と同時に，価値の独立の明瞭な現象形態である貨幣が資本の運動の出発点と到達点にある。ということは，貨幣Gが単に購買手段として支出されるのではなく，最終的により多くの貨幣G′として回収されることを目的に支出される，すなわち資本として前貸しされる，ということを意味している。

　そして，それによる価値増殖が資本制的生産の推進的動機だというのは，要するに使用価値ではなく価値がこの運動の規定的な目的であり，それがとどまることを知らない無限の循環運動になるということである。目的が一定の質をもつ使用価値の獲得なら，運動はその目的を達成したところでストップする。ところが，その目的たる価値には質的な差異はなく，ただ量的な違いだけがある。この場合，量的拡大にはなんの制限もなく，いわば無限の拡大指向の運動とならざるをえないのである。さきに指摘した貨幣資本循環の暴走性[19]の淵源がここにある。ただし，それがいかなる性格の運動であれ，資本主義経済という独自の社会的再生産システムは，この貨幣資本の投下からすべてが始まる。それなしには何も起こらず，何事もなしえないのである。

　ところで，すでに見てきたように，マルクスは体化労働説という独自の労働価値論を基礎にしてP…P循環（A.スミス）とW′…W′循環（F.ケネー）という，古典派経済学に固有の2つの分析視点から社会的再生産過程を把握していた。それは，あたかもG…G′循環視点のもつ表層性を脱して，社会的再生産の深層領域へと分け入ったかのようであった。

　その一方で，彼はまた古典派経済学のようにセー法則（＝販路説命題）に陥ることはなかった。その理由は彼が社会的再生産過程を資本の総運動との関連において把握していたからであった。要するに，マルクスは社会的再生産過程をP…P循環，W′…W′循環だけではなくG…G′循環をも含む資本の総運動との関連で把握し，とりわけその流通過程についてはG…G′循環視点から完全にその構造を把握できていたということである。その意味はこうなる。

G…G′ 循環（G—W…P…W′—G′）の両サイドは，個別資本の循環として見れば，生産資本の調達市場（G—W）と商品の販売市場（W′—G′）である。さらに，この G…G′ 循環をその連続性の相で見れば以下のようであった。

$$G—W…P…W′—G′ \cdot G—W…P…W′—G′, \cdot G—W…P…W′—G′, ……$$

注目すべきは，最初の G…G′ 循環と次の G…G′ 循環との結節点にある。最初の資本循環において利潤をともなって回収された貨幣資本 G′ は，そのすべてが次の資本循環の貨幣資本 G として投下されるわけではない。ここには，蓄蔵貨幣として流通から脱落していく部分（償却基金，蓄積基金，支払準備金等々への組み入れ）と，新たに蓄蔵貨幣から流通にはいり込んでくる部分（償却基金，蓄積基金，支払準備金等々の取り崩し）とがあり，その差が次の貨幣資本 G の大きさを決定するからである。

そして，このことを社会的総資本の循環として見れば，生産と消費との媒介機構としての流通過程（＝市場）は，総需要と総供給との不断の変動の場として捉えられることになる。この認識によってセー法則は否定されるのである[20]。

次のことを付言しておこう。上述した蓄蔵貨幣から流通過程，また流通過程から蓄蔵貨幣へという貨幣の流出入は，いわゆる「流通の水路」機能と呼ばれるが，これは発達した資本主義経済においては信用制度によって媒介されている。注意すべきは，ここに介在する信用制度がまた，さきほどから指摘してきた貨幣資本循環の暴走性を増幅させる装置ともなっているという点である。

VI　抽象的労働説と貨幣資本循環

さて，体化労働説とは，労働価値論を基礎に P…P 循環視点と W′…W′ 循環視点とから社会的再生産過程を分析した，マルクスの拠ってたつところの価値論であった。この2つの資本循環視点と労働価値論とりわけ体化労働説とは密接不可分の関係にあるが，他方では G…G′ 循環視点に親和的な労働価値論も存在している。抽象的労働説である。

抽象的労働説は，市場すなわち流通過程において商品が貨幣に転化することにより，商品生産労働が（直截的には，その使用価値を生産した具体的有用労

働が）抽象的労働に転化する，という論理であった。言い換えるなら，抽象的労働説は商品の貨幣への転化（W—G）によって私的・具体的労働が社会化・抽象化され，価値を生産する抽象的労働として実現される，と捉えるのである。この場合，商品が市場で貨幣に転化することで，この商品を生産した私的な具体的有用労働が，同時に価値を生産した抽象的労働として社会的に認められるのは，ここで貨幣が一般的等価物として，価値の絶対的定在として存在しているからであった。

　そのさい貨幣はまた購買手段として機能しているのだが，この貨幣はまた何度も言うように資本主義経済においては単なる流通手段（＝購買手段）として機能するだけではなく，資本としても機能する[21]。資本として機能する貨幣とは貨幣資本であり，その運動は$G \cdots G'$循環として把握されている。そして，この資本の運動をとおして具体的有用労働の社会的編成が行われるのである。と同時に，抽象的労働説にしたがうなら，これら諸労働はまた$G \cdots G'$循環に媒介されることによって抽象的労働としても実現されることになる。この点，もう少し詳しく論じておこう。

　$G \cdots G'$循環（$G—W \cdots P \cdots W'—G'$）の最初の段階（$G—W$）は，貨幣資本による生産資本の調達過程である。ここでどれほどの労働力（$A_1, A_2, \cdots A_n$）が動員されるのかによって具体的有用労働の社会的編成の規模と内容が決定される。他方，この$G \cdots G'$循環の最後の段階（$W'—G'$）は，いわば商品の「命がけの飛躍」の場であり，それら諸商品を生産した諸労働が価値を生産した労働として社会的に認められるかどうかが試される過程である。言い換えるならば，それは，こうした社会的総資本の運動を媒介として構築された，具体的有用労働の編成そのものが社会的な妥当性，有効性をもちうるのかどうかを審判される場——それによって，また人間労働の抽象的労働としての社会的編成が実現される場——なのである。

　資本主義経済システムの駆動力としての資本の運動は，なによりもまず貨幣資本Gを流通に投入するところから始まり，剰余価値（ΔG）をともなったG'として回収されるところで一循環する。そして，この社会的総資本としての貨幣資本の運動の無限の繰り返し，すなわち$G \cdots G'$循環によって具体的有用労働の社会的編成が遂行されると同時に，それら諸労働が価値を生産した抽象的

労働として実現され，そのことによってまた資本主義的な社会的再生産過程が遂行されていく。このように，G…G′循環視点にたって見れば，社会的再生産過程は，P…P循環視点とはまた異なった様相を示すのである。

　古典派経済学以来のP…P循環視点によって把握されるのは，上述したような具体的有用労働の社会的編成プロセスでも，社会的総労働の配分メカニズムでもない。要するに，それは長期平均的に事後的に現出した，いわば結果としての労働の社会的編成，もしくはその構造そのものを表しているということである。こうした長期・平均分析によって事後的に把握される社会的再生産の構造を対象にする場合には，体化労働説でも別に異論はない。しかしながら，上述したような貨幣もしくは資本（＝貨幣資本）によって導出される具体的有用労働の社会的編成（さらには人間労働の抽象的労働としての社会的編成の実現）プロセスもしくはその労働配分メカニズムを分析対象にするのであれば，社会的再生産過程をG…G′循環視点にたって分析すべきである。

　体化労働説，さらには長期・平均分析という理論的枠組みの有効性を否定するつもりはない。だが，抽象的労働説は，本書の冒頭で述べたような価値に媒介された人間労働の社会的編成（配分）メカニズムを明らかにする，という労働価値論の理論的使命を体化労働説とはまた別の次元で，別の論理によって果たしうる価値論だという点を強調しておきたい。

VII　結論：社会的再生産の理論と抽象的労働説

　ところで，社会的再生産の理論は以下3つの領域をもつ。①社会的再生産の規模に関する理論，②社会的再生産の構造を分析する理論，③社会的再生産の変動を明らかにする理論である。要するに，社会的再生産の①規模，②構造，③変動に関する理論である。

　このうち社会的再生産の規模に関する理論は，主にケインズによって理論的に基礎づけられ現在では国民所得論として展開されている。また，社会的再生産の構造分析は，ケネーの経済表，マルクスの再生産表式論，レオンチェフの産業連関分析という形で発展させられてきている。さらには，これもまたすでに指摘したとおり社会的再生産の変動に関しては，その循環的変動を論ずる恐

62　第1部　価値と資本：その予備的考察

慌・景気循環論，その趨勢的変動を論ずる経済発展論もしくは資本主義の歴史的発展段階理論[22]という形で展開されている。この社会的再生産の構造と変動に関する理論は，いずれもマルクス経済学の重要課題として位置づけられてきたものである。

　ここからまず言えることは，上記の社会的再生産論の3本柱のうち，あとの2つはマルクス経済学の守備範囲にはいっているが，第1の柱は非マルクス経済学によって発展させられてきたという事実である。「再生産」という概念が古典派経済学の分析視角を継承・発展させたマルクス経済学にとってきわめて重要な要素である[23]にもかかわらず，従来この社会的再生産論の重要な一角を占めるべき，その規模に関する理論が，マクロ経済学として，非マルクス経済学によって発展させられてきたということである。

　それだけではない。その第2の柱である社会的再生産の構造を分析する理論としての産業連関分析が，消費や投資といったマクロ的集計量を取り扱っており，これは国民所得論と共通の理論的基盤にたつ。さらに，国民所得論は，社会的再生産の規模（産出量水準もしくは国民所得水準）に関する理論というだけではなく，社会的再生産の規模の変動とその原因についても論じており，事実上これは社会的再生産論の3番目の柱だということである。

　もちろん，マルクス経済学においても，こうした社会的再生産論の3本の柱を踏まえた理論構築が存在していないということではない。ただ，この社会的再生産論の3本の柱を踏まえた理論構築がマルクス学派の共有財産として位置づけられているかといえば，決してそうではないであろう。

　その大きな理由は，マルクス学派における社会的再生産論の最も基礎的な範疇ともなっている労働価値論にある。労働価値論に依拠する以上，社会的再生産の規模を把握するための「純生産物」概念は人間労働によって新しく生み出された価値として，いわゆる価値生産物（V＋M）として把握されなければならない。要するに，社会的再生産論を展開するための基礎範疇となるマクロ的集計量（その実体）は，マルクス学派にあっては労働価値論によって基礎づけられなければならない，ということである。

　ところが，労働価値論の通説的な地位にある体化労働説は，価値から価格へと論理的に移行するところでいわゆる転形問題というアポリアを抱え，解釈の

仕方にもよるが，いまだに論争の決着がはっきりとした形でつけられてはいない。それはまた，再生産表式論が価格ターム（すなわち生産価格さらには市場価格）でなく，価値タームでの理論展開にとどまらざるをえなかった理由のひとつでもある。むろん，それも再生産表式論が長期・平均分析の一ツールとして存在すればよいということならば問題にならない。だが，そのことは，マルクス学派の展開する社会的再生産論が非マルクス経済学の展開するそれと切り結び，そのなかでマルクス経済学独自の発展を図っていく前に，その理論の基礎範疇のレヴェルで立ち往生し，前に踏み出せない状態に甘んじている，と言わざるをえないものとなろう。

　これに対して，抽象的労働説の場合，人間労働が商品価値を生み出すと同時に所得源泉でもあるという労働価値論の基本中の基本を踏まえ，しかもその適用範囲は資本主義経済という独自な社会的再生産過程のほぼ全域をカバーしている。と同時に，現実経済のマクロ的集計量に基礎を置く社会的再生産の構造分析（＝産業連関分析）においても，いくつかの留保条件[24]を付ければこの労働価値論がそのまま適用可能である[25]。さらには，それが社会的再生産の規模の変動（＝動態過程）を論ずる基礎理論ともなりうるという点で，労働価値論の新しい可能性を示しているのである。

注

1）　労働価値論には，この二類型のほかにアダム・スミス以来の支配労働説という，現代においてもなお有力な理論が存在する。もっとも，この支配労働が商品の価格を貨幣賃率で除して雇用可能な労働量を意味するかぎりでは，ここで問題にしている資本循環との関連で論ずべき労働価値論の範囲内にははいらない。また，近年の支配労働説研究の顕著な成果として，和田豊 [2014] がある。ただし，ここで示された支配労働説は，一方では貨幣によって支配される労働を体化労働説によって説明する（つまり抽象的人間的労働が貨幣によって支配〔＝評価〕されるべき価値の実体として自存すると考える）という点で，基本的に体化労働説の範疇に入れられるべきものである。

2）　Marx [1962] S. 52. 邦訳 52 頁。

3）　Marx [1962] S. 52. 邦訳 51-52 頁。

4）　Marx [1962] S. 58-59. 邦訳 59-60 頁。

5）　ここでは，とりわけ価値形態論・呪物性理論が決定的に重要である。この抽象的労働説と貨幣との理論的関連については，飯田 [2013a] 60-67 頁参照。また，本文中で

64 第1部 価値と資本：その予備的考察

言及した関係主義的な論理についても同上論文で詳しく論述している。参照されたい。

6) 価値形態論の解釈さらにはこれと交換過程論との関係等についての諸議論，諸論争については，わが国では文字どおり汗牛充棟の状態で膨大な研究蓄積が存在している。これについては，飯田［2001］第Ⅱ編（第4章「商品語と価値形態」，第5章「価値形態の発展」，第6章「貨幣の必然性について」，184-292頁）参照。なお，体化労働説という通説的な立場にたてば，価値形態論において考察対象にされる価値表現とは，事前的に労働・生産過程で商品に体化（＝対象化）された価値が表現される，ということである。ただし，筆者自身は，体化労働説の立場ではなく，そのような通説的な論理をとることもない。この点も，上掲の拙著を参照されたい。

7) マルクスが『資本論』のなかで最初に商品連関次元から労働連関次元に分析次元を移すのは，第1章第1節の，いわゆる「蒸留法」によって2商品の等置関係のなかから抽象的人間的労働を析出するところであり，次には第3節の価値形態論の第1形態論（「相対的価値形態の内実」）においてである。いずれも，労働連関次元から価値実体として抽象的人間的労働を析出する論理を展開しているが，前者は分析者の観点から抽象的人間的労働を析出し，後者は商品の社会的関係・関連（＝価値関係）のなかから商品自身がこれを措定するという形で展開されている。

8) ここで言っていることは，要するに国内純生産（NDP）はすべて人間労働によって産出されたということである。ただし，そう言ってしまうと実際の国民経済計算における一部のサービス労働の取り扱いに関する問題だけでなく，国内純生産（NDP）のなかに帰属家賃のような労働の生産物ではないものが算入されているという問題等を無視できなくなる。そこで，労働価値論の立場から，何を非労働生産物として国内純生産（NDP）のなかから除外すべきなのかという課題が当然に出てくることになるが，この点について詳しくは飯田［2013a］70-76頁を参照。

9) この抽象的労働説における国内純生産（*NDP*）についての十全な規定は，本書第3章において明らかにする。

10) フォーリーは，まず年間「総労働時間」を「国民総付加価値」で除す（*L/Y*）ことで「特定の期間内に1ドルが表わす労働時間量を計算」し，これを「貨幣の価値と呼ぶ」。そのうえで次のように議論を展開している。「平均的な場合には，1時間の労働時間は付加価値15ドル分を生み出す。この関係は貨幣の価値の逆数であり，1時間の労働時間が創造する貨幣単位の価値量を示しているので価値の貨幣的表現と呼ばれる。」（Foley［1986a］p. 15. 邦訳24頁。強調は原著）。

11) 産業別国民所得は，基本的に国民経済計算のなかでも示されているが，年間総労働時間を具体的にどのように捉えるのかについては本書第3章の注3）を参照されたい。

12) Marx［1963］S. 69. 邦訳79頁。

13) 抽象的労働説においても，長期・平均分析という理論的枠組みを設定すれば再生産可能価格（＝生産価格）論は展開可能である。これについては，本書の第5章で明らかにしたい。

14) このとき，商品交換（W—W）は長期平均的には等価交換として把握されるが，労

働価値論にたつ場合，これが投下労働説の観点から等労働量交換として捉えられることになる。

15) Marx [1963] S. 101. 邦訳 121 頁。

16) Marx [1963] S. 77-78. 邦訳 90 頁。

17) この長期・平均分析の理論的枠組みは，流通過程 W—G—W から貨幣を捨象してセー法則を前提したうえで P…P 循環を分析の対象にした，古典派経済学において顕著に表れていたものである。『資本論』第 2 巻における W′…W′ 循環の分析においても，事実上このセー法則が前提されたうえで資本の再生産過程の分析がなされている。このような長期・平均分析の理論的枠組みには長所と短所があり，その短所を補完する分析視角がここで取り上げる G…G′ 循環なのである。

18) Marx [1963] S. 62. 邦訳 71 頁。

19) 植村博恭・磯谷明徳・海老塚明 [1998] は，こうした貨幣資本循環のもつ「暴走性」を的確に指摘している（同書，39-40 頁，67 頁参照）。

20) 経済学説史上，このセー法則を否定できたのはマルクスだけではなく，ケインズもまた同様であった。この場合，ケインズが P…P 循環（＝古典派経済学）視点と G…G′ 循環（＝重商主義経済学）視点の両方から全体経済（＝社会的再生産）を捉えようとしていたという評価も可能であろう。

21) 塩沢由典 [2014] は，「一定の抽象水準において価値を考えるためには，第一義的に，資本家と資本家の交換を考えなければならない」（245 頁）として，資本家の市場取引が価値論の存立基盤になっていることを指摘している。これはまったく正しい。体化労働説の場合，ここでのコンテキストにしたがえば，資本家の存在を捨象した価値＝価格（＝労働価値）から資本家の市場取引を想定した生産価格への転形を論じなければならなかったわけだが，前者の手続きは無用な回り道でしかないというのが本書の第 5 章で言及するスラッフィアンや塩沢説の共通した主張である。これもひとつの見識だと思うが，しかし，だからといって労働価値が無用であったり不要になったりするわけではない，というのが本書の，すなわち抽象的労働説の立場である。

22) 飯田 [2011] 補論「資本主義の歴史区分とグローバル資本主義の特質」（205-273 頁）参照。筆者は，ここにおいて資本主義経済という独自の社会的再生産システムの趨勢的変動を主題とした経済発展段階論を展開することで，現代資本主義をグローバル資本主義として歴史的に位置づけている。

23) この「再生産」という分析視角は，古典派経済学さらにはそれを批判的に継承したマルクス経済学の最も枢要な理論的フレームワークであるが，この点を古典派経済学や諸学派との比較研究から解明している研究業績として松嶋敦茂 [1996] がある。とくに，第 1 章，第 7 章，第 8 章参照。

24) この留保条件については，本文中で論じた在庫品の取り扱いのほかにも，本章注 8）で指摘したような現行の国民経済計算体系そのものが抱えている諸問題点をも考慮しなければならない。

25) 価値＝価格や生産価格は，産業連関分析における生産財の投入係数行列を構成要素

66 第1部 価値と資本：その予備的考察

として取り込む形で概念的に把握することが可能である。この投入係数行列（あるいは技術係数行列）は，現実経済における生産力水準（テクノロジー）を反映する。したがって，こうして与えられた価値＝価格，生産価格は，産業連関論の理論的成果を適用するものであり，ある種の抽象的現実性を労働価値論に与えるものとも言いえよう。もっとも，それは基本的に長期・平均分析の理論的枠組みにおいて理論構築される。そのかぎりにおいて，これが提示できるのは，いわば長期の理想的平均のもとでの市場および供給構造であり，抽象的現実性でしかない。これに対して抽象的労働説の場合，生産価格論は同じ理論的枠組みのもとで展開可能だが，それは他方で社会的再生産の短期的・現実的な構造分析にも直接的に適用可能だという点で，体化労働説とは根本的な違い，すなわち具体的現実性をもつのである。

第 2 部　価値と価格の理論

第3章　抽象的労働説と国民所得論

I　緒言

　前章で見てきたように，抽象的労働説においては，商品を生産した労働（それ自体としては，その使用価値を生産した私的な具体的労働）が，当該商品の貨幣への転化にともなって，商品の価値を生産した労働（＝社会的労働）に転化し，それによって当該商品に含まれる純生産物部分を生産した労働（＝抽象的労働）として実現される。

　さらに，この抽象的労働説では，そのような形で市場において評価された労働はすべて価値を生み出した労働として認められる。言い換えるなら，このことは，市場で評価されるかぎり，商品生産労働はすべて価値形成労働であり，本源的所得（＝国民所得）の源泉になるということである。それゆえに，ここで社会的総労働は，それが市場で実現されるかぎり，ひとまずは新しく生み出された価値（＝純生産物）の合計すなわち国内純生産（NDP）を産出した労働としても捉えられることになる。

　そこで問題は，この抽象的労働説において把握される国内純生産と実際の国民経済計算において把握された国内純生産とは，どのような関係にあるのかということである。本章では，この問題を明らかにすることによって，まずはマクロ経済領域での抽象的労働説の適用範囲を確認していくこととしよう。

II　抽象的労働説における国内純生産

　ここで，まず再確認しておくべきは，国民経済計算においては，生産されたにもかかわらず市場で販売されなかった，いわゆる「在庫品」部分も最終生産物として扱われ，今期に新しく生産された価値（＝純生産物）分として国内純生産（NDP）のなかに計算されているということである。

70　第2部　価値と価格の理論

　これに対して，抽象的労働説では，商品は市場で販売（W—G）すなわち貨幣として実現されないかぎり，価値を生み出した労働としては認められない。そのため，抽象的労働説において把握される純生産物の総計すなわち国内純生産（NDP^*）と国民経済計算におけるそれとのあいだに，この部分のギャップが存在しているわけである。そこでまず解決されるべきは，このギャップ分をどのように把握するのか，ということである。

1　抽象的労働説における労働と純生産物

　最初に押さえおかなければならないのは，以下の点である。抽象的労働説の場合，市場で実現された商品の使用価値を生産した具体的労働〔時間〕の総計（CL）は，これらの諸商品の価値を生産した抽象的労働〔時間〕の総計（AL）に等しいと前提されている。つまり，ここにおいては基本的に $CL=AL$ が成り立つ，ということである。

　ただし，問題は，この社会的総労働（CL）のなかには件の「在庫品」を生産した労働部分が含まれているということにあった。抽象的労働説の立場からは，この部分を除外したうえで，今期実際に価値を生産した労働として市場で評価された社会的総労働（すなわち $CL^*=AL^*$）がどのような大きさになるのかを把握できなければならない。

　この大きさ（$=CL^*$）自体は，前章で明らかにしているように「社会全体の具体的労働〔時間〕CL」から在庫品ストックの純増減額分の生産に参加した労働〔時間〕を加減（プラス・マイナス）することによって与えられる。そして，こうして把握された社会的総労働（CL^*）が，市場で評価されることで価値を生み出した労働（AL^*）に転化し，抽象的労働説における一国の純生産物の総計すなわち国内純生産（NDP^*）として措定されることになるのである[1]。したがって，この関係は以下のようであった。

$$CL^* \rightarrow AL^* \rightarrow 抽象的労働説における NDP^*$$

　問題は，この在庫品ストックの純増減額分の生産に関わる労働〔時間〕をどのように把握するのか，ということである。そこで，この在庫品ストックとしては，どのようなものがあるのか？　まずはこれを確認しておこう。

第 3 章　抽象的労働説と国民所得論　71

　ここで取り上げるべき在庫とは，①製造後に生産者の手元に残されている製品在庫，②製造工程の途中にある仕掛品在庫，③生産過程に投入される前の原材料在庫，④小売り，卸売りの流通過程にある流通在庫などである。このほかに，わが国の場合には，食糧管理特別会計による政府米の在庫，石油公団による原油備蓄などの「公的在庫品増加」がある。そして，これらの価値額は，国民経済計算では「国内総支出」のなかで計算され「在庫品増加」として明示されている（さしあたり後掲の表3-2で確認されたい）。

　この在庫品増加の値は，プラスになる場合とマイナスになる場合とがある。プラスの場合には，在庫品ストックの価値が前期よりも大きくなったということであり，そのぶん今期の社会的総労働によって生産された価値よりも市場で実現された価値が小さい。逆にマイナスの場合には，在庫品ストックの価値が前期よりも小さくなったということで，そのぶん今期の社会的総労働によって生産された以上に大きな価値が市場で実現されたということになる。

　したがって，ここから抽象的労働説における NDP^* の大きさは，在庫品増加がプラスの場合，そのぶんを実際の NDP から差し引き，逆にマイナスの場合，そのぶんを NDP に加算することにより与えられることになる。同じようにして，この抽象的労働説における NDP^* に対応する社会的総労働時間（$CL^*=AL^*$）は，在庫品増加がプラスの場合，その在庫品生産に関わる労働時間を今期の社会的総労働時間（$CL=AL$）から差し引き，逆にマイナスの場合，そのぶんを今期の社会的総労働時間に加算することによって与えられる。

　そこで問題は，この在庫品生産に関わる労働〔時間〕をどう把握するのかということであった。これを正確に把握するには，これらの在庫品についてそれぞれ具体的労働時間を調査し，これらを集計・算出することが必要であるが，実際には不可能に近い。そこでなんらかの方法を講ずる必要があるが，そのまえに，ひとまず次の諸点に目配りをしておきたい。

　実際の国民経済計算のなかでは，この在庫品増加は国内総生産（支出側）において表示されている（表3-2参照）。さらに，この国内総生産（市場価格表示）から〔間接税マイナス補助金〕と〔固定資本減耗〕を控除したものが国内純生産 NDP であるが，これは実際の国民経済計算では要素費用（＝雇用者所得＋営業余剰）表示の NDP として示されている。

72　第2部　価値と価格の理論

表 3-1　実現された抽象的労働時間

（a）	（b）	（c）
NDP ＝ NDE 500兆円	在庫品増加 プラス5000億円	（b）のNDEに占める割合 0.1％
（d）	（e）	（f）
全体の具体的労働時間 1000億労働時間	（b）の生産に要した労働時間 1億労働時間	今期の実現された抽象的労働時間 999億労働時間

　他方，三面等価の前提によって，この要素価格表示の国内純生産 NDP と国内純支出 NDE（＝消費＋純投資＋純輸出）との価値の大きさは等しい（NDP＝NDE）。また，問題の在庫品ストックの純増額分は，この国内純支出 NDE の構成要素である純投資（広義）のなかに在庫投資として算入されている。そこで，この在庫品に関わる労働〔時間〕を計算するためには，次のような方法をとることが可能である。

　まずは，この国内純支出 NDE のなかの在庫品ストックの純増額分の割合を把握し，そのうえでこの割合を「社会全体の具体的労働〔時間〕CL」（＝社会的総労働時間）のなかの在庫品ストックの純増額分の生産に必要な労働〔時間〕に適用する，という方法である。以下，簡単なモデルを使って説明しよう（表3-1 参照）。

　たとえばいま，国内純生産 NDP が 500兆円（a）で在庫品増加がプラス5000億円（b）であったとする。この場合，問題の在庫品増加の価値は，この国内純生産 NDP と同一価値の国内純支出 NDE（＝消費＋純投資〔広義〕＋純輸出）に対して，その0.1％（c）にあたる大きさである。このとき今期の国内純生産 NDP に参加した「社会全体の具体的労働〔時間〕CL」（＝社会的総労働時間）が1000億労働時間（d）であるとすれば，問題の在庫品ストックの純増額分の生産のために必要とされる労働〔時間〕として割り当てられる部分は，その0.1％にあたる1億労働時間（e）となろう。

　であれば，問題の「社会全体の具体的労働〔時間〕CL」のうち，今期の市場で実現され抽象的労働（＝社会的労働）に転化した部分は，その0.1％分（＝1億労働時間）を除いた999億労働時間（f）だということになる（表3-1「実現された抽象的労働時間」で確認されたい）。

第3章　抽象的労働説と国民所得論　73

　また，これと逆の場合もある。在庫品増加がさきほどとは逆にマイナス値を
とるケースである。ここで在庫品増加がマイナスになるというのは，在庫品ス
トックの価値が前期よりも小さくなったということで，そのぶん今期の労働に
よって生産された価値以上に市場で実現された価値が大きかった（言い換えれ
ば，そのぶん前期の生産物すなわち在庫品が今期の市場で実現された）という
ことである。

　そこで，いま国内純生産NDPと同一価値の国内純支出NDE（＝消費＋純投
資〔広義〕＋純輸出）がさきの例と同じ500兆円で，そのなかの在庫品増加がさ
きほどとは逆にマイナス5000億円であったとすれば，この5000億円の在庫品
マイナス分の価値は今期の国内純支出500兆円の0.1％にあたる。そして，今
期の国内純生産500兆円を産出した社会的総労働時間がさきほどと同じように
1000億労働時間であったとすれば，その0.1％にあたる1億労働時間分の在庫
品生産労働が今期の市場で追加的に実現され，その私的具体的労働が抽象的労
働に転化した，と見ることができるのである。

　したがって，ここにおいては，今期に市場で実現された抽象的労働の大きさ
は，今期の社会的総労働時間（1000億労働時間）に在庫品に関わる労働時間（1
億労働時間）を加えた1001億労働時間である，ということになるであろう。

補遺　さらに，在庫品生産に関わる労働〔時間〕の把握・評価方法は，本文中に示して
きたものだけでなく，他に次のような方法もある。それは，結果的には同じ数値をも
たらすが，すでに見た抽象的労働説における価値の尺度基準の逆数を用いる方法であ
る。前章で示したように，抽象的労働説における価値の尺度基準は社会的労働1単位
あたりの生産する価値を表し，国内純生産を社会的総労働時間で除すことによって与
えられる。また，その逆数は，貨幣1単位あたりの代表する社会的労働〔時間〕を表
すものであり，前章で言及したフォーリーはこれを「貨幣の価値」と名づけていた
（ここでもそのタームを踏襲することとしよう）。

　そこで，いま問題の在庫品ストックの金額（プラスであれマイナスであれ）が与え
られるなら，この金額に件の「貨幣の価値」を乗ずることによって，当該の在庫品を
生産するために必要とされる労働時間を割り出すことができる。

　本文中の例を使って説明すると，国内純生産NDPが500兆円（このうちの在庫品
増加がプラス5000億円），社会的総労働時間が1000億労働時間であったとすると，こ

74　第2部　価値と価格の理論

表 3-2　2014年 国内総生産勘定（生産側および支出側）　　　　　（単位：10億円）

1.1　雇用者報酬 (2.4)	251,425.6
1.2　営業余剰・混合所得 (2.6)	91,360.1
1.3　固定資本減耗 (3.2)	103,699.0
1.4　生産・輸入品に課される税 (2.8)	43,841.9
1.5　（控除）補助金 (2.9)	2,898.6
1.6　統計上の不突合 (3.7)	− 489.2
国内総生産（生産側）	486,938.8
1.7　民間最終消費支出 (2.1)	295,392.0
1.8　政府最終消費支出 (2.2)	100,448.2
（再掲）	
家計現実最終消費	355,211.3
政府現実最終消費	40,628.9
1.9　総固定資本形成 (3.1)	107,128.2
うち無形固定資産	12,213.7
1.10　在庫品増加 (3.3)	− 887.9
1.11　財貨・サービスの輸出 (5.1)	86,400.3
1.12　（控除）財貨・サービスの輸入 (5.6)	101,542.0
国内総生産（支出側）	486,938.8

出所：内閣府『国民経済計算』「4. 主要系列表」「(1) 国内総生産（支出側），名目」より作成 (http://www.esri.cao. go.jp/jp/sna/data/data_list/kakuhou/files/h26/h26_kaku_top.html)。

　の場合の「貨幣の価値」すなわち貨幣1単位の代表する社会的労働時間は 0.0002 時間である。これに在庫品の金額 5000 億円を乗ずれば，当該の在庫品を生産するのに必要な労働時間として1億労働時間が与えられることになる。

　以上のことを実際の国民経済計算にもとづいて捉え直しておこう。表 3-2 は，2014 年における国内総生産と国内総支出を示している。その価値額は 486 兆 9388 億円であり，この国内総支出のなかに示されている「在庫品増加」はマイナス 8879 億円である。抽象的労働説の立場からは，これは前期の生産物ではあるが，今期の市場で実現された商品（＝在庫品）の価値の大きさを示すものであり，今期の国内純生産 NDP^* に加算されなければならない部分である。

　そこで，2014 年の国内純生産 NDP は 342 兆 7857 億円（表 3-3 参照）であり，この価値に在庫品増加の 8879 億円を加えた 343 兆 6736 億円が，ここで問題にしている抽象的労働説における NDP^* だということになるわけである。

2　過去の労働の生産物（＝在庫品）の評価

そこで，問題はこの在庫品ストックの純減額分8879億円の生産に関わる労働〔時間〕をどう把握するかである。まず確認すべきは，このマイナスの在庫品増加分8879億円は，当該年の国内純生産NDPと同じ価値をもつ国内純支出NDEの構成要素である純投資（広義）のなかに（その在庫投資のマイナス分として）算入されている，ということである。そして，その大きさは国内純支出NDE 342兆7857億円の0.259％である。

そこで，この国内純支出NDEと同じ価値をもつ国内純生産NDPを産出した社会的総労働時間が与えられるならば，その0.259％にあたる労働時間が在庫品ストックの純減額分（すなわち前期に生産され今期の市場で実現された商品）の生産に必要な労働〔時間〕として捉えられ，評価されることになる。これは，前期に生産され今期の市場で販売された在庫品ストックについて，その生産に必要とされる労働〔時間〕を今期の労働〔時間〕で評価するということでもある。

では，この在庫品の必要労働時間を評価するための，当該年の社会的総労働時間は，具体的にはどのように把握できるのか？

ここで言う社会的総労働時間であるが，じつはこれを直接的に表示する統計データはわが国には存在していない。ただし，これは該当年の就業者数に1労働者平均年間総実労働時間を乗ずることによって推計することが可能である。国民経済計算においては，就業者数および雇用者数については公表されている。だが，労働時間については後者のみが示されているにすぎない[2]。そこで，ここにおいては『労働力調査年報』に公表されている「延週間就業時間数」を利用して，これを算出することにしよう。

延週間就業時間数とは，国全体の就業者の週間就業時間を合計したもので，『労働力調査年報』で公表されているのは，調査年における1週間の平均就業時間である[3]。これは，いわばその年の1週間の平均就業時間で計った総投下労働量であると見ることができる。そして，これを52（年52週）倍すれば年間総実労働時間（ここで言う社会的総労働時間）が与えられる。ちなみに，現時点で最新のデータが入手可能な2014年の就業者数は6376万人であり，同じく2014年の1週間の平均就業時間は24億1300万時間である。したがって，その

52（年52週）倍の年間総実労働時間は1254億7600万時間。これが，この年の国内純生産 NDP を産出した社会的総労働時間である。

そこで，問題の在庫品ストックの純減額分（すなわち前期に生産され今期の市場で実現された商品）の生産に必要とされる労働時間は，この社会的総労働時間の0.259％にあたる労働時間として評価されるということから，問題の在庫品の生産に必要とされる労働時間は3億2498万時間である[4]。

なお，この在庫品の生産に必要とされる労働時間は，抽象的労働説の立場からは，前期に生産され今期の市場で実現された労働（＝抽象的労働）時間として社会的総労働時間に加算されなければならない部分である。そこで，この労働時間部分を今期に実現された抽象的労働として社会的総労働時間に加算すれば，さきに把握された抽象的労働説における NDP^* 343兆6736億円（＝NDP 342兆7857億円＋在庫品8879億円）に対応する，社会的総労働時間（すなわち $CL^*=AL^*$）が与えられる。それは，2014年においては，1258億98万時間（＝1254億7600万時間＋3億2498万時間）である。

こうして抽象的労働説の場合，過去に商品を生産した労働（＝在庫品生産労働）もまた，それが市場で貨幣と交換され価値として実現されるかぎり，その私的具体的労働は抽象的労働に転化する。要するに，これらの過去の労働の生産物（つまり在庫品）もまた，今期の市場において「命がけの飛躍」を果たした商品として扱われ，当該の具体的有用労働もまた価値を生産した抽象的労働として実現される，ということである。この結論は，抽象的労働説に独自のものであり，きわめて重要である。

III　抽象的労働説と本源的所得

さて，抽象的労働説にたつここでは，市場で商品が貨幣に転化することによって，その使用価値をつくった具体的労働があらゆる種類の労働に共通する抽象的労働に転化する。つまり，市場で評価されるかぎり，商品を生産した労働はすべて価値を生産した労働として認められ，本源的所得の源泉になるのである。

このような労働価値論（＝抽象的労働説）にたつかぎり，かつて華々しくたたかわされた，いわゆる生産的労働に関わる論争——すなわち，価値を生み出

す労働は物質的生産労働のみである（本源的規定）のか？　あるいは剰余価値を生み出す労働である（歴史的規定）のか？　さらにサービス労働は価値形成的か否か？　等々——とりわけ生産的労働論と国民所得論とに関連する係争問題は本来的に別次元の議論であり，ここで取り上げるべき問題ではないということになる[5]。

　抽象的労働説においては，物質的財貨であれ，あるいはサービスのような非物質的財貨であれ，それが商品を生産する労働であり，当該商品が市場で貨幣に転化するなら，その労働はすべて価値を生産した労働として認められ，本源的所得の源泉になるからである。

1　抽象的労働説とサービス生産

　これに対して，いわゆる体化労働説の立場にたてば，こうはならない可能性がある。体化労働説の場合，価値を生み出す労働は物質的生産を行う労働だけで，基本的にサービスのような非物質的生産を行う労働は価値を生み出すことはない，と考えられているからである。

　体化労働説がこのような物質的生産を重視するのは，マルクス学派に特有の「生産」概念が基礎にあるように思われる。マルクス学派の場合，「生産」概念はいわゆる唯物史観を基礎として，それは主体としての人間による外的な客体としての自然の加工（人間と自然との物質代謝過程）であり，基本的に，それは人間と自然（すなわち客体的自然＝物質）との関係において捉えられている。このかぎりにおいて，「生産」はもっぱら物質的財貨を生み出す活動として把握されざるをえないものとなり，サービス労働などの非物質的財貨を生み出す人間の活動はその「生産」範疇の外に置かれることになる。

　これに対して抽象的労働説の場合には，市場で認められた労働はすべて価値を生み出す労働であり，ここにおいては物質的財貨を生産する労働だけではなく，サービスなどの非物質的財貨を生産する労働も同じ「生産」範疇で捉えられる。問題は，この抽象的労働説もまた労働価値論である以上，これと唯物史観を基礎とした「生産」概念との関係はどのように捉えられるべきなのか，ということにある。

78　第2部　価値と価格の理論

①抽象的労働説における生産概念

　そこで，まず考慮すべきは次の諸点である。非物質的財貨とされるサービスのなかには設計・研究開発サービスや経営管理関連サービスなど，最終的にはなんらかの物質的財貨の生産（あるいは人間と自然との物質代謝過程）につながっていく活動の一部分（すなわち全体的な分業の一構成部分）になっているものが数多く存在している。そうであるなら，この種のサービス生産（非物質的生産）は，広い意味での人間と自然との関係において捉えられるべきであって，物質的生産と本質的な認識レヴェルで区別すべき理由はどこにも存在していないということになろう。

　また，こうした非物質的財貨を生産するサービス部門は，基本的には生産関連サービス部門と消費関連サービス部門との2部門からなると考えることができる[6]。そして，上述したなんらかの物質的財貨の生産（あるいは人間と自然との物質代謝過程）につながる活動の一部分（すなわち全体的な分業の一構成部分）として捉えられるようなサービス生産を行うのは，このうちの生産関連サービス部門である。このような部門には，コンサル等を含む調査業，情報・通信サービス業，運輸業，倉庫業，さらには卸売業，金融（広義）業，不動産業，等々が含まれている。

　他方，消費関連サービス部門におけるサービス生産は，基本的には，人間の直接的な自然に対する働きかけとしてではなく，むしろ人間の人間に対する働きかけ（たとえば，医療，教育などのサービス）として行われる。これは，労働主体としての人間が同じ人間を労働対象とする関係であるとも言いうるが，ここで労働対象とされた人間もまた自然の一部と考えるならば，この種のサービス生産もまた広い意味においては人間－自然関係において把握可能なのである[7]。

　ただし，以下のことに注意しなければならない。この人間の〈自然としての人間〉に対する働きかけを労働過程として捉える場合，この労働過程は自然の加工という意味での生産過程ではなく，したがってまた，そこには加工された自然という意味での生産物は存在しない，ということである。

　もっとも，この労働過程（すなわちサービス生産）が商品化された場合，それ自体は商品の生産過程となり，当該商品はその商品生産労働の「生産物」と

みなされることになる。もちろん、だからといって、この「生産物」（＝商品）の使用価値は、本来の人間－自然関係におけるような加工された自然ということにはならない。〈自然としての人間〉は、そうした意味での加工の対象には決してなりえないからである。それゆえに、この種のサービス商品の使用価値は、単に人間のなんらかの欲望、欲求を満たす有用性、役立ち、効用という意味での使用価値でしかない、ということになろう。

こうして、消費関連サービス部門においては、人間の〈自然としての人間〉に対する働きかけのなかで、無形の（非物質的な）商品とその使用価値が生産されることになる。このような部門には、上述した医療、教育関連のサービスのほかに、理容、浴場業といった個人向けサービス業、スポーツ、観劇、文化、旅客運送業等の娯楽関連のサービス業、さらには小売業、飲食業、生命保険業、等々が含まれるであろう。

かくして、ここにおいては使用価値概念が2つの領域を包摂する。第1は、人間－自然関係のなかで自然の加工をとおして「生産」される物質的財貨としての使用価値であり、第2は、直接的な自然との関係のなかで生産されたわけではないが、広い意味での人間－自然関係のなかで「生産」される非物質的財貨としての使用価値である。

この使用価値概念によって、商品概念もまた同じく2つの領域を包摂できる。ひとつは、物質的生産によって生み出された使用価値と価値から構成される通常の商品であり、いまひとつは、非物質的生産によって生み出された使用価値と価値から構成されるサービス商品である。

②サービス生産について

さて、以上の生産概念、使用価値概念、商品概念を踏まえて、ここからはいわゆるサービス生産について考察していこう。

これらのサービス生産には、上述したように、生産関連サービス部門としてコンサル等を含む調査業、情報・通信サービス業、運輸業、倉庫業、さらには卸売業、金融（広義）業、不動産業、等々が含まれ、また消費関連サービス部門として、理容・浴場業・クリーニングなどの個人向けサービス業、医療、教育、文化、あるいはスポーツ、観劇、旅客運送業などの娯楽関連のサービス業、さらには小売業、飲食業、宿泊業、生命保険業、等々が含まれる。

80　第2部　価値と価格の理論

　ところで，これらの産業はまた，卸売業，小売業，飲食業，さらには金融（広義）業，不動産業，宿泊業，生命保険業等々といった，もっぱら流通過程で活動する産業に分類される部門と，そのほかに，広い意味でのサービス産業に分類される諸産業が活動する部門とに区分することができる。ここでは前者を流通部門とし，後者をサービス部門として区別することにしよう[8]。

　そのさい注意すべきは，マルクス学派の場合，仮にサービス労働が価値形成的であることを認める論者も，この流通部門に属する産業における労働（＝流通労働）は価値形成的であることを否定する傾向がある，ということである。

　その理由は，マルクス学派にあっては，一般に流通からは価値は生まれず，したがって流通のための労働は価値を生産しない，と考えられているためである。

　たしかに，流通においては一者が得るところは他者が失うところとなるという論理が成立している，というのは事実である。しかし，だからといって流通に関わる労働が価値を生まないということにはならない。一者が得るところは他者が失うところとなるというのは，重商主義の経済学者であったJ. ステュアートの理論，いわゆる流通利潤論を否定するさいに用いられた論法であったが，この流通利潤論批判によっては，流通のための労働が価値を生産するという労働価値論の論理（ただし抽象的労働説）を否定することはできないのである。抽象的労働説にたつここでは，このような流通部門とサービス部門との区別は基本的に意味をなさない。

　まず，このことを流通部門の代表格である商業について確認しておこう。商業は，そのなかに運輸サービス，保管サービス等を内包し，その中心をなす商業労働は，売買取引など，いわば純粋な流通労働とともに価格計算，簿記，通信，現金出納，さらには商品の品揃え，品質鑑定，秤量，分類，小分け，受け渡しなど[9]があり，これらに加えて広告・宣伝や市場開拓および各種の販拡活動，マーケティング活動などに従事する諸労働が含まれている。これらの労働は，運輸サービス，保管サービスなどの諸労働とともに，いわばひとつにパッケージされて商業という独自の産業を形成しているわけである。

　このなかの運輸サービス，保管サービスなどの諸労働について言えば，これらが価値形成的であることをマルクス自身が認めている。そこで，マルクス学派の多くが否定するのは，この運輸サービスや保管サービスではなく，商業の

中核をなす売買取引のための純粋な流通労働が価値形成的だという見方である。

むろん，抽象的労働説にたつここでは，この純粋な流通労働とされる商業労働も，それが市場で評価されるかぎり価値を生み出す労働である。商業（卸売業，小売業など）の場合には，これら商業者の扱う商品が市場で販売されたことをもって，この商品の販売のために用いられた諸労働（運輸サービス労働，保管サービス労働，純粋な流通労働など）もまた市場で価値として実現されることになる。したがって，この時点において，そうした売買取引のための純粋な流通労働（＝商業労働）としての私的労働もまた社会的労働として実現され，価値を生み出した労働として認められるのである。

さらに言えば，ここで示した流通労働もしくは商業労働とされる諸労働は，商業だけでなく，他方で運輸業，倉庫業などの流通産業を支えている重要なサービス労働であり，これらの諸労働によって生み出された価値は商業をも含む流通産業の本源的な所得を形成するという点にも注意しなければならない。もっと正確に言えば，これらの諸労働は，上述したような流通産業のみならず，流通過程をその蓄積・再生産運動の重要な一環としてもつ産業資本一般にとっても不可欠の存在だということであり，そのかぎりにおいては諸産業のなかでこれらの労働もまた価値を生産し本源的な所得を生み出している，ということである[10]。

なお留意しておくべきは，以上で取り上げたサービス労働はすべて民間（産業）部門のもので政府等の公的部門が除外されているという点である。そこで，次に後者についても視野に入れて検討を進めていこう。

2 国内純生産の構成

ここではまず，既存の国民経済計算のなかで与えられている国内純生産NDP の構成（内容）を取り上げたい。表 3-3 は 2014 年の国内純生産（要素費用表示）の経済活動別の構成を示している。

見てのとおり，ここでは国民経済計算上の新しい価値（純生産物または価値生産物）を生み出す部門として，「1. 産業」「2. 政府サービス生産者」「3. 対家計民間非営利サービス生産者」の 3 つが区分されている。

82　第2部　価値と価格の理論

表3-3　2014年 国内純生産（要素費用表示）　　　（単位：10億円）

1.　産業	303,894.8
（1）農林水産業	3,294.3
（2）鉱業	165.2
（3）製造業	59,887.8
a.　食料品	8,484.8
b.　繊維	298.1
c.　パルプ・紙	1,491.5
d.　化学	4,452.8
e.　石油・石炭製品	1,535.0
f.　窯業・土石製品	1,939.0
g.　一次金属	5,979.7
h.　金属製品	3,871.6
i.　一般機械	7,821.2
j.　電気機械	7,331.6
k.　輸送用機械	8,205.1
l.　精密機械	1,149.6
m.その他の製造業	7,327.9
（4）建設業	25,188.8
（5）電気・ガス・水道業	2,361.1
（6）卸売・小売業	55,567.0
（7）金融・保険業	17,039.9
（8）不動産業	32,448.1
（9）運輸業	15,817.4
（10）情報通信業	20,299.8
（11）サービス業	71,825.4
2.　政府サービス生産者	29,154.3
（1）電気・ガス・水道業	555.5
（2）サービス業	9,718.8
（3）公務	18,880.0
3.　対家計民間非営利サービス生産者	9,736.6
（1）サービス業	9,736.6
合計	342,785.7

出所：内閣府『国民経済計算』フロー編〔付表〕「経済活動別の国内総生産・要素所得，
　　　名目」より作成（http://www.esri.cao.go.jp/jp/sna/data/data_list/kakuhou/files/
　　　h26/h26_kaku_top.html）。

①民間「産業」部門の労働：市場の評価を受けた労働

　このうち「1. 産業」部門は，農林水産業，鉱業，製造業からサービス業まで11の生産部面から構成されているが，いずれも商品を生産し販売する民間部門であり，ここに計上されているものはすべて市場で実現された価値額である。したがって，この価値を生産した各部門の労働は，いずれも市場の評価を受け

た労働であり，私的具体的労働から価値を生産した抽象的労働に転化した社会的労働として認められている，ということになる。なお，この部分は国内純生産の大半を占めており，全体のなかのおよそ88.7％がこの部門によって生産されている。

　また，表3-3における国内純生産のなかには，商品を生産せず，したがってまた市場の評価を受けることのない，公務あるいは国公立学校の教育サービスや国公立病院の医療サービスなどの政府サービス生産者によって「産出」された価値部分も含まれている。この点は，すでに前章で指摘しておいたところである。では，この「2. 政府サービス生産者」については，どのように考えるべきであろうか？

②政府サービス生産者の労働について

　まず留意すべきは，これら政府サービス生産者の労働は，基本的に私的労働ではなく，はじめから市場のテストを必要としない社会的労働として存在する，ということである。抽象的労働説の場合，価値を形成するのは，基本的には市場をとおして社会的労働（＝抽象的労働）に転化した労働なのであるが，これら政府サービス生産者の労働は，市場のテストを受けることなく，はじめから具体的有用労働のままで社会的労働として提供され（通用し）ている。言い換えるなら，これらの諸労働は，その生産物が商品として市場で貨幣に転化し，それによって抽象的労働すなわち社会的労働として実現される必要なしに，はじめから社会的労働として存在するのである。この社会的労働に対して支払われる貨幣がどこからきているのかと言えば，国民の納税にほかならない。

　もっとも，これらの諸労働の成果は利潤獲得を目的とした商品として販売されることがなく，したがってまたこの意味での商品の貨幣への転化は行われない。そこからまた，これらの諸労働は，抽象的労働説の基本原理にしたがうならば価値形成労働としては認められない，ということになろう。とはいえ，国民経済計算においては，この政府サービス生産もまた国内純生産NDPの重要な構成要素となっている。問題は，このことをどう考えるのかという点である。

　まず考慮すべきは，国内純生産（要素費用表示）のなかに示されている政府サービス生産者の価値額は，実際には公務員等の政府サービス生産者に対して支払われた俸給部分であり，このいわばコスト部分だけが政府サービス生産者

によって「産出」された純生産物（＝価値）部分として計上されている，ということである。もっとも，こうして「産出」された価値額のうち，実際に販売され貨幣として実現される部分（たとえば公立学校の授業料や公立病院の医療費など）は限られており，多くの場合，その販売額は「産出」額を下回っている。この差額分については，政府の自己消費分として政府最終消費支出として処理されていることも留意しておく必要があろう。

　他方で，この公務員等の政府サービス生産者としての労働者も，市場（＝労働市場）をとおして雇用され，なんらかの労働に従事することによって賃金・俸給を獲得するという点では，民間産業の労働者と同じ賃金労働者であることには変わりがない。

　したがって，彼らの提供する労働〔時間〕もまた，民間産業の労働者と同様に，その提供する労働力商品に対する対価，すなわち俸給（＝労働力商品の価値＝価格）に対応する，いわゆる支払労働〔時間〕と，それを超える不払労働〔時間〕とから構成されている。ただし，後者は民間の労働者（＝商品生産者）のように，これが利潤（＝営業余剰）等として実現されることはないのである。この不払労働部分は，いわば納税と引き換えに，公共財として国民に無償で提供されている部分と考えることができるであろう。

　国民経済計算は，こうした事実をそのまま受け止める形で，俸給として支払われた価値部分だけを分配国民所得において雇用者報酬として計上し，また生産国民所得においてはこの部分を純生産物（要素費用表示）として計上している。ちなみに，この部分の価値額であるが，これは国内純生産の約8.5％を占めており，そのなかの公務は全体の約5.5％である。

　いずれにせよ，抽象的労働説の基本原理にしたがうならば，これらの諸労働は価値形成労働としては認められない。抽象的労働説の立場からは，市場をとおして労働が社会化・抽象化される（すなわち抽象的労働に転化する）農林水産業，鉱業，製造業からサービス業まで11の生産部面から構成されている「産業」（＝民間産業）部門の労働だけが価値形成労働として認められ，所得源泉としての純生産物を生み出した労働なのである。

　したがって，むしろ理論的には，これらの公務員等の政府サービス生産者としての労働者の所得（＝俸給部分）は，純生産物を源泉とした所得ではなく，

租税を源泉とした派生的所得として処理すべきなのである（後述）。だが，次のように考えることはできるであろう。

資本主義経済は，そのすべての社会的生産過程が市場によって媒介されているわけではない。その社会的再生産過程はまた，政府サービス生産者等の市場に媒介されない社会的労働の存在なしには維持・存立が不可能だということも事実である。そのことを認めたうえで，国民経済計算が，一定期間中に人間労働（＝社会的労働）一般によって生み出された一国の価値の大きさを示すための計算システムであるという認識にたてば，この政府サービス生産者によって産出された価値部分を本源的所得の源泉として国内純生産に計上することは，抽象的労働説の理論的立場からも容認できる処理だということである。

もっとも，国民経済計算では，すでに指摘したように，その費用（賃金コスト）部分だけを政府サービス生産者によって「産出」された価値部分として計上し，他方の不払労働〔時間〕によって「産出」された価値部分――言い換えるなら公共財として国民に無償で提供されている部分――については計上していない。国民経済計算が人間労働（＝社会的労働）一般によって生み出された一国の価値の大きさを示すための計算システムであるという前提にたつということであれば，そこに計上されるべきは，支払労働部分のみならず不払労働部分をも含む政府サービス生産者の労働によって「産出」された全価値額でなければならないであろう。こうした点で，国民経済計算における価値規定は曖昧であり，理論的にきわめて不徹底である[11]。

③対家計民間非営利サービス生産者の労働について

なお，国民経済計算においては，商品を生産する私的労働によって産出された，いわゆる「産業」（＝民間部門）の価値部分と，公務などのように，はじめから社会的労働として認められている政府サービス生産者（＝政府部門）により産出された価値のほかに，いわば第3の経済部門とも言うべき「対家計民間非営利サービス生産者」（具体的には私立学校，公共性の高い私立病院，私立の社会福祉施設など）によって生み出された価値部分が計上されている（表3-3参照）。そして，この部分の国民経済計算上の「価値」額は，全体の約2.8％を占めている。

これも基本的には，営利を目的とせずに家計に対してサービスを提供する生

86 第2部 価値と価格の理論

産者（＝団体）であるところから，この部門の労働もまたさきに見た政府サービス生産者のそれと同様に，はじめから社会的労働として提供されている，と見ることができる。ただし，国民経済計算では，政府サービス生産者による純生産物の「産出」額が基本的に支払労働部分としての費用（賃金コスト）でのみ評価されていたのと同じような形で（生産，分配，支出の三面において）処理されている。したがって，この場合にもまた，不払労働によって「産出」された価値部分が無視されているわけで，さきに政府サービス生産者に言及したさいに指摘したのと同様の問題が存在しているのである。

　ここで，まとめよう。政府サービス生産者であれ，あるいは対家計民間非営利サービス生産者であれ，現行の国民経済計算が，その雇用者報酬すなわち支払労働部分の価値額だけを社会的労働によって「産出」された価値として評価するだけでは不十分だということである。国民経済計算が，市場をとおすか否かに関わりなく社会的労働によって生み出された一国の価値の大きさを示すための計算システムであるという前提にたつということであれば，そこに純生産物として計上されるべきは，これらの非営利サービス生産者の支払労働部分のみならず，その不払労働部分によって「産出」された価値額もまた計上されなければならない，ということである。

　もっとも，上記のような主張は，抽象的労働説の立場から国民経済計算をどのように見て，どのように利用するかという問題意識から出てくるものであり，したがって，これは抽象的労働説の基本原理を撤回するものでも修正するものでもない，ということにも注意しておきたい。要するに，これは基本原理と分析ツールとを区別し，それを辨えたうえでの議論であり，抽象的労働説という価値論の基本原理を基準に現行の国民経済計算の諸特徴や諸問題を明らかにしようとする議論なのだ，ということである[12]。

3　本源的所得と派生的所得

　ところで，体化労働説の場合，本源的な所得になるのは物質的生産によって生み出された価値部分だけであり，非物質的な生産であるサービス生産労働は価値を生産せず，本源的な所得を生み出さない労働とされる。つまり，そこに与えられる所得は本源的所得から再分配された派生的な所得でしかない，とい

うことであった[13]。

　これに対して，抽象的労働説の場合には，市場で評価された労働はすべて価値形成労働として認められる。したがって，サービスのような非物質的財貨が商品になった場合でも，このサービス商品が市場で実現されるかぎり，これを生み出したサービス労働は価値を生産した労働として認められ，本源的所得の源泉とされるのである。

　とはいえ，所得のなかには，これら本源的な所得から再配分された派生的な所得の部分も当然に存在している。たとえば，さきに見た政府サービス生産者などの営利を目的とせずに家計に対してサービスを提供する生産者の労働による所得も，じつはその労働の成果が市場に媒介されていないという点では，本源的な所得ではなく派生的所得とみなさなければならないのである。さきには，これらの諸労働が不徹底ながらも国民経済計算上の純生産物を生み出した労働として処理されていることに関して，それらがはじめから社会的労働として存在しているという理由で，そうした手続きを一応容認したのであった。だが，抽象的労働説の基本原理にしたがうかぎり，これらの所得はやはり本源的な所得ではなく派生的所得なのである。

　また，そうした派生的な所得として存在がはっきりしているものとしては，たとえば家庭教師あるいは簡単な手伝い仕事に対する報酬やボランティア等に対する気持ちばかりの謝礼（＝報酬）などがある。これらは基本的に市場メカニズムをとおすことのない所得であり，この意味においても派生的所得であることがはっきりしている。

　ただし，このさい問題にすべきは，市場に媒介された所得のなかにも，この種の再分配された派生的な所得が存在するということである。たとえば金融市場においては，いわゆる利子という財産所得が発生するところから，この種の移転所得すなわち派生的所得が必然的なものとして存在している。

　ここでは，融資を受けた企業から銀行に支払われる利子部分は，融資を受けた企業によって産出された価値（＝本源的所得）の移転部分であり，さらにはこの銀行から預金者に支払われる利子部分も，企業によって産出された価値の再移転部分である。この意味では，これらは明確に再配分された派生的な所得である。したがって，基本的に金融業における賃金や利潤などの所得のかなり

88　第 2 部　価値と価格の理論

の部分は，この価値移転部分としての受取利子と支払利子との差額分（いわゆる利鞘）を源泉としている，と言わなければならない。

　では，実際の国民経済計算においては，これはどのように扱われているのだろうか？　ここにおいては，貸付利子と支払利子の差である利鞘部分を銀行によって生み出されたサービスに対する対価とみなしている。つまりは，この銀行に対価としての利鞘（所得）をもたらしたサービス活動は新しい価値を生み出した「生産」活動として，その価値部分は金融業の産出額に含められているということである。

　とはいえ，合理的に判断すれば，やはり企業が金融業者に支払った貸付利子（＝支払利息）は企業が生み出した価値の一部でしかなく，この部分はすでに企業の産出した価値（＝国民所得）のなかに計算されているのである。にもかかわらず，ここではこの価値（利鞘）分を金融業の産出額に含めてしまっているわけで，二重計算になっていることは否定のしようがない。そこで，国民経済計算では，この二重計算部分を事後的に国民所得[14]から控除しているのであるが，ここに登場するのが帰属計算という独特の手法である。

4　帰属計算

　帰属計算とは，実際には行われていない経済取引や生産であるにもかかわらず，あたかもそれが行われたように擬制して計算・記録する方法である。これによって国民経済計算体系の終始一貫性を確保することや，あるいは制度や慣習の異なる各国間の計数の比較を同一尺度で実現することを目的に考え出されたものである。

　国民経済計算では，上述したような二重計算を回避するために，貸付利子と支払利子の差額（利鞘）分を「帰属利子」として全産業の付加価値の合計額から一括して控除するという処理が行われている。具体的には，計算上のダミー産業を設定して，この産業がこの帰属利子分を一括して購入して中間投入する形にしている（したがって最終生産物には結実しない）。その結果として，当該ダミー産業の営業余剰がマイナスの値をとることで，全体としての国民所得や営業余剰がこの帰属利子分（二重計算分）だけ過大になるのを回避するというやり方が行われているわけである。

この種の帰属計算には，次のようなものがある。(1)帰属家賃，(2)農家の自家消費，(3)雇用者に対する現物支給，(4)社会保障負担・給付，(5)帰属利子，(6)保険サービスである。抽象的労働説にたって国民経済計算体系を利用する場合，帰属利子等の設定は，手続き上これが二重計算を回避しているかぎりでは許容範囲内にあると言える。その他の帰属計算についても，その多くが国際間の比較を可能にするために尺度を一元化する措置と考えれば，やむをえないとみることもできる。ただし，このなかの帰属家賃[15]については，ここで価値論上の問題点を指摘しておかなければならないであろう。

帰属家賃とは，自分の家を所有する人が，その家の生み出す用役（＝住宅サービス）への対価として自分自身に支払う家賃のこと，もしくはその家に住む自分から家主としての自分に支払われる家賃のことである。

帰属計算の対象になる上記5項目のうち，この帰属家賃以外はなんらかの形で労働の生産物とみなすことが可能である。そうである以上，これらは労働価値論によって（それが価値生産的か否かをも含めて）理論的に処理することができる。ところが，帰属家賃は，国によって賃貸住宅が多い場合と持ち家が多い場合とによって国民所得の規模に大きな格差が発生するためにとられた措置でもあるが，そのベースには，価値が人間労働だけではなく住宅（設備）によっても産出されるという労働価値論の立場とは相容れない価値論がある。これは，抽象的労働説の立場からはやはり根本的に容認できない，と言わなければならないであろう。

5　金融労働における本源的所得と派生的所得

以上の議論を踏まえて，さらにここで抽象的労働説の立場から注意を促したいのは，上述した金融業の所得（賃金，利潤など）はすべてが本源的所得から再配分された派生的な所得であるということにはならない，という点である。ここにおいては，いわゆる金融仲介サービスにともなう労働によって新しく生み出された価値も存在するからである。

むろん，ここで体化労働説にたてば，この種の金融仲介サービスは，いかなる労働をともなうものであれ価値を生み出すことはない。基本的にはそれが物質的生産に関わらない労働だからである。したがって，金融業に関わる所得は

90 第2部 価値と価格の理論

すべて本源的所得から再配分された派生的な所得となる。この場合には，一般企業が金融業に支払った貸付利子（支払利息）は第一次再分配分，金融業が預金者（家計）に支払った支払利子は第二次再分配分，という論理がとられることになろう。

とはいえ，抽象的労働説にたつ場合には，こういう形にはならない。抽象的労働説においては，金融業が家計から預金を集め，いわゆる信用創造をともないつつ企業に貸し出すために充用されたサービス労働すなわち金融労働はやはり価値を生み出す労働であり，この労働によって生み出された価値は市場のテストを受けることによって，社会的労働の生産物として実現されるからである。

こうした金融サービスは，家計から預金を集め，この借り手を探して，借り手の信用力調査を行い，信用創造を含めて貸し付けた資金を利子付きで回収すると同時に，資金提供者（預金者）に利子を支払う等々の，いわゆる金融仲介に関わるサービス労働，すなわち金融労働によって担われている。ここにおいては，単に金を貸すという行為を金融サービスとしているのではなく，それに付随するさまざまな種類の労働を金融サービスとして把握していることに注意すべきである。

ここからまた，抽象的労働説の立場からは，金融業の所得（賃金，利潤など）は，さきの価値移転部分の受取利子と支払利子との差額分（利鞘）を源泉とするだけではなく，こうした信用創造等をともなう金融サービス労働（以下，金融労働とも表記）によって新しく生み出された価値（＝本源的所得）をも源泉としているということになる。

では，この問題は実際の国民経済計算ではどのように扱われているだろうか？　ここにおいては，問題の金融労働（金融仲介サービス）によって新しく付け加えられた価値部分への対価は，さきの価値移転部分の受取利子と支払利子との差額分（利鞘）とは区別されて，金融業者の「手数料収入」として計上されている。そして，この金融仲介サービスの対価を支払う需要者としては家計，各産業，政府，海外等であるが，これが最終生産物として需要された場合，この部分は国民所得の増額分として扱われることになるのである[16]。これは，上述した理由から抽象的労働説の立場からも容認可能な処理だ，ということになろう。

第3章　抽象的労働説と国民所得論　91

　抽象的労働説の立場にたった場合，企業から支払われた貸付利子は移転所得として，また金融業者が預金者に支払う利子も移転所得として扱われる。これは体化労働説の考え方と同じである。ただし，抽象的労働説の場合，信用創造等をともなう金融仲介サービスに関わる労働が新しい価値＝所得を生み出すことは認めている。ここから，金融業においては，貸付利子と預金利子との差額である利鞘のほかに新たな価値＝本源的所得が生み出されているということを認めるのである。つまり，金融業の所得（賃金，利潤など）のなかには，利鞘（帰属利子）のほかに金融労働によって新しく付け加えられた価値部分がはいっている，ということである。

　最後に，次のことを付記しておきたい。すでに見たように，帰属計算のなかには保険サービスが含まれていた。ここでいう保険サービスの実体は，保険加入者が支払った保険金と保険会社が要件に応じて加入者に支払った保険金との差額である。そのかぎりで，これは移転所得にほかならない。ところが，国民経済計算上は，それを保険業ビジネスによって産出された価値とし，この価値分を家計や企業が購入するという形で処理している。これはどういうことかと言えば，ここにおいて保険会社はリスクを負担することで加入者に安心という価値（効用）を生み出し，この価値（「保険会社の帰属サービス」と名づけられている）が加入者によって購入されるという関係が想定されている，というわけである。

　ただし，抽象的労働説の立場からは，この処理はやや乱暴にすぎると言わざるをえない。ここには移転所得分も認められるのであって，そうである以上，同じような金融サービスが事実上の移転所得（利鞘＝帰属利子）分と金融労働によって新しく生み出された価値（本源的所得）分とに区別されたように，この保険サービスの場合も，事実上の移転所得分と保険サービス労働によって産出された本源的所得分とに区分されなければならないはずである。

　いずれにしても，国民経済計算体系における帰属計算はきわめて恣意的な部分が多く，問題含みであって，その取り扱いには十分に注意をしなければならない。

92　第2部　価値と価格の理論

IV　結論

　以上，抽象的労働説における独自のマクロ的な価値決定メカニズムによって
把握された国内純生産 NDP^* と，実際の国民経済計算において把握された国
内純生産 NDP とが，どこでどのように区別され，またいかなる理論的関連性
をもつのかについて論じてきた。むろん，国民経済計算体系そのものが抱えて
いる問題点は到底これに尽きるものではない[17]が，少なくとも以上の議論をと
おして，マクロ経済領域での抽象的労働説の適用範囲が確認できたはずである。

　　注
　1）　ここで言う抽象的労働説における NDP^* とは，すでに前章でも指摘しておいたよ
　　　うに，あくまでも商品生産労働によって産出された純生産物の総計という意味である。
　　　したがって，このなかからは，実際の国内純生産 NDP のなかに含まれている商品を
　　　生産しない公務などの政府サービス生産者等による価値部分を除外しなければならな
　　　い。それによって，抽象的労働説における NDP^* をさらに厳密に定義していくこと
　　　も本章の課題のひとつなのである。
　2）　内閣府『国民経済計算』フロー編〔付表〕「経済活動別の就業者数・雇用者，労働時
　　　間」参照。
　3）　総務省『平成26年　労働力調査年報』（「I　基本集計」〔全国・時系列表〕「I-A-第12
　　　表　主な産業別平均週間就業日数・時間及び延週間就業時間数」参照。なお，当該の
　　　データは全産業のみならず，産業別の延週間就業時間数が示されているところから，
　　　本文中に示したのと同じ方法によって産業別の年間総労働時間を推計することも可能
　　　である（http://www.stat.go.jp/data/roudou/report/2014/index.htm）。
　4）　ここでは，在庫品の価値を産出した労働〔時間〕が今期の国内純生産 NDP とそれ
　　　を産出した社会的な総労働（$CL=AL$）を評価基準として計算されている。これは，と
　　　りもなおさず現在もしくは現時点での〔労働＝価値〕評価基準を用いて，過去の生産
　　　物（＝在庫品）の価値を産出した労働〔時間〕を決定しているということにほかならな
　　　い。要するに，抽象的労働説では，過去にどれだけの労働〔時間〕を用いて生産され
　　　た商品でも，その価値は当該商品が現に市場で実現された労働〔時間〕によって決定
　　　されるわけで，ここでも同じ論理を適用している，ということである。
　5）　生産的労働論争は，当初マルクスの生産的労働に関する本源的規定と歴史的規定と
　　　いう2つの規定をめぐってたたかわされたが，議論の中心はサービス労働を生産的と
　　　するか不生産的とするかにあった。これを不生産的とする論者は本源的規定により，
　　　またこれを生産的とする論者は歴史的規定によって自らの正当性を主張したわけであ

る。やがてサービス労働を価値形成的と考える論者たちは，この二者択一的なレヴェルの生産的労働論争から離れ，使用価値概念の吟味をも含む価値論レヴェルの議論に純化していくことで独自のサービス労働＝生産的労働説を展開していくことになる。この代表的論客が赤堀邦雄であり，これに対峙する形でサービス労働＝不生産的労働説を展開した代表的論客が金子ハルオであった（赤堀 [1971]，金子 [1966] 参照）。以後，論争はこの2つの流れに方向づけられる形で展開されていったといってよい。

6） 飯盛信男 [1985] は，第三次産業をサービス部門と流通部門とに分け，さらに，この2つを生産関連部門と消費関連部門とに区分している。したがって，第三次産業は，①生産関連サービス部門，②消費関連サービス部門，③生産関連流通部門，④消費関連流通部門の4部門に分類される（同書，284-285頁参照）。また飯盛によれば，サービス部門は価値形成的だが，流通部門の労働は価値を生まない（したがって，その労働に与えられる所得は本源的所得ではなく，派生的所得である），言い換えるなら，流通部門は，価値を生まない不生産部門であり，単なる売買行為すなわち「価値を創造するのではなくてただ価値の形態変換を媒介するだけの労働」によって担われる部門とされる（同書，94-98頁参照）。この場合，商業，金融・保険業，不動産業などが流通部門とされ，これに加えてサービス部門の一部（各種リース業，駐車場業，広告業，法務・会計事務所，劇場，宿泊業，遊園地など）がこの流通部門に分類されている（同書，286頁参照）。

7） このような考えは，すでに置塩信雄が主張していたものである。置塩 [1980] 85-86頁参照。

8） この分類は，飯盛 [1985] 286頁の「第三次産業の分類」を参考にした。飯盛は，このような第三次産業の分類をもとに，サービス部門の労働を価値形成的であるとし，流通部門の労働は価値を形成しない労働であると主張する。飯盛によれば，商業，金融・保険業，不動産業などが流通部門であり，またサービス部門の一部（各種リース業，駐車場業，広告業，法務・会計事務所，劇場，宿泊業，遊園地など）が流通部門とされている。しかしながら，ここで価値を生み出さない不生産部門とされた流通部門もまた，広い意味でのサービスを提供する部門であることにはなんら変わりはないはずである。金融・保険サービス，不動産サービスについては言うまでもないことながら，商業もまた広い意味でのサービスを提供している。卸売りも，小売りもいわば顧客どうしをつなぐサービスであり，ここにはマルクス学派のなかでは価値形成的とされる運輸サービス，保管サービス等も含まれているのである。

9） 橋本勲 [1970] によれば，売買取引，価格計算，簿記，通信，現金出納などは商品の価値実現にともなう技術的操作であり，他方の商品の品揃え，品質鑑定，秤量，分類，小分け，受け渡しなどは使用価値の実現にともなう技術的操作として区別されなければならないとされる。ただし，いずれの場合も「商人的操作の一部」として，マルクスが生産的労働として認めた保管や運輸に関わる労働とは区別されるべきだとも主張される。つまり，保管過程や運輸過程は「追加的生産過程」であり，「商人的操作の一部」でしかない使用価値の実現にともなう技術的操作とは区別されるべきだ，と

94　第2部　価値と価格の理論

言うのである（同書, 82-83頁参照）。しかし, 保管や運輸に関わる労働もまた商品の使用価値（したがってまた価値）の実現のために必要とされているはずで, これらを線引きして区別する基準には説得力があるようには思えない。

10)　この点に関連して, 小檜山正克 [1994] が次のように論じていることは傾聴に値する。「製造会社の中で, 技術者や工場労働者は別として, 営業部, 資材部などで働くサラリーマンの大部分は実は, 理論的にはこれと全く同じカテゴリーの商業労働を行っているのであって, このような人々を含めるならば, 商業労働従事者の数は, 普通の統計に示されているよりも遥かに膨大なものとなるであろうことは, 想像に難くない。さらには, もっと広く, 所有資本と対立するものとしての機能資本の仕事をするマネージャー達の労働, つまり企業経営・管理の労働, さらには国民経済の運営に携わる人々の中にも, このような商業労働に入る部分があるであろう。」（同書, 336頁）

11)　そこで, これを理論的に徹底していくためには, この政府サービス生産者の不払労働部分をどう把握するのかということが問題になる。その解決策として考えられるのは, 民間（産業）部門の支払労働／不払労働比率を把握し, これを公的部門の労働に当てはめることにより, 政府サービス生産者の不払労働部分を評価（推計）するという方法である。その試算については, ここでの本来のテーマから逸脱することになるために割愛しなければならないが, ここで言う民間（産業）部門の支払労働／不払労働比率すなわち剰余価値率の把握については次の第4章で具体的に取り上げたい。そのさい, 労働力の価格レヴェルで把握されたものと労働力の価値レヴェルで把握されたものとの2つの剰余価値率概念が出てくる。ここで政府サービス生産者の不払労働部分を評価（推計）するために用いられるべき剰余価値率としては後者が適当である。この点についてもまた, 次章で言及したい。

12)　すでに確認しているように, 国民経済計算における, 抽象的労働説の基本原理にかなう本来の適用範囲ということについて言えば, 「政府サービス生産者」や「対家計民間非営利サービス生産者」は基本的に商品を生産し, それを市場で販売することで当該の商品価値を実現しようとしているわけではないので, そこから除外されるべきである。したがって, 抽象的労働説の本来の適用範囲はそれら以外の「産業」すなわち民間部門に限られる, ということになろう。

13)　川上則道 [2009] は, 「物質的生産が生み出した所得がその期に生産された本源的な所得であり, サービス生産が生み出した所得は実は再配分された派生的な所得である」と言明している（同書, 225頁）。要するに, 川上は件の生産的労働の本源的規定に従い, 基本的にサービス生産労働は価値を生み出す生産的労働ではないと考えているわけである。体化労働説的なサービス生産労働観がマルクス学派のなかでいかに根強いかを示すものと言えよう。

14)　通常「国民所得」と呼ばれているものは, 国民総所得 GNP から〈間接税マイナス補助金〉と〈固定資本減耗〉を控除したもの（＝雇用者所得＋営業余剰）の大きさを指す。したがって, これは要素費用表示の国民純生産 NNP と言い換えることが可能である。また, この「国民所得」は, その計算ベースが国民総生産 GNP の代わりに国内総生

産GDPを用いた場合でも，前者が海外からの要素所得（純）を計算していることを除けば，その基本的な性格は変わらない。この点を踏まえて，本書では「国民所得」という用語をNNP，NDPの両方を視野に入れて使用している。

15) なお，2014年の国内家計最終消費支出（名目）は288兆2133億円であり，そのうちの帰属家賃は46兆6279億円にのぼる。国内家計最終消費支出の約16.2%である。

16) 1993年の改訂SNAでは，「その産出されたサービスの需要者を，家計，各産業，政府，海外等に特定化し，その需要を各部門の中間消費，最終消費および輸出入に配分することが原則とされた。したがって，最終需要に配分された分だけはGDPの額が従来よりも大きくなることになる。」(白川一郎・井野靖久[1994]173頁)

17) 実際の国民経済計算体系において定義されている（言葉を換えれば，当局によって「加工」され計算されている）国民所得には，ここで論じられた以上のさまざまな問題点（バイアス）が存在している。とりわけ，この国民所得を資本主義経済の二大所得カテゴリーである賃金と利潤（具体的には「雇用者報酬」と「企業所得」）とに配分するところで大きな問題点をはらんでいる。この点に関して，Sherman and Evans[1984]は次のように指摘している。「公式に賃金と呼ばれているものは，かなり過大評価されている。この中には経営者の俸給が含まれている。実際には，多くの経営者の俸給は，報酬として偽装された巨額の利潤なのである。と言うのも，経営者の俸給は，企業の『コスト』として計上することができるからである。」(邦訳224頁)

第4章 諸資本の競争関係のなかでの剰余価値率と利潤率

I 緒言

前章では，抽象的労働説において把握される国内純生産 NDP^* と実際の国民経済計算において把握された国内純生産 NDP との区別と関連を論ずることで，マクロ経済領域での抽象的労働説の適用範囲を考察してきた。

そこで次に取り上げるべきは，抽象的労働説におけるミクロ経済分析，言い換えれば市場における価値＝価格メカニズム論ということになるが，そこに移る前に両者を橋渡しする概念について検討しておく必要がある。

では，抽象的労働説において両者を橋渡しする概念とは何か？ 剰余価値率と利潤率である。両者は理論的には不可分の関係にあるが，分析者の観点からは，前者は総資本レヴェルもしくはマクロ経済領域の概念であり，後者は市場で競争を繰り広げる個別資本レヴェルもしくはミクロ経済領域の概念である。この意味は後述する。

そこで本章では，市場における諸資本間の競争関係のなかで，剰余価値率と利潤率とがどのような区別と関連とをもち，それぞれ抽象的労働説のなかにいかなる固有の理論的位置づけを与えられているのかを検討することによって，ここでの課題に応えていくことにしたい。

II 剰余価値と剰余価値率について：抽象的労働説の立場から

剰余価値とは，資本主義システムをひとつの歴史的に独自の経済システムとして根本的に解明しようとする，経済学の立場もしくは経済の分析者の立場にたったときに必要な概念である。

資本が第一義的にその獲得の目標としている利潤とは，分析者の立場からはこの剰余価値の一部分なのであるが，日常意識の観点からはそうは見えない。

98　第2部　価値と価格の理論

　日常意識からは，利潤，利子，地代，役員報酬，配当所得などの剰余価値の分配形態は，それぞれ別個の所得形態として捉えられ，役員報酬，配当所得などは利潤からの分配形態として把握されるが，利子や地代などはむしろ資本にとっての費用（＝コスト）として把握されるのである。

　ここから，資本はもっぱら利潤をその獲得目標としている，という理解が生まれてくる。だが，これを分析者の観点から見れば，資本が第一義的に獲得するのは剰余価値であり，この資本によって取り込まれた剰余価値が，その分配形態として利潤や利子，地代，さらには役員報酬，配当等々の所得として分割（配分）される，ということになるのである。

　ここで前提されている価値論は，言うまでもなく労働価値論であり抽象的労働説である。そこで，以下においては，問題の剰余価値さらには剰余価値率について，抽象的労働説の立場からこれらの意味を検討していこう。

1　労働力の価値と価格

　すでに確認しているように，労働によって生み出された価値（＝純生産物または価値生産物）のうち，労働者に賃金として支払われなかった残りの部分が剰余価値である。ここから，問題の剰余価値を把握するためには，労働者に対して支払われる賃金についてまず理解しておく必要がある。

　労働者の賃金とは，労働力商品の価格である。それはまた一般の商品と同じように，市場（＝労働力市場もしくは労働市場）における需要と供給の大きさいかんによって変動する。要するに，労働需要が供給に比して大きければその価格（＝労働力の価格）が上昇し，逆にその供給が大きければ，その価格（言い換えるなら貨幣賃金）は低下するわけである。

　それでは，この労働力の価格に対して労働力の価値とは何か？　ひとまず，労働力商品の価格と価値との関係というコンテキストにしたがって言えば，労働力の価値は，その価格変動（すなわち賃金の変動）の，ある種の「重心」として存在している。言い換えるなら，賃金（＝労働力の価格）は，この労働力の価値を中心に変動し，つねにこの「重心」に引きつけられながら波動する，ということである。

　他方で，労働力の価格（＝貨幣賃金）は，これによって労働者が家族を含め

てその生活を維持・再生産していくための生活資金としての意味をもっている。このことを踏まえるならば，労働力の価格とは，労働力商品を生産または再生産するために必要なコストだということになろう。そこで問題は，この労働力商品を生産する——もう少し正確にいうと，この労働力商品を再生産する——ということ，これはどういう意味か？ これもまた以下で確認しておこう。

それは，なによりもまず労働する能力をもった労働者自身の精神および肉体，もしくはその生命を維持し再生産していくということである。結局のところ，それは労働者の消費活動によって支えられている。ただし，一個の労働力は，いずれは年齢を重ねて労働市場からリタイアしていく。そこからまた，労働力商品の再生産ということが，ただ一個の労働力の再生産ということだけを意味するとしたら，結局，全体としての労働力商品の再生産は不可能になってしまう。それはまた，労働力の商品化に基礎をおく資本主義経済システムそのものの再生産をも不可能にするのである。

そこで，労働力の生産もしくは再生産とは，一個の労働力の精神と肉体および生命の維持・再生産ということだけではなく，次世代の労働力としての子どもを含む労働者家族の維持・再生産という意味がなければならない。ここから，労働力商品の再生産コストとしては，少なくとも以下3つの要素——①労働者本人のための生計費，②労働能力形成のための教育・訓練に要する費用，③労働者家族の生計費——を含む必要があるということである[1]。

この場合，まず注意しなければならないことは，労働者とその家族の生活再生産にはいり込む必要生活手段の種類と量は，それぞれの国の気象その他の自然的な環境のほかに経済的・文化的発展段階，あるいはその時代の支配的な生活様式により歴史的・社会的に規定されている，ということである[2]。では，この労働者の家族を含めての労働力商品の再生産コストについて，これを具体的に把握するためにはどうすればよいのか？

さて，以上の説明のかぎりでは，体化労働説も抽象的労働説も大きな違いは存在しない。ただし，ここから先は，体化労働説ではなく抽象的労働説に独自の理論展開となる。

100　第2部　価値と価格の理論

2　労働力の価値と剰余価値

　まずは，労働力の価値に関する通説的な規定を確認・検討しておこう。この通説的な規定の場合，労働者の消費活動を労働力商品の生産・再生産活動として捉え，そのうえで彼らの消費する諸商品に含まれている労働〔時間〕によって労働力の価値を規定する，という方法がとられている。これは，労働力の価値を一般商品の価値と同じように概念規定するための一種の論理的な擬制にほかならないが，抽象的労働説の立場にたつ以上は採用することができない方法だと言わなければならない。

　それと言うのも，抽象的労働説の立場から見れば，商品は貨幣として実現されることで，それを生産した私的・具体的労働が社会的・抽象的労働に転化する。だが，労働力商品は，一般の商品のようにその生産もしくは再生産のために実際に労働が用いられているわけではなく，したがって，労働力商品が市場で実現（＝販売）されて貨幣に転化しても，それによって抽象的労働に転化すべき具体的労働そのものが労働力商品のなかには存在しないのである。こうした意味で，この通説的な（実際のところは体化労働説的な）いわば労働力の価値を一般商品の価値と同じように擬制する[3]労働力の価値規定には，抽象的労働説の立場からは与することができない，ということである。

　補遺　もっとも，教育，医療，介護などのサービス労働は労働力の再生産に直接的に参加している，という考えもありうる。しかし，仮にそれらの諸労働が労働力の再生産に直接に参加しているという主張を認めたとしても，それらは労働力の再生産に必要な労働の一部分でしかない。したがって，それ以外の消費財（＝賃金財）については通説と同様，労働者の消費する諸商品に含まれる労働〔時間〕によって労働力の価値を規定する，という理論的擬制に依存せざるをえないのである。だとすれば，やはりこれも抽象的労働説の立場からは与することはできない，ということになろう。

　　なお，櫛田豊 [2016] によれば，「教育，医療，介護，娯楽などで社会的に投下されるサービス労働は，労働力価値を形成する価値形成労働」(15頁) であるとされる。そこではまた「サービス労働の労働対象を労働力の所有者である人間とし，サービス生産物を労働の成果として，すなわち対象となる人間の心身上の変化すなわち人間の能力の変化を生産物として捉える」(同上) とも主張されている。

　　こうした主張は，斎藤重雄の所説（斎藤 [2005] 参照）とともに「サービス労働・労

働力価値形成説」として知られるが，ここにおいてサービス労働の対象とされた人間
は，前章で言及した人間と自然との物質代謝過程（すなわち人間－自然関係）におけ
る「自然」と同じ意味での労働対象にされている，と見ることができる。しかし，人
間と自然との物質代謝過程における労働対象としての客体的「自然」は人間労働によ
る「加工」の対象であり，その結果は生産物たりうるが，労働対象とされた人間（あ
えて言えば人間的自然）は決してこうした意味での「加工」の対象ではないし，その
結果もまた本来の生産物（＝加工された自然）たりえない，というのが本書の立場で
ある。

　ところで，斎藤や櫛田の労働力価値規定と本書が取り上げている通説との違いは，
前者が労働力商品をサービス労働の直接的生産物として把握しうるかのように論じて
いるところがあるのに対して，通説はもっぱら労働力の再生産に必要な消費財の商品
価値によって，いわば間接的に労働力の価値を規定するところにある。これは，労働
力の価値を一般商品の価値と同じように擬制したわけだが，他方では，そもそも労働
力商品なるものが実在しないという労働力商品「擬制説」も存在する。

　この立場を代表する研究業績として，鈴木和雄［1999］，向井公敏［2010］がある。
たとえば，鈴木は次のように論じている。労働力商品とは「①剰余価値の存在と，②
生産過程における資本による労働支配の関係を，商品交換の結果としてみちびくため
に設定された理論上の擬制的商品である」（鈴木［1999］13頁）と。筆者もまたこの「擬
制説」には賛成するが，ただし，抽象的労働説は，この立場とはまた違った論拠と方
法によって剰余価値の存在を明らかにする。以下に続く論述のとおりである。

　次に，抽象的労働説と理論的にきわめて近い関係にある「新解釈」学派の労
働力の価値規定，さらにはその剰余価値および剰余価値率の規定を検討してみ
よう。そのことによって，「新解釈」学派と本書の拠ってたつ抽象的労働説と
の違いも明らかになるはずである。

　ここで言う「新解釈」学派とは，本書第1章の補遺で紹介したマルクス・ル
ネサンス期に登場した抽象的労働説から枝分かれしたグループである[4]。この
「新解釈」学派の論客としては，フォーリーやリピエッツのほかにデュメニル
（Duménil［1983］），モーズリー（Moseley［2000］［2004］）らが知られている。とりわ
け，この「新解釈」と同じような労働力の価値規定を採用していたモーズリー
が，彼らの「労働時間の貨幣的表現」という独特の尺度基準を付加価値（V＋
M）部分だけではなく，不変資本（C）部分にも適用して，価値体系から価格

102 第2部 価値と価格の理論

体系への論理的移行を不可避とする Dual System を全面的に否定するにいたっ
てから，彼らの理論は Single System アプローチとも呼ばれるようになり，従
来のマルクス解釈との違いを鮮明にしていくようになったのである[5]。

　この Single System アプローチという点では，じつのところ本書の依拠する
抽象的労働説もまた同じ範疇内にはいっている。ただし，価値と価格との一体
性を前提する Single System アプローチは，本書の拠ってたつ抽象的労働説と
共通する部分が多く存在するものの，基本的な貨幣と抽象的労働との関係につ
いての認識も含めて，やはりいくつかの点で大きな違いがあると言わざるをえ
ない。そこで，この違いを明らかにしていくためにも，以下においては「新解
釈」学派であり Single System アプローチの代表的論客の一人でもあるフォー
リーの労働力の価値，剰余価値，そして剰余価値率の規定を検討していくこと
にしよう。

　さて，このフォーリーに限ったことではないが，Single System アプローチ
にとって最も重要な理論的ファクターは「貨幣の価値」という概念である。こ
れは，本書（＝抽象的労働説）における価値の尺度基準（$Lm = NDP^*/CL^*$）
すなわちフォーリーの言う「価値の貨幣的表現」の逆数（CL^*/NDP^*）にほか
ならない。フォーリー自身は，この貨幣の価値（M）について，これを次のよ
うに定式化している[6]。

$$M = \frac{nY}{p(I-A)Y}$$

　ここで Y は総産出（gross output）ベクトル，n は各産業部門への労働投入ベク
トル，そして p は貨幣価格ベクトル，A は投入係数行列（＝技術係数行列），I
は単位行列である。したがって，この記号式の分子は社会的総労働量を，分母
は純生産物価格（集計量）を表し，貨幣の価値（M）は貨幣1単位の代表する社
会的労働量を意味することになる。こうした貨幣の価値概念を前提に，フォー
リーは，労働力の価値に関して以下のように論じている。

　「労働力の価値を，労働者が消費する商品に含まれている労働として考える
　よりも，むしろ彼らの実際の労働の各時間にたいして支払われる賃金の形で，
　労働者が受け取る社会的労働への請求権として——すなわち平均賃金に貨幣
　の価値を乗じたものとして——考えることが重要である。」[7]

第4章　諸資本の競争関係のなかでの剰余価値率と利潤率　103

　ここに示されているように，フォーリーの言う労働力の価値とは，要するに「平均賃金に貨幣の価値を乗じたもの」である。そこでまず指摘すべきは，このようにして与えられた労働力の価値は，貨幣賃金に貨幣1単位の代表する社会的労働量〔時間〕を乗じることによって算出されており，それは労働者に対して支払われた貨幣賃金を労働タームで表現したものだ，ということである。つまるところ，これは貨幣賃金を価格タームから労働タームに変換したことを根拠に，労働力の価格レヴェルからその価値レヴェルへの次元変換を主張しているのと同じことだと言える。

　では，本書の抽象的労働説の立場から見て，こうした方法は容認可能であろうか？　否である。貨幣の価値（＝貨幣1単位の代表する社会的労働量〔時間〕）を媒介にして貨幣賃金を価格タームから労働タームに変換しただけでは，労働力の価値を規定したことにはならない，というのが本書の立場である。

　この点はまたあとで取り上げることにして，こうした独特の労働力の価値規定を提示したうえで，フォーリーはまた以下のように剰余価値および剰余価値率を説明している。

　「剰余価値のもっとも手近な源泉は，労働力の価値が1よりも小さいという事実，つまり階級としての生産的労働者が賃金で受け取るものは，実際に費やした労働時間のうちのごく一部の等価物に過ぎないという事実である。剰余価値の賃金にたいする比率は，賃金と剰余価値への社会的労働時間の分割を記述するもうひとつの方法であるが，マルクスはこの比率を搾取率あるいは剰余価値率と呼ぶ。」[8]

　この説明にしたがえば，剰余価値は「社会的労働時間」から労働タームで表現された労働力の価値を差し引くことによって与えられことになる。ここにおいて注意すべきは，剰余価値が労働力の価値と同様に価格タームではなく労働タームで表されるという点である。これは，要するに労働力の価値を労働タームで表現し，同じ労働タームの「社会的労働時間」からこれを差し引くことで，剰余価値が導出されているためである。この場合には，また剰余価値率も剰余価値と同じように価格タームではなく労働タームで表されることになろう。

　このようにフォーリーが労働力の価値や剰余価値を労働タームで把握する理由は，彼が労働力の価値を社会的総労働すなわち抽象的総労働から労働者への

104　第2部　価値と価格の理論

分配ぶん（あるいは労働者の請求権）として捉えているからである。この点は，さきの引用文にも示されるとおりだが，彼はまた，別のところでは次のように主張している。「労働力の価値は，こうしたパースペクティヴにおいては賃金の形態で労働者により請求された抽象的・社会的総労働時間の分割ぶんである。」[9]

　さらに再確認しておくならば，こうした労働タームでの剰余価値率の規定が可能になった背景もしくはその基礎には，最初に労働力の価値を貨幣の価値によって価格タームから労働タームに変換したことにあった。

　上記に関連して，労働力の価値（W^*），剰余価値（S），さらには剰余価値率（S'）をフォーリーの定義にしたがって示せば，以下のようになろう。まず，貨幣賃金率を W とするなら，労働力の価値 W^* は貨幣賃金率 W に件の貨幣の価値 M を乗ずることによって与えられる。以下のとおりである。

$$W^* = MW = \frac{\boldsymbol{n}Y}{\boldsymbol{p}(I-A)Y}W$$

　また，剰余価値 S は，$S = \boldsymbol{n}Y - MW$ で示され，剰余価値率 S' は，以下のように示される。

$$S' = \frac{\boldsymbol{n}Y - MW}{MW}$$

　ここから理解されるように，以上のコンテキストもしくは論理的手順のかぎりでは，フォーリーの言う剰余価値や剰余価値率は，いずれも価格タームではなく労働タームで規定されることになる。そうなった理由は，最初に労働力の価値を貨幣の価値によって価格タームから労働タームに変換したことにあった，ということである。

　むろん，このような方法は，本書の抽象的労働説の立場からは否定せざるをえないものであった。では，抽象的労働説の立場から，この労働力の価値規定はどのようになされるべきなのか？　以下，この問題を取り上げていこう。

　ここで，ひとまず次の点を確認しておきたい。価値と価格との関係をめぐる労働価値論の理論的フレームワークとして長期・平均分析があり，そこでは市場における価格変動が不断に引きつけられる重心として価値が存在し，機能しているという認識がある。その認識にもとづき，体化労働説の基本的な主張は，

第4章　諸資本の競争関係のなかでの剰余価値率と利潤率　105

こうした不断の価格変動の重心としての価値の実体が商品に体化・対象化された抽象的人間的労働にある，というものであった。

そうした体化労働説の主張は，抽象的労働説の立場からは否定せざるをえないが，だからと言って，抽象的労働説は，労働価値論に固有の理論的フレームワーク（＝長期・平均分析）を放擲しているわけではない。

ただし，労働力の価値と価格との関係については，以下の点に注意すべきである。労働力の価格が不断にその変動の重心としての価値に引きつけられるのは，体化労働説の想定しているように，単なる価値＝価格法則（＝市場メカニズム）の作用によるものではない，ということである。あとで明らかにするように，このような労働力の価値をめぐる価格（＝貨幣賃金）の変動は，じつは資本主義経済システムの維持・再生産メカニズムと深く関わっているのである。

だとすれば，フォーリーらの「新解釈」学派のように，賃金に貨幣の価値を乗ずることによって労働力の価値を労働タームで表現することは，この問題に関するかぎりじつは的外れだった，と言わざるをえないであろう。なぜなら，市場における不断の価格変動（この場合，賃金変動）の重心としての価値（すなわち労働力の価値）は，労働タームではなく価格タームで規定されなければならないからである。

そこで以下においては，フォーリーらの「新解釈」学派とは異なり，労働タームではなく価格タームによって労働力の価値を規定していくことにしよう。

3　抽象的労働説における剰余価値と剰余価値率

ここにおいては，まず剰余価値および剰余価値率の規定が二重になるという点に注意しなければならない。ひとつは，市場で変動を繰り返す労働力の価格（＝貨幣賃金）レヴェルで規定された剰余価値および剰余価値率。いまひとつは，この市場における労働力の価格の不断の変動の重心として存在する労働力の価値レヴェルで規定された剰余価値および剰余価値率である。

もっとも，両者は労働力の価格レヴェルと価値レヴェルという意味では二重の規定になるが，抽象的労働説における価値と価格との固有の理論的関連性を踏まえるかぎりで，内的な論理一貫性をもつ規定として捉えることができる。その理由は行論のうちに明らかになるが，とりあえずここでは次のことを指摘

106 第2部 価値と価格の理論

しておきたい。

一般商品の場合，価値と価格との関係とは，市場で貨幣との交換によって実現された（抽象的労働説の言う）価値とその貨幣による表現としての価格という意味である。ところが，特殊な商品である労働力の場合，両者の関係は，この意味においては捉えられない。それというのも，労働力商品は一般商品とは異なり，市場における貨幣との交換をとおして抽象的労働に転化すべき具体的労働がそこには存在しないからである。

では，労働力商品の場合，その価格と価値との関係はどのように捉えられるのか。結論から言えば，それは，市場において不断の変動を見せる価格とそうした価格変動の重心として把握される価値という関係において捉えられる。以下，その理由を明らかにしていこう。まずは，労働力の価格レヴェルで規定された剰余価値および剰余価値率の規定から説明していくことにしたい。

①労働力の価格レヴェルでの概念規定

この場合，労働によって新しく生み出された価値（＝純生産物）から労働者に対して支払われた賃金を差し引くことによって剰余価値が与えられるが，前者の価値の大きさに関する利用可能な現実的データとしては，そのマクロ的集計量である国民所得の一部としての純生産物の集計量が存在している。したがって，この純生産物の集計量から当該年に労働者に支払われた賃金総額を差し引けば，マクロ・レヴェルもしくは総資本レヴェルの剰余価値と剰余価値率とが把握されることになるのである。

問題は，この労働力価格レヴェルの剰余価値率を実際にどのように把握するのか，ということである。国民経済計算体系では，国民所得が「雇用者報酬」と前者から後者を差し引いた差額である「営業余剰」とに区分されて示されている。ここから雇用者報酬を賃金（V）部分とし営業余剰を剰余価値（M）部分とすることで，剰余価値率（M/V）が計算できるようにも思われるが，実際には，そのことによっては剰余価値率の算定は不可能である。それと言うのも，この雇用者報酬のなかには，いわゆる役員報酬部分つまり本来であれば剰余価値を源泉とする所得として処理されなければならない部分も含まれてしまっているからである。そうである以上，このデータを用いることは剰余価値率の計算には適当ではない，ということになる。では，どうすればよいのか？

第4章　諸資本の競争関係のなかでの剰余価値率と利潤率　107

表 4-1　付加価値の配分状況（全産業）　　　　　　　　　　　　　　　　　（単位：億円）

| 区　分 | 付加価値 | 人　件　費 | | | | | | 支払利息等 | 動産・不動産賃借料 | 租税公課 | 営業純益 |
		役員給与	役員賞与	従業員給与	従業員賞与	福利厚生費	計				
平成16年度	2,741,996	286,786	—	1,397,093	—	231,295	1,915,174	96,372	281,664	109,407	339,378
17	2,812,265	281,457	—	1,462,175	—	224,844	1,968,475	110,198	272,862	93,894	366,836
18	2,907,755	291,272	—	1,491,776	—	230,512	2,013,560	96,475	275,342	125,998	396,379
19	2,854,573	287,207	8,039	1,252,776	218,768	214,683	1,981,473	94,969	268,020	110,557	399,554
20	2,643,278	284,734	5,621	1,258,279	205,839	220,544	1,975,017	103,915	272,848	101,867	189,631
21	2,633,478	271,461	4,888	1,270,371	195,566	224,799	1,967,085	105,058	295,146	95,897	170,292
22	2,719,175	255,955	5,340	1,264,362	199,721	223,010	1,948,388	88,831	287,126	92,846	301,984
23	2,751,343	256,750	5,269	1,301,022	205,518	230,445	1,999,003	92,323	271,394	91,293	297,331
24	2,723,402	258,076	4,684	1,281,959	197,440	226,829	1,968,987	77,148	264,651	89,523	323,093
25	2,763,090	253,611	5,809	1,244,618	201,238	215,072	1,920,348	93,693	266,861	89,429	392,760

注：1）営業純益＝営業利益－支払利息等
　　2）役員賞与は平成18年度調査以前では利益処分項目であったが，平成19年度調査以降は費用項目となったことから，付加価値の構成要素に組み込まれている。また，従業員賞与は，平成18年度調査以前では従業員給与に含めて調査を行っていたが，平成19年度調査以降は従業員給与に含めず単独項目として調査を行っている。
出所：『財政金融統計月報』第750号：〈調査の結果〉：統計表一覧：統計　累年比較（内容／ファイル形式）：3. 付加価値の配分状況。

　わが国の場合，財務省『法人企業統計調査』のなかの「付加価値の配分状況」を基礎に労働力価格レヴェルの剰余価値率を割り出すことができる。表4-1は，『財政金融統計月報』第750号（法人企業統計年報特集〔平成25年度〕）からの引用であるが，ここに表示されている「人件費」のなかの「従業員給与」「従業員賞与」および「福利厚生費」が問題の賃金部分に該当している。人件費の他の構成要素すなわち「役員給与」「役員賞与」は，付加価値のなかの人件費以外の項目（支払利息等，動産・不動産賃借料，租税公課，営業純益など）とともに剰余価値部分を構成するわけである。

　ただし注意すべきは，この場合，そうして示される剰余価値率が民間（産業）部門におけるそれに限定される――言い換えれば，第3章の表3-3「2014年国内純生産（要素費用表示）」において示された「産業」部門のみで，他の部門すなわち「政府サービス生産者」や「対家計民間非営利サービス生産者」は除外される――ということである。

　むろん，その場合にはまた，純生産物（または価値生産物：V＋M）の集計量としての国民所得も「産業」部門におけるそれに限定され，そこにおける剰

余価値率を示すことになる。そしてじつは，これが抽象的労働説の対象にすべき本来の意味での（ただし労働力価格レヴェルでの）剰余価値率なのである。

このようにして剰余価値率が与えられ，他方で，この純生産物の集計量を産出した当該年の社会的総労働時間が与えられるならば，その剰余価値率を基礎に社会的総労働を支払労働部分と不払労働部分とに分割することができる。

なお，ここで言う社会的総労働時間については，すでに本書第3章で明らかにしたように，わが国ではこれを直接的に表示するデータは存在していない。ただし，これもすでに指摘したことだが『労働力調査年報』の「延週間就業時間数」を利用して（就業者数に1労働者平均年間総実労働時間を乗ずる形で）これを推計することができる。

そこで，この社会的総労働時間が，仮に1200億万時間であったとしてみよう。ここで上述した剰余価値率がまた仮に100％として与えられれば，それによって，いわば労働タームでの支払労働と不払労働との比率すなわち剰余価値率も与えられることになる。すなわち，この場合には支払労働時間は600億労働時間，不払労働時間は600億労働時間である。かくして，この労働力価格レヴェルで剰余価値率を規定すれば以下のようになろう。

$$剰余価値率 = \frac{剰余価値}{賃\ \ 金} = \frac{不払労働}{支払労働}$$

これは，いずれもマクロ・レヴェルもしくは総資本レヴェルで把握された剰余価値率である。この点を確認したところで，次に労働力の価値レヴェルで規定された剰余価値および剰余価値率を見ていこう。

②**価値レヴェル（＝長期・平均分析レヴェル）における概念規定**

すでに述べたように，労働力商品の価格（＝貨幣賃金）は，労働市場の需給変動をとおして，それ自体もまた不断に変動している。これに対して，労働力商品の価値は，その不断の価格変動がつねに引きつけられていく重心として捉えられる。そこで，いまそのことを踏まえて，一国の労働者に対して支払われた労働力の価格（＝貨幣賃金）の10年平均を計算・把握し，これを労働力の価値として措定してみよう。

ここで，労働力の価値が年々変動する労働力の価格（＝賃金）の10年間の平均値であると考えれば，この平均値としての労働力の価値を中心に（もしくは

これを「重心」にして）労働力の価格変動が展開されている，と見ることができるであろう。

では，このような労働力の価格変動，すなわち貨幣賃金の変動を——その重心としての労働力の価値に不断に引きつけるべく——背後で規定しているのは何か？

資本主義的な社会的再生産過程のエンジンとしての資本の運動，すなわち資本蓄積である。そして，この資本蓄積を背景とした賃金変動がまた労働力の価値を中心（重心）にして変動を繰り返すのは，その運動が資本－賃労働関係の維持・再生産メカニズムと深く関わっているからにほかならない。あえて言うならば，ここで労働力の価格（＝賃金）変動を規定しているのは市場価値法則というより，むしろ本質的には資本蓄積法則なのである。要するに，このような労働力の価値をめぐる価格（＝貨幣賃金）の変動は，資本主義経済を支える基本的な社会的諸関係の維持・再生産という，この独特の経済システムの存立構造そのものに規定され支えられている，ということである。さらに，ここでは，もう一歩踏み込んでこの問題に論及しておこう。

こうした資本の再生産・蓄積運動を背景とした賃金変動は，原理論的には産業予備軍の理論（もしくは相対的過剰人口の理論）によって説明される[10]。つまり，労働市場における賃金変動は，基本的には労働力に対する需要と供給によって左右されるが，ある一定限度までは資本それ自身がこの労働力の需要と供給を調節しつつ資本蓄積が進行することで，資本－賃労働関係の維持・再生産が行われるのである。産業予備軍の理論こそは，こうした資本主義経済に独自の社会的再生産メカニズムを原理的に解明した理論だということである[11]。

ここで，次の諸点を追記しておきたい。抽象的労働説の場合，長期・平均分析という理論的枠組みのもとで，労働力の価格（＝賃金）変動を一定の範囲内に不断に引きつけるメカニズム（＝資本－賃労働関係の維持・再生産メカニズム）の存在が明らかにされる。体化労働説の場合も，同じ長期・平均分析という理論的枠組みのもとで，労働力の価値がその価格（＝賃金）変動の重心として捉えられている。とはいえ，この労働力の価格変動の重心として規定される労働力の価値の内容は，体化労働説と抽象的労働説とでは根本的に異なることに注意すべきである。体化労働説では，この価格（＝賃金）変動の重心として

110　第2部　価値と価格の理論

の労働力の価値は事前的に与えられ規定されている。これに対して，抽象的労働説においては，この論理レヴェル（＝長期・平均分析レヴェル）ではじめて労働力の価値が論定される。したがって，それは体化労働説とは逆に事後的に規定されるのである。

　以上の論点を踏まえて，この不断の価格（＝賃金）変動の重心として把握された労働力の価値が，労働者の家族を含めての労働力商品の再生産コストとして措定されなければならない。そのさい，すでに見た労働力の価値の自然的で，歴史的・社会的・文化的な被規定性を考慮すれば，この10年間の支払賃金額の平均を労働力の価値と考えることは，ある意味では理に適ったことでもある。それというのも，その国で10年間に平均して支払われた賃金ということであれば，それは十分にその国の歴史的・社会的・文化的な観点から見て，当該国の労働者の家族を含めて再生産（＝生活再生産・維持）していくのに必要なコストとして認めることができるからである。

　こうして，この抽象的労働説の立場からは，賃金変動が労働者の生存費水準に引きつけられる，というような古典派以来の理論——マルクス学派にもある程度は引き継がれている思考様式——は，完全に否定されることになる。言い換えれば，この賃金変動の重心として機能する労働者の生存費水準こそが，労働力の価値規定の基本的で本来的な要素であって，労働力の価値の歴史的・社会的・文化的な被規定性や労働能力形成のための教育・訓練費などの弾力的・多義的な規定はむしろ副次的，付随的要素である，というような解釈（たとえば「賃金鉄則」論や「窮乏化」論などにも通じる解釈）がはいり込む余地はここにはまったくない，ということである。この論点はきわめて重要であり，ここで強調しておきたい12)。

　さて，このようにして労働力の価値が与えられたうえで，この労働によって新しく生産された価値（＝価値生産物または純生産物）の大きさと，その生産に要した労働時間とが与えられれば，ここから剰余価値および剰余価値率を把握することが可能になる。

　この場合，労働力の価値については支払賃金総額の10年平均値で規定しているところを踏まえて，この労働によって産出された純生産物の集計量についても同じく10年平均値がとられなければならない。むろん，これを現実デー

タによって把握可能なものにするためには，前者については支払賃金総額の
10年平均値，後者についてもまた純生産物の集計量の10年平均値をとる必要
がある。さらには，この年々の純生産物を産出した年々の社会的総労働につい
ても同じように，その10年平均値をとらなければならない。

こうして把握された労働力の価値，剰余価値および剰余価値率[13]は，10年
前後という景気循環（＝主循環）のほぼ1サイクル（期間）をとおして規定され
たもの[14]となり，いわば長期・平均分析という理論的フレームワークのもとで
の規定として理論的に位置づけることができるであろう。そして，この場合に
は，剰余価値率が以下のように規定されることになる。

$$剰余価値率 = \frac{剰余価値}{労働力の価値} = \frac{剰余労働時間}{必要労働時間}$$

ここに示された剰余価値率は，労働力の価格レヴェルの剰余価値率と同様に，
いずれもマクロ・レヴェルもしくは総資本レヴェルで把握された剰余価値率で
ある。そこで，労働者に対して支払われる賃金が労働力の価値に等しいという
前提を設けたとすれば，その場合に限ってのみ剰余価値率の規定は，労働力の
価格レヴェルと価値レヴェルとの一致ということで次のように示されることに
なるであろう。

$$剰余価値率 = \frac{剰余価値}{労働力の価値} = \frac{剰余労働時間}{必要労働時間} = \frac{剰余価値}{賃\quad 金} = \frac{不払労働}{支払労働}$$

さて，以上に示された剰余価値率は，その立論・展開の仕方からも明らかな
ように，個別資本レヴェルではなく，あくまでも総資本レヴェル（言い換える
ならミクロ・レヴェルではなくマクロ・レヴェル）の概念として措定されてい
る。要するに，抽象的労働説にたつ場合には，この総資本レヴェルにおける剰
余価値率の把握こそが本来的で基本的な規定だということである。

なお，言うまでもないことであるが，ここで剰余価値率を規定している必要
労働時間と剰余労働時間との合計は社会的総労働時間である。これによって社
会的総生産物が産出される。そして，抽象的労働説においては，この社会的総
生産物が商品として市場で実現されるかぎり，これらの諸商品の使用価値を生
産した具体的労働〔時間〕の総計（CL）は，これら諸商品の価値を生産した抽
象的労働〔時間〕の総計（AL）に等しい。以上から，この社会的総労働時間が

112 第2部 価値と価格の理論

剰余価値に結実する剰余労働時間よりも大きいことは自明であり，ここにおいて剰余価値（すなわち搾取）の存在もまた——総資本レヴェル（もしくはマクロ・レヴェル）で——証明されている，ということになる。

むろん，計算上の剰余価値率は，あらゆるレヴェル——すなわち，労働力の価格および価値レヴェル，個別資本および総資本レヴェル，あるいは産業部門レヴェル等々——で把握することが可能である。ただし，そのさい注意すべきは，労働力の価格レヴェルで剰余価値率を把握する場合には，総資本レヴェルを除いて，そのすべての剰余価値率の計算のなかに当該の資本もしくは産業部門のなかで直接に労働によって生産された剰余価値を超える，他の資本もしくは他の部門によって生産された剰余価値部分，すなわち他者から移転・再分配された剰余価値部分——あるいは逆に他者に移転・再分配されマイナスとなった剰余価値部分——が含まれている，ということである。

このような剰余価値の移転・再分配に関する議論は，一見すると体化労働説に固有の問題であるように思われる。それと言うのも，抽象的労働説の場合には，市場で評価され実現された労働は，そのまま価値を生産した労働として認められ，そこに剰余価値の移転・再分配の議論ははいる余地はない，と考えられるからである。

とはいえ抽象的労働説の場合も，その独自の価値の尺度基準（$Lm = NDP^*/CL^*$）を使うことによって，この市場で評価され実現された労働が社会的に「より強められた労働」として評価・実現されたのか，あるいは社会的に「より弱められた労働」して評価・実現されたのかを判定することが可能なのである。

そのさい，この「より強められた労働」に帰属する，より多くの価値の実体は何か，またそれはどこから来たのか，ということが当然に問題になる。そして，こうしたコンテキストのなかで，抽象的労働説においても剰余価値の移転・再分配が取り上げられることになるのである。

補遺 本文中に示したように，総資本レヴェルで把握されたものを除いて，価格レヴェルの剰余価値や剰余価値率の場合には，不可避的に他の資本もしくは他の部門によって生産された剰余価値部分，すなわち他者から移転・再分配された，プラスおよびマイナスの剰余価値部分が含まれることになる。

第4章　諸資本の競争関係のなかでの剰余価値率と利潤率　113

　この問題を投下労働量にもとづく分析を行うことによって克服したと主張するのが，泉弘志 [1992] であった。これは，いわば価格レヴェルではなく労働価値レヴェルで剰余価値率を計測し実証研究を行った労作であり，また同 [2014] は，この泉独自の理論的立場をさらに推し進めたものである。

　もっとも，このような投下労働計算から剰余価値率を導出する方法に関しては，東浩一郎 [2008] による有力な批判が存在している。東によれば，泉理論において「計算された投下労働時間は異種労働をそのまま加算するという本来不可能な方法によって算出されており，抽象的労働，あるいは価値とは無縁である」。さらには「価格から逆算する形で投下労働量に戻して計測された剰余価値が，剰余価値の部門間配分の，いわば生産された剰余価値を正しく示しているのか，という疑問である」15) とされる。

　ここには，当然のことながら複雑労働の単純労働への還元問題（さらには諸労働間の労働強度の相違の問題）が含まれている。この問題克服の困難さについては泉自身も自覚しており，こう述べている。「換算方法とデータの開発に向けて地道に取り組むことが重要である」16) と。問題解決に向けて今後の研究が必要だということである。

　さて，総資本レヴェルの剰余価値率については，そうした移転・再分配された剰余価値の存在をさしあたりは否定することが可能であった。では，各産業部門別の剰余価値率についてはどうであろうか？

　そこでまず言いうることは，労働力の価格レヴェルで剰余価値率を把握する場合には，各部門の短期的な需給不一致がつねに存在するところから，当該部門の商品価格の変動とともに増減する，こうした移転・再分配された剰余価値の存在を無視することができない17)。だが，労働力の価値レヴェルであれば，すでに見たように10年間の平均値をとるという形での，いわば長期・平均分析という理論的枠組みのなかで，そうした需給の不一致は無視されることになり，少なくとも各部門の短期的な需給不一致から発生する，移転・再分配された剰余価値の存在は捨象できる，ということである。

　では，そうした前提のもとで把握された各産業部門の労働力の価値（V）と剰余価値（M）とりわけ純生産物（＝価値生産物：V＋M）の大きさと当該部門の年間総労働時間とは，どのような関係にあるのであろうか？

　この場合，異なった部門において仮に年間総労働時間が等しいとしても，それぞれの部門における年間の純生産物の集計量が等しくなるとはかぎらない，ということもありうる。なぜか？　ここには，各部門の商品生産に従事する労

働が単純労働なのか複雑労働なのかの違い，あるいは労働強度の違いなどが存在しているからである。

　それでは，このような各産業部門における単純・複雑労働や労働強度の違いは，どのように測ることができるのであろうか？　抽象的労働説における価値の尺度基準（$Lm = NDP^*/CL^*$）すなわち社会的労働1単位あたりの貨幣評価を用いることでそれが可能になる。ただし，この場合は，これを適用する各部門の年間総労働時間（CL^*）が10年平均値という長期・平均分析の理論的枠組みのもとで把握されているところから，これも同じような長期平均値をとる必要がある。つまり，この価値の尺度基準（Lm）を示す計算式における分母のCL^*は言うに及ばず，分子のNDP^*もまた同じような長期平均値が用いられなければならないということである。

　例をもって説明しよう。いま複雑労働を用いる商品生産部門を取り上げ，この年間総労働時間（長期平均値）に件の価値の尺度基準すなわち社会的労働1単位あたりの貨幣評価（長期平均値）を乗じてみる。そうすると，ここから当該部門の労働が平均的な社会的労働として行われた場合の純生産物の集計量すなわち部門別NDP^*が——言い換えるならば，社会的労働で評価・換算された当該部門のNDP^*——が算出される。これと実際に当該部門で生産された純生産物の集計量すなわち部門別NDP^*（長期平均値）と比較してみれば，実際の部門別NDP^*の値は，社会的労働で評価・換算された部門別NDP^*の値よりも大きく示されることになるはずである。これは，要するに当該部門の労働が平均的な社会的労働よりも市場で高く評価される複雑労働であることから生じた結果にほかならないのである。

　同様のことは，労働強度の違いについても言いうるが，ここでは同一論理の繰り返しを避けるために割愛する。いずれにしても，このように労働力価値レヴェルの議論，したがってまた長期・平均分析の理論的枠組みのなかでのみ，単純労働・複雑労働や，さらには労働強度の違いを明らかにすることができるのである。

4　剰余価値率から利潤率へ

　さて，これまで剰余価値率について議論を重ねてきたが，市場のなかで競争

を繰り広げ，結果として資本主義経済を動かすエンジンとしての役割を果たす資本にとって，その行動の指針となるのは剰余価値率ではなく利潤率，それも個別資本レヴェルの利潤率である。そこで次には，問題を剰余価値率から利潤率に移し，それによって議論のステージを総資本レヴェルから個別資本レヴェルへ，マクロ・レヴェルからミクロ・レヴェルへと移していくことにしよう。

III　利潤率概念について

これまでのところ，資本はモノのレヴェルでは自己増殖する価値または自己増殖する価値の運動体であり，ヒトのレヴェルにおいては剰余価値の獲得を目的とした独自の機能集団，経済組織体である，と説明してきた。そのかぎりにおいて，資本にとっては，その獲得できる剰余価値は多いほどよい。また，この剰余価値（M）と支払賃金（V）との比率である剰余価値率（M/V）についても，これが高いほど資本にとっては望ましいということにもなろう。

しかしながら，実際のところ資本は，より高い剰余価値率の実現を目指して行動しているわけではない。資本がその最大化を目指すのは剰余価値率ではなく利潤率である。つまり，資本は，その獲得する剰余価値を，この剰余価値獲得のために投下した（使用した）資本額との関係（＝比率）において捉え，その比率を最大化しようと行動する，ということである。

1　分析者の立場と日常意識の観点

この利潤率がなんであるのかを明らかにするためには，じつは分析者の立場と日常意識の観点を明確に区別しておく必要がある。つまり，資本主義経済のもつ特殊歴史的な性格あるいはその運動法則を解明しようとするのは，分析者の立場である。そして，剰余価値率は，資本主義経済を支える最も基本的な社会的関係である資本−賃労働関係を理解するためには最も基軸的な概念なのであるが，日常意識にとってそれはどうでもよいことである。

この資本主義経済のなかで，実際に日々の経済活動を営んでいる諸個人のもつ日常意識の観点は，この分析者の観点とはまったく別のものである。そして，実際に資本主義経済の日々の営みのなかで判断し，決定し行動しているのは，

116 第2部 価値と価格の理論

こうした日常意識をもった諸個人なのである。言い換えるなら，これは現実の資本主義経済を動かしている生きた経済主体のもつ意識だということである。この意味においては，利潤率は，なによりもまず日常意識の観点からこそ概念規定されなければならない。

①分析者の立場から規定された利潤率

ただし，ここではまず分析者の立場から見た利潤率を検討しておこう。そこでまず問題の利潤率であるが，通常マルクス学派では，これが次のように示される。

$$利潤率 = \frac{剰余価値}{不変資本 + 可変資本} \qquad P' = \frac{M}{C + V}$$

これは，分析者の観点からの利潤率規定である。そのことは，分母の資本が，価値形成・価値増殖という分類基準からなされた不変資本，可変資本となっているところからも明らかであろう。ここでは，この分析者の観点から捉えられたものを利潤率の一般式と名づけておくことにしたい。

そこでまず，この利潤率の一般式の内容を抽象的労働説の立場から再確認しておこう。すでに，総資本レヴェルの剰余価値（M）と支払賃金（V），したがってまた両者の比率である剰余価値率（M/V）については，抽象的労働説の立場から明らかにしておいた。したがって，ここで投下された不変資本（C）の大きさが分かれば，これらの価値額（C, V, M）をさきの利潤率の一般式に当てはめることで，抽象的労働説の立場から利潤率を規定することが可能になる。要するに，これは国民経済計算レヴェルのデータがあれば規定できるということであり，そのかぎりにおいて，この利潤率の一般式は総資本レヴェルの概念だということである。

次に問題とすべきは，こうして分析者の観点から把握された利潤率によって何が見えてくるのか，ということである。ここから明らかにされることは，分析者の観点から見た利潤率の規制要因である。

そこで，いま総資本レヴェルの利潤率（P'）を表す一般式の分母と分子におけるそれぞれの要因（M, C, V）をVで除してみれば，分子の要因はM/V，分母はC/V+1(V/V)と変形されることになる。この変形式はマルクス学派のなかではよく知られているが，以下のとおりである。

第 4 章　諸資本の競争関係のなかでの剰余価値率と利潤率　117

$$P' = \frac{\dfrac{M}{V}}{\dfrac{C}{V}+1}$$

　分子にあらわれた M/V は剰余価値率であり，分母の C/V は資本の有機的構成を意味している。ここからわかることは，利潤率が剰余価値率と資本の有機的構成にその大きさを規制されている，ということであった。つまり，剰余価値率（M/V）の増大は利潤率を高め，また資本の有機的構成（C/V）の高度化は利潤率を引き下げるように作用するのである。

　以上，こうした分析者の観点からする利潤率の規制要因については，体化労働説も抽象的労働説も基本的な違いはない，ということをここで確認しておきたい。

　②日常意識の観点

　では，この利潤率は，日常意識の観点から見たらどうなるであろうか？ むろん，日常意識の観点からは，利潤率は上記の一般式のような形では捉えられない。

　分子の剰余価値にしても，これを日常意識の観点から見れば，労働によって新しく生み出された価値（＝価値生産物：V＋M）のうち賃金（V）として支払われなかった残りの部分として理解されることは決してない。むしろ，商品の販売価格から当該商品を生産するのにかかったコスト（費用価格：C＋V）を差し引いた残りの部分というように捉えられるはずである。

　だとすれば，これは剰余価値という表現はもはや不適切であり，日常意識的・日常用語的には利益もしくは利潤と言い表すべきであろう。日常意識の観点からは，このような所得の源泉が価値生産物（または純生産物）に求められるということ自体が理解不可能だからである。そこで，日常意識あるいは実際に資本を動かしている諸個人の目で剰余価値（M）を捉えるなら，利潤（または利益）とは，販売価格から費用価格を差し引いた残りの部分ということになる。

　たしかに，個別資本の観点からは，安く調達して高く販売すれば，その差額が利潤（または利益）である。ところが，社会全体という観点からは一者の失うところは他者の得るところとなるわけで，全体としてはプラス・マイナス・

118　第2部　価値と価格の理論

ゼロになる。ところが，日常意識ではそうした全体にまで目が届かないのである。さらに，このような日常意識を踏まえて利潤率を規定し直せば，以下のようになろう。

$$利潤率 = \frac{利\quad潤}{資\quad本}$$

これは，一般に資本利潤率（あるいは資本利益率）と呼ばれるものである。そこで，この資本利潤率における分子の利潤が，日常意識の観点からは剰余価値とは認識されずに販売価格から費用価格を差し引いた差額分として捉えられることに対応して，分母の資本もまた違った形で捉えられることになる。分析者の立場からは，それは不変資本（C）と可変資本（V）であるが，日常意識の立場からはまた別なのである。

不変資本と可変資本という資本の区分は，価値形成・価値増殖を分類基準としている。このような資本分類は，日常意識の立場からは意味をもたないが，分析者にとっては必要不可欠な分析ツールであり，この不変資本と可変資本との比率である資本の有機的構成（V/C）についてもまた同様のことが言える。

これに対して，日常意識の場合には，その現実的な運動に即して資本を捉えようとする。たとえば固定資本，流動資本という資本区分は，この資本の現実的な運動すなわちその回転様式を分類基準としており，この意味では日常意識によって把握されたものである。この場合には，不変資本のうちの機械や工場設備等の労働手段は固定資本として捉えられ，他方の原料，燃料，補助材料等の労働対象は可変資本と一括りにされて流動資本として把握されることになる。ここでは，何が価値や剰余価値を生み出す源泉なのかが不明瞭にされるのである。かくして，日常意識の観点からは，利潤率は以下のように捉えられることになる。

$$利潤率 = \frac{利\quad潤}{固定資本 + 流動資本}$$

資本がその最大化を求めて運動するところの利潤率とは，実際には，こうして日常意識の観点から捉えられた利潤率なのである。むろん，分析者の観点から見れば，この日常意識の観点からの利潤率といえども，その計算式の分子にある利潤の源泉は剰余価値であり，また分母におかれた資本は不変資本と可変

資本として把握されることは言うまでもない。

さらに言えば，この日常意識からの利潤率の規定はあくまでも個別資本レヴェルのものである。個別資本は，この日常意識によって捉えられる利潤率を行動基準として市場という戦場で互いにしのぎを削り合うのであり，そうした諸資本の運動がまたある種のエンジンとなって資本主義経済という独自の社会的再生産過程をも実際に動かしていくのである。

2　諸資本の部門間競争と利潤率

さて，諸資本の競争戦の主たる現場は，ひとまずは同一生産部門内にある。だが，諸資本の競争戦はそこにとどまらず，部門間においても展開されている。この諸資本の部門間競争は，部門間に利潤率の格差が存在し，それが長期的に解消されない場合に，資本の部門間移動となって顕在化するのである。

この資本の部門間移動は，資本がより多くの剰余価値の獲得を目的とした独自の機能集団であり経済組織体であるところから必然的に出てくる運動であり，資本が同一部門内のみならず部門を超えて互いに競争していることを示すものである。そこで，以下においては，この資本の部門間競争と利潤率との関係を確認していこう。

まず，問題の資本の部門間移動を引き起こす部門間の長期の利潤率の格差であるが，これは何を原因として発生するのか？　そうした利潤率格差の原因のひとつは，分析者の観点から見れば部門間の資本の有機的構成の違いである。

生産資本における不変資本と可変資本との比率，すなわち資本の有機的構成（C/V）そのものは，基本的に当該資本が何を生産するかによって客観的，技術的に与えられている。要するに，この資本の有機的構成は，いかなる種類の使用価値を生産するかによって，不変資本に対する可変資本の比率がそれぞれ客観的，技術的に与えられている，ということである。したがって，これは生産部門が違えば，それぞれに異なる。

ただし，同じ種類の生産物を供給する同一生産部門の内部では，この資本の有機的構成はほぼ一定の範囲内に平準化しようとする作用が働いている。この平準化作用は，部門内部の諸資本間の競争によって支えられ規定されているのである。要するに，厳しい諸資本間の競争関係のなかでは，各個別資本はそれ

120 第2部 価値と価格の理論

らをある一定の水準内に保持しておかなければ，当該市場からの退場を迫られるからである。

いずれにせよ，この資本の有機的構成は，生産部門が違えば，それぞれに客観的・技術的に異なっている。具体的に言えば，航空機を生産する部門と模型飛行機（プラモデル）を生産する部門とのあいだの資本の有機的構成は大きく異なっており，この違いは何を生産するかによって客観的・技術的に与えられている，ということである。

そこで，問題はこのような資本の有機的構成の違いから発生する長期の利潤率格差が存在した場合，各資本はどのように行動し，その結果として何が起こるのかということである。

まず，ここで言う利潤率の部門間格差とは，各部門の代表企業における利潤率の違いだということに注意しなければならない。代表企業とは，当該生産部門における中位の生産条件をもった資本のことである[18]。というのも，同一産業部門内においても，各供給者の生産条件の違いを反映して資本構成が異なり，それによってまたそれぞれ（特別剰余価値を含む）実現された利潤率も異なっている。しかしながら，この種の利潤率の格差は各個別資本における資本の有機的構成の高度化（＝労働生産力の上昇）によって克服可能なのである。

また，すでに指摘したように同一産業部門内の資本の有機的構成の格差は，部門内部の諸資本の生産力競争をとおして，つねに一定範囲内に平準化される傾向をもつ。むろん，だからといって，この格差が同一産業部門内の資本間で完全に解消され，すべてが同じ資本構成に統一されるということもありえないのである。

いずれにしても，個別資本にとっては同一部門内での資本の有機的構成の格差（したがってまた生産力の格差）は，競争をとおして克服可能な目標となりうるのである。だが，それぞれの部門の代表企業における資本の有機的構成の格差は，各部門の供給する商品の種類によって客観的・技術的に規定されており，これははじめから諸資本の克服可能な目標とはなりえない。したがってまた，これを原因として生ずる利潤率の格差は資本の部門間移動をとおしてのみ克服可能となるのである。

こうして，資本は，より高い利潤率の獲得を求めて部門間を移動する。相対

第4章　諸資本の競争関係のなかでの剰余価値率と利潤率　121

的に低い利潤率しか実現できない部門からは資本が退出し，相対的に高い利潤
率を実現できる部門には資本が参入してくる。その結果，この運動は各部門に
おける利潤率の格差を解消し，利潤率の均等化を生み出すべく作用することに
なる。こうした諸資本の競争の結果，最終的に成立するのが平均利潤率であり，
そこで成立する価格が生産価格であった。（なお，この問題については次の第
5章で詳しく取り扱う。）

　ところで，最終的に平均利潤率を成立させるような資本の部門間移動が自由
に行われるためには，一定の条件が存在している。一言でいえば，こうした資
本の部門間自由移動を阻止する参入障壁がそこに存在していない，ということ
である。以下において，この参入障壁に関して簡単にまとめておこう。

　参入障壁としてまずあげられるべきは，必要資本量障壁と呼ばれるものであ
る。いかなる産業部門でも，そこで商品の生産および販売活動を行うためには
最低限必要とされる資本量が存在する。この必要資本量が膨大であればあるほ
ど，その部門への参入（すなわち部門間移動）は困難になるということである。

　次に，既存資本の独占的地位が参入障壁となりうる。そのようなものとして
は，①のれん，②特許・ノウハウの秘密保持＝技術の独占的支配，③自然的立
地，④原料の排他的所有，⑤販路支配，⑥輸送網支配，⑦特殊な労働力・経営
能力保有，等々がある。これらの存在によって，新規に参入を企てる個別資本
が既存資本よりもかなりのコスト高を強いられる予想がたつ場合，こういった
独占的地位のあり方そのものが参入障壁として機能するわけである。

　さらには，新規の参入に対して既存資本が価格の一時的な大幅切り下げなど
によって対抗するといった，いわゆる破壊的対抗手段をとりうる可能性と，そ
うした実質的な基盤をもっているということが参入障壁として機能しうる。

　その他のものとしては，製品差別障壁や規模の経済性障壁などがある。前者
は，既存資本の製品に対して買い手の選好が強い場合にそれが新規の参入を阻
止するケースである。また後者は，いわゆる大規模生産によって大幅なコスト
削減を実現しているような産業部門において，そこへの参入を図るための大規
模生産の導入が，与えられた需要に対して大きくなりすぎ価格や利潤率の大幅
低下を余儀なくさせるケースで起こるものである。

　このような参入障壁は，自然的なものは別にして，人為的につくりだせるも

のも多数存在しており，こうした参入障壁を人為的に創出しようする各資本の経営戦略もまた，諸資本の部門間競争の具体的展開として検討されなければならない。

さて，以上のような参入障壁が問題になるのは，やはり独占段階の資本主義に移行してからであり，19世紀における自由競争段階の資本主義では，資本規模が相対的に小さかったこともあって，こういった参入障壁は自然的なものは別にしてほとんど問題にならなかったと言ってよい。もちろん，だからといって現代の独占資本主義のもとではこのような資本の新規参入がなくなってしまったということではない。この意味でも，独占はすべての競争を排除できるわけではないのである。

現代の資本主義は，言うまでもなく独占資本主義である。その特徴は，一方で巨大資本が互いにしのぎを削り合う独占部門と，他方で群小の零細・中小企業が激しい自由競争を繰り広げる非独占部門とに二極化しているところにある。このような場合，独占資本間ではその独特の競争と協調の緊張関係のなかで部門間の資本の退出と参入が見られ，また非独占部門のあいだでも自由競争段階とあまり変わることのない資本の部門間移動が見られる。さらに，ここでは独占部門から非独占部門の成長産業への参入ということもありうるが，非独占部門から独占部門への参入だけは完全に阻止されているのである。必要資本量障壁の存在をあげるだけで，その理由は明らかであろう。

もともと独占は，自由競争の結果として生み出されてきたものである。利潤獲得を目的とした独自の機能集団であり経済組織体である資本は，諸資本間の競争を勝ち抜くためにも資本蓄積を強力に推し進め，その経営規模，生産規模をますます増大していく。これは資本の集積であるが，それを生み出した諸資本の競争過程は，同時に資本の集中をも生み出す。資本の集中とは，資本が他の資本を併合・収奪し，それによって多数の小資本が少数の大資本へと転化していくことである。

このような諸資本間の競争によって推し進められた資本蓄積，そして資本の集積と集中，これらが諸資本間の競争の場（＝市場）を自由競争から独占へと移行させたのである。たとえば，上述した必要資本量障壁は，こうしてつくりだされたものであった。

第4章 諸資本の競争関係のなかでの剰余価値率と利潤率　123

　そこで，ここから先の議論においては，当然のことながら抽象的労働説によ
る現代の利潤論（すなわち独占利潤論），さらにはこれを包摂した独占価格論
の展開が求められることになる。この問題は本書の第6章のテーマであるが，
ただし，それはあくまでも価値論レヴェルの議論であり，いわゆる参入阻止価
格論といった競争論レヴェルの議論にはならない，ということも付け加えてお
きたい。

IV　結論

　さて，本章においては，市場における諸資本間の競争関係のなかで剰余価値
率と利潤率とがどのような区別と関連とをもち，またそれぞれが抽象的労働説
のなかでは，どのような理論的位置づけを与えられているのかを明らかにして
きた。

　そのさい，小論の拠ってたつ価値論が抽象的労働説というマルクス学派の通
説とは異なる労働価値論であることにより，かなりの部分の論述が論争的な形
をとることになった。だが，逆に必要以上に教科書的な論述もあったはずであ
る。とりわけ，利潤率に関する議論は，研究者レヴェルからすれば言わずもが
なの部分も多々あったようにも思われる（ただし，その論理的構成には種々異
論も出てくるであろう）が，これは通説ならざる新しい価値論に独自的に求め
られる論理的一貫性を考慮したためであった。

　以上を確認したところで，次からは，抽象的労働説におけるミクロ経済分析
すなわち市場における価値＝価格メカニズム論へと議論を移していくことにし
よう。

注
1）　Marx [1962] S. 185, 417. 邦訳 224, 515頁参照。
2）　Marx [1962] S. 185. 邦訳 224頁参照。
3）　小幡道昭は，労働力の価値を一般商品の価値と同じように擬制するやり方を「労働
　　力に『生産概念』を適用する」ものとして，こうした「生産概念の拡張解釈」を批判し
　　「棄却」している。だが，労働力の価値に関しては，労働者の消費する生活手段のバ
　　スケットを取り上げ，そのなかの諸商品に含まれる労働（＝「各商品1単位あたりを

124　第2部　価値と価格の理論

生産するのに直接間接に必要な労働時間」）によってこれを規定している。このかぎりでは体化労働説にたつ通説と同じであるが，「労働市場で労働力が商品として売買される場合」つまり労働力商品の価値と価格という関係のなかでは，別個に「単位労働時間当たりの価値 Bt/T」を「労働力商品の価値」として措定し，これが「相対的に自由度をもって変化する3つのファクタ，T，t，そして B によって決まる」として，重層的な相互依存関係のなかで概念規定している。ここで T とは資本に雇用された総労働量，t は件のバスケットのなかの各商品1単位あたりを生産するのに直接間接に必要な労働時間 t_1，t_2，…（ベクトル），B はまたこのバスケットのなかの生活手段を構成する諸商品 B_1，B_2，…（ベクトル）を意味している（小幡 [2014] 36-37頁，66-69頁参照）。

4）　マルクス・ルネサンス以降に登場してきた「新解釈」学派やその後に登場する Single System アプローチによる諸理論を中心にして，これらを19世紀末～20世紀初頭から始まり，いくつかの隆盛期をもつ転形論争の研究史のなかに的確に位置づけ検討・考察した研究業績として，吉村信之 [2011]「転形問題における単一体系解釈」がある。また，いわゆるマルクス基本定理を基礎に労働価値論を把握する立場から「新解釈」学派や Single System アプローチを批判的に検討した労作として，橋本貴彦・山田彌 [2013]「マルクス価値論と『新解釈』学派」がある。

5）　この同じ Single System アプローチのなかから，Kliman [2004]，Freeman [2004]らの Temporal Single System Interpretation と呼ばれるグループが派生してくる。彼らは，モーズリーを含む「新解釈」学派が価値と価格とを同時的（simultaneous）に把握している点で，従来の Dual System によるマルクス解釈やこれを否定したスラッフィアンと同じ論理構造を共有していると批判し，価値と価格とを同時的にではなく経時的（temporal）に把握すべきことを主張している。

6）　Foley [1982] p. 46.

7）　Foley [1986a] p. 43. 邦訳59頁。

8）　Foley [1986b] p. 9. 邦訳230頁。

9）　Foley [1982] p. 42.

10）　相対的過剰人口の理論（＝産業予備軍の理論）の重要なポイントのひとつは，資本蓄積過程で資本自身が労働市場における需要と供給とを調節しつつ蓄積が進行するという論理である。たとえば，蓄積が資本の有機的構成の高度化をともなう場合，この蓄積によって相対的に過剰になった労働力を生み出すことで労働力への需要が調節される。と同時に，この余剰労働力を再び労働市場に排出することでその供給も調節される。ただし，このような形で労働力の需給を調節しつつ資本蓄積が進行するのは一定期間に限られ，やがて資本蓄積の拡大が労働力の供給を上回る段階がくると賃金上昇から資本過剰（＝利潤率低下）が発生する。この資本過剰は，古典的景気循環のもとでは恐慌さらには不況過程をとおして解消されたのである。

11）　賃金の循環的変動と資本－賃労働関係の維持・再生産メカニズムとの理論的関連については，拙著 [2011]『グローバル資本主義論――日本経済の発展と衰退』の補論を

第4章　諸資本の競争関係のなかでの剰余価値率と利潤率　125

参照されたい。周期性恐慌をともなう景気循環のなかでは，資本蓄積をベースにした賃金変動と利潤率変動さらには産業予備軍の膨張・収縮といった循環的運動のなかに，資本－賃労働関係の維持・再生産メカニズムが機能していた。また，現代資本主義の完全雇用政策のもとでは，インフレーションに媒介された貨幣賃金の上昇と一般物価の上昇との関係（したがってまた実質賃金の変動）のなかに資本－賃労働関係の維持・再生産メカニズムが見られ，グローバル資本主義のもとでは，資本（さらには労働）の国際的移動と，いわゆるマネタリストの言う自然失業率のなかに，同じような資本－賃労働関係の維持・再生産メカニズムを見て取ることができる。こうした点も含めて，詳しくは前掲拙著を参照されたい。

12)　なお，筆者は，ここでマルクスの労働力の価値規定がどのようなものであったのかを問題にしているわけではない。あくまでも抽象的労働説の立場から，労働力の価値規定を論じている。『資本論』における賃労働関係の論述そのものについて言えば，向井公敏 [2010] が明らかにしているように，資本の専制的支配と労働者の絶望的従属という「19世紀イギリス資本主義の現実に著しく制約されたものであることは異論の余地はない」(256頁，さらには205-206頁参照)。ということで，「窮乏化」論などにも通じる解釈が可能になっていることは事実なのである。

13)　以上の労働力の価値，剰余価値さらには剰余価値率の説明に対して，体化労働説の陣営からは，そこに示された労働力の価値規定が事後的ではないかとの批判が出てくる可能性がある。しかしながら，ここで説明している労働力の価値，剰余価値，剰余価値率などの概念は，あくまでも長期・平均分析という理論的フレームワークにおいて規定されている，ということに注意すべきである。さらに言えば，抽象的労働説は，もともと商品が貨幣として実現されることにより商品生産労働の抽象的労働への転化を主張する理論である。そこからも理解されるように，抽象的労働説それ自体もまた（前述の事柄とは別の意味で）事後的な論理構造をもっているということ，この点も強調しておきたい。

14)　労働力の価値を賃金（＝労働力の価格）の循環的変動の重心として捉える見地は，マルクス自身の理論体系のなかにも見られるものである。だが，景気循環過程をベースにして，これを把握するというマルクスには見られなかった立場を先駆的に打ち出したのは宇野弘蔵である。宇野はこう論じている。「かくして労働力なる商品の価値規定は，好況，恐慌，不況の循環過程のうちに労働賃銀として騰貴し，低落する価格の運動の一般的基準として確立されているものとしなければならない。一般的にはかかる循環過程のうちに労働者の生活水準を『歴史的』に決定することになるのであって，労働力商品の価値規定は，この賃金の10年前後にもわたる周期的変動を度外視しては理解しえないものである。」(宇野 [1959] 137-138頁)。もっとも，宇野は，他方における労働者の生活手段（＝消費財商品）に含まれる投下労働量によって労働力商品の価値を規定する論理を否定しているわけではない。体化労働説の立場にたっているからである。

15)　東浩一郎 [2008] 29頁。

126 第2部 価値と価格の理論

16) 泉弘志 [2014] 325頁。

17) 次章以下で明らかにするように，価格レヴェルの場合には期間を超えて移転・再分配される剰余価値部分を考慮しなければならないという問題が存在している。そして，じつは労働力の価値レヴェルの剰余価値率こそ，この問題を克服することが可能な概念として措定されているのである。

18) この点については，第5章の注15) を参照されたい。

第5章 抽象的労働説と再生産可能価格

I 問題の所在

　本書の依拠する労働価値論，すなわち抽象的労働説は，価値の実体としての抽象的人間的労働が労働・生産過程で自存すると考える体化労働説とは違い，交換過程で商品が貨幣に転化することによって，当該商品を生産した労働があらゆる種類の労働に共通する抽象的労働に転化するという論理をとる。また，体化労働説の場合，利潤の源泉が必要労働を超えた剰余労働であることを主張するために，価値＝価格から生産価格への転形を論定しなければならなかった。だが，抽象的労働説にたてば，価値から生産価格への転形を論ずる必要がない。ここでは転形問題そのものが存在しないからである[1]。

　では，ここにおいては価値論と生産価格論との関係を論ずる意義はなくなったのかといえば，決してそうではない。生産価格論は，古典派経済学におけるある種の再生産可能価格としての自然価格概念を継承しており，そのかぎりで再生産可能価格をどのように措定するかのという問題を引き継ぐからである。

　したがって，ここで明らかにすべきは，この再生産可能価格としての生産価格と労働価値論としての抽象的労働説との関係をどう捉えたらよいのかという問題である。

II 再生産可能価格論の理論的枠組み

　社会的分業を構成している各産業部門への労働の配分は，具体的有用労働の社会的編成として行われるが，資本主義経済においてはそれが市場を通じて遂行される。労働価値論は，そうした，市場メカニズム（価格メカニズム）を媒介とした人間労働の社会的編成（配分）のあり方を明らかにするためのツールであった。抽象的労働説も労働価値論である以上，そのような課題に応えなけ

128 第2部 価値と価格の理論

ればならない。では，そうした価値論の展開によって労働の社会的配分メカニズムを明らかにする意義はなんであろうか？

それは，市場における諸資源の配分メカニズムを明らかにする価格理論と同じような目的をもつものだとすれば，こうした価値論の展開はミクロの市場メカニズム論のひとつと言うべきものであろう。そして，そのような市場メカニズム論は，新古典派経済学によって発展させられてきたものである。ただし，新古典派経済学の場合，それはミクロ経済学的アプローチによって市場参加者たちの主観的な効用極大化行動を論ずるものであり，そこにはまた固有の市場経済観が存在していることに注意を要する。

これと同様に，マルクス学派の場合にも，その価値＝価格論の基礎には固有の経済観が存在している。そうした経済観を最も基本的なレヴェルで言えば，そこにおいては，なによりも経済が人間－自然関係，人間－人間関係という2つの関係から構成されるものとして捉えられていることであろう。このような経済観は，古典派経済学（とくにA. スミス）やそれを継承したマルクスの経済学に固有のものであり，基本的には分業（division of labor）の理解と深い関わりをもっている。マルクス流に言えば，それは社会的生産過程を人間と自然との物質代謝過程として捉えるような経済観である。

そこにおいては，こうした分業（＝社会的分業）のもとでの労働配分のあり方が問題にされることになる。そして，資本主義経済では，そのような社会的労働配分が市場メカニズムもしくは価格メカニズムを媒介にして遂行される。ここから，古典派経済学－マルクス系譜の経済学においては，価値＝価格論が同時に社会的労働配分論としても展開されたというわけである[2]。

生産価格論もまた，そうした市場メカニズム論として展開されるが，なによりもこの場合には，生産価格を再生産可能価格として把握することが重要である。ここで再生産可能価格とは，すでに述べてきたように以下の2つの意味をもつ。

ひとつは社会的再生産そのものを可能にする価格という意味であり，この生産価格をとおして上述したような社会的労働配分がもたらされ，経済全体の再生産が実現可能になる，そのような価格である。いまひとつは，商品の生産者（供給者）たる資本にとって繰り返し供給することが可能な価格という意味で

ある。したがって，それは資本がその生産のために支出した費用価格（生産手段に関わるコスト＋労働力に関わるコスト）と，資本にとっての適正利潤とが組み込まれた価格（＝費用価格＋適正利潤）でなければならない。むろん，資本にとっての適正利潤とは，この場合あらゆる産業部門において均等化された利潤，すなわち平均利潤だということになる。

そこで，問題はそのような生産価格論と労働価値論（＝抽象的労働説）との理論的関連をどう捉えたらいいのか，ということである。

III　資本の運動に媒介された労働の社会的編成（配分）

資本主義経済において，実際の社会的労働配分を決定しているのは資本であり，さらに言えば，そこにおいて最も基軸的な役割を果たすのが資本の再生産・蓄積運動である。そして，こうした資本の再生産・蓄積運動を規定しているのは，利潤率の動向にほかならない。

そこで，いわゆる平均利潤率が成立する状況下であれば，資本は最大利潤の獲得を目指して行動するなかで平均利潤や生産価格に到達するし，またなんらかの事情によって，この基準となる平均利潤から乖離したプラスもしくはマイナスの再分配剰余価値が発生している場合には，資本はそれに応じてその再生産・蓄積運動を変更し，状況によっては部門間移動も行い，それにともなって労働の社会的編成（＝労働配分）を調整することになる。

したがって，平均利潤率が成立する状況においては，生産価格が価格変動の重心となり，この価格変動をとおして労働の社会的編成（配分）が行われている，と考えることができる。そのかぎりで，このような平均利潤率の形成によって支えられた生産価格は，ひとつの社会的再生産可能価格として機能していると言いうるであろう。

1　労働価値論と生産価格論

さて，ここからが問題である。以上のような労働の社会的編成（配分）メカニズムは，労働価値論を基礎に説明されなくてはならないとしても，その労働価値論は体化労働説である必要はない，ということである。抽象的労働説で十

130 第2部 価値と価格の理論

分に説明可能なのである。では，どのようにしてか？

抽象的労働説の場合，商品を生産する私的・具体的労働は，その生産した商品の貨幣への転化によってはじめて社会的労働・抽象的労働に転化する。市場メカニズムを媒介にした労働の社会的配分・編成も，この商品の貨幣への転化をとおして行われる。市場に成立する諸商品の価格は，商品の貨幣への転化の現実的表現であって，この価格の運動（変動）に媒介されて労働の社会的編成（配分）が行われるわけである。そして，自由競争市場における，このような価格変動の重心（したがってまた，ある種の社会的再生産可能価格）とされるものが生産価格であった。ここで生産価格が価格変動の重心にあるということは，現実の市場価格がその変動を通じてつねに引き寄せられ，収斂していく中心に生産価格があるという意味である。

もちろん，このような生産価格を説明するさいに，労働価値論そのものを用いないことも可能である。スラッフィアン（＝ネオリカーディアン）の生産価格論がそれである。スラッフィアン（その代表格のスティードマン）は，労働価値論そのものを無用の回り道として切り捨て，生産価格論だけで十分であると主張している[3]。理由は，生産の技術的な条件と分配率が決定されるなら生産価格は理論的に導出可能であり，価値概念はいっさい必要としないからだ，とされる。

しかしながら，労働価値論は，市場を媒介とした社会的労働配分メカニズムを明らかにするためにこそ必要とされる。したがって，これを切り捨てることは，上述した古典派経済学－マルクス系譜の経済学に固有の経済観を否定することにもつながっていく。これを放棄しない以上，労働価値論（ただし，ここにおいては抽象的労働説）が必要とされるのである。

さらに，スラッフィアンの生産価格論（スラッファ自身のものとは若干異なる）は，基本的に経済を構成する物量体系と価値体系を分離して，まずは前者によって利潤率を決定し，そのうえで価値体系のなかで貨幣賃金率を与えることで生産価格を決定している[4]。ひとまずは，このやり方について以下簡単に確認しておこう。

2　価値論なき生産価格論

　生産価格の導出にさいして，スラッフィアンの代表的論客の一人スティードマン (I. Steedman) は以下のように理論を展開している。まず，n 個の商品を生産し，それぞれの生産方法がただひとつだけ知られているような単純な資本主義経済を想定する。また「その総産出が単位＝1になるようにそれぞれ各商品の単位を選び」[5]，この経済の基本的構造を示す諸データを次のように規定している。

　生産された生産手段の行列を A，さらに各産業での雇用水準を表す行ベクトルを a とする。また，a の諸成分の合計すなわち各産業に雇用されている労働者数を労働時間表示した行ベクトル $(a_1, a_2, \cdots, a_n)$ における成分の (Σa_i) を総雇用量（時間）として L で表す。そこで，利潤率を r，貨幣価格の行ベクトルを p^m，前払いされた貨幣賃金率を m で表すとすれば，生産価格は次のように示される[6]。

$$(1+r)(p^m A + ma) = p^m \tag{1}$$

　スティードマンは，ここから利潤率 r を物量体系によって規定するべく上記の(1)式を以下のように変形していく。

$$p^m[I-(1+r)A] = (1+r)ma$$

　さらに，

$$p^m = m(1+r)a[I-(1+r)A]^{-1} \tag{2}$$

　上の式において，生産価格 p^m，貨幣賃金率 m，利潤率 r は，価格体系のデータとして与えられている。そこでスティードマンは，この関係式のなかに含まれる生産価格 p^m，貨幣賃金率 m を物量体系の要素に置き換えるべく，労働者全体の獲得する「実物賃金バンドル (real wage bundle)」[7]を列ベクトル w で与えて，全体の労働者に対して支払われた貨幣賃金総額を以下の式で示す。

$$mL = p^m \cdot w \tag{3}$$

　これは，各産業に雇用された労働者全体に支払われた貨幣賃金総額（mL）

132　第2部　価値と価格の理論

が，労働者全体の得る実物賃金バンドル（＝生活必需品の集合：列ベクトル w）の各生活必需品にそれぞれの貨幣価格（行ベクトル p^m）を乗じたものに等しい，ということを示している。そこで，(2)式および(3)式から（前者の両辺に w を乗じ，さらに後者を踏まえて m を消去するなら）次の式が得られる。

$$L = (1+r)a[I-(1+r)A]^{-1} \qquad (4)$$

　この(4)式では，L，a，A および w は既知であり，r が唯一の未知数である。ここから，利潤率 r は，「生産の物的条件 (the physical conditions of production)」(Steedman [1977] p. 52) を表す A，a および L，さらには労働者の実物賃金 w（すなわち，いずれも物的なデータ）によって決定されるという結論が導き出される。つまり，ここでは物量体系によって利潤率 r が導き出されるということである。むろん，この場合には「価格 p^m も，所与の貨幣賃金率 m との関係のなかで，(2)式から同一の物的データによって決定される」[8]。

　以上に示したような，もっぱら物量データだけを用い，いわば客観的かつ非行動主義的な決定機構によって生産価格を求めるやり方は，物量体系のデータ（生産技術，実質賃金率など）を基礎に生産価格や均等利潤率を客観的に与えたスラッファ自身の理論もまた同様の特徴をもっているが，これは，古典派経済学の自然価格やマルクスの生産価格とはやはり別物である，と言わざるをえないであろう。

　要するに，「古典派―マルクスの場合，生産価格（自然価格）は再生産可能価格であると同時に，市場価格の変動の重心として，いわばある種の『引力（重力）過程』の存在を想定した『長期動態均衡』過程として市場が捉えられている」[9]。価格変動の重心として，したがって社会的再生産可能価格として生産価格を把握することの意義は，まさしくこうした市場過程分析のなかに見いだされなければならないのである。

　もっとも，基本的に体化労働説の立場にたち，生産価格を価値＝価格の転化形態として捉え説明しようとするマルクス学派のなかでも，生産価格そのものは労働価値や剰余価値とは無関係に成立しうることをいったん認めて，各部門において利潤率が等しくなるような生産価格モデルを提示している論者も存在する。その代表格として，置塩信雄，高須賀義博などをあげることができるで

あろう[10]。たとえば置塩モデルでは，生産価格は以下のように示される。

$$(a_{11}p + a_{12})(1 + r) = p$$
$$(a_{21}p + a_{22})(1 + r) = 1$$

ここで，a_{11} は生産財 1 単位の生産に要する生産財の量，a_{21} は消費財 1 単位の生産に要する生産財の量，a_{12} は生産財 1 単位の生産に要する労働者に与える消費財の量，a_{22} は消費財 1 単位の生産に要する労働者に与える消費財の量を示し，そして p が消費財で示された生産財の価格である[11]。

この方程式は，消費財と生産財とからなる 2 部門分割の再生産構造をもった経済モデルを前提したうえで，消費財部門の価格を 1（ニュメレール）とし，利潤率を均等とする単一基準価格として生産価格を提示したものである。こうして与えられた価格は，実際の市場競争のなかで成立する価格として捉える資本家の日常意識とも合致しており，また労働価値や剰余価値とは無関係に決定されている。

ただし，これはあくまでも「一見したところ」でしかないのである。それというのも，マルクス学派（＝体化労働説）の場合，こうした正の平均利潤率が成立するためには剰余生産物もしくは剰余価値の存在が必要であることを証明するというやり方で，この種の価格すなわち「資本の競争が当事者の意思に関わりなくもたらす価格が，価値法則によって支配されていること」[12]を主張することになるからである。

抽象的労働説の立場からは，このような形で生産価格が論定しうることを認めるのは当然としても，ここから上述のような価値法則の支配を主張する必要はないし，この点をもって価値不要論を主張するスラッフィアンの生産価格論との違いを際立たせる必要もない。ただし，マルクス学派の生産価格論として，ここで強調されるべきは次の点であろう。

マルクス学派における生産価格は，スラッフィアンと同様に投入係数を用いた方程式体系として提示されることはあっても，そうして示された価格はなによりもまず現実の市場における諸資本の競争をとおして成立するものとして理解されなければならない，ということである。そして，そのかぎりにおいては，この成立過程は固有の市場過程分析を前提に提示されるわけで，この点におい

134 第2部 価値と価格の理論

てこそ上述したスラッファおよびスラッフィアンの生産価格論（要するに，物量データだけで，いわば客観的かつ非行動主義的な決定機構によって生産価格を論ずる）との一線が画されなければならない，ということなのである。

そこで，以下においては，この市場過程分析という見地から，マルクス学派に固有の生産価格論について（その系論も含めて），さらに掘り下げていくことにしよう。

IV　価格変動の重心としての生産価格

さて，生産価格を再生産可能価格として設定するとき，これはまた市場における価格変動の重心として措定されなければならなかった。しかしながら，そのさい留意すべきは，このような生産価格が市場での価格変動の重心になるという論理構成は，まず総供給（産出量水準）を与えられたものとし，そのうえで資本の運動をとおして現実の価格が生産価格に収斂していくという論理的な形式をとるということである。

もちろん，現実の市場過程においては，そのような生産価格が市場で実際に成立する状態にはなく，つねに各産業部門間の需給不一致は起こっているし，景気循環的局面での需給不一致（好況期は全体として需要超過，不況期は需要不足の状態）も発生している。しかも各部門の内部では生産性の変化などの供給条件の変化や，あるいは嗜好の変化や所得水準の変化などの需要構造の変更がつねに起こっているから，生産価格が価格変動の重心といっても，じつはその重心それ自体も不断の変化にさらされ続けている，と言わなければならない。

いずれにしても，平均利潤率や生産価格の成立機構（すなわち最大利潤を求めての資本の部門間移動）は，本章の第VIIIセクションで論ずるような現実の長期動態過程で展開されていることは確かなことである。そして，こうした長期動態過程の論理的期間としては，景気循環の1周期（ほぼ10年）を想定することができるであろう。ただし，そのさい注意すべきは，平均利潤率や生産価格の成立を措定する論理形式は理論的にはあくまでも静態過程であり，こうした動態過程をそのまま前提することはできない，ということである。

要するに，生産価格が形成される市場過程を論定するためには産出量水準を

所与とし、そのうえで総供給と総需要との一致を前提に論理を展開することが必要とされるのである[13]。そして、そうした理論的枠組みこそが長期・平均分析の特徴にほかならなかった。こうしなければ、じつは市場価格の生産価格へ収斂という論理自体が成り立たないということでもある。

　生産価格は、このような仮定のもとで理論構築されることで、社会的再生産可能価格として措定されると同時に、いわば価格変動の重心としても措定されることになる。だが、すでに述べたように、ここで前提されている生産価格は、体化労働説のように価値論レヴェルの議論をへることなく、はじめから価格論レヴェルにとどまって理論展開することが可能なのである。

　抽象的労働説の場合、商品はこの生産価格のもとで貨幣に転化すると同時に、当該商品を生産した私的労働が社会的労働に転化する（すなわち使用価値を生産した具体的労働が価値を生産した抽象的労働に転化する）、そして、そのことによってはじめて商品は価値として実現される。このような意味での労働価値論が適用されるのである。

V　剰余価値再分配と市場過程

　すでに述べたように、再生産可能価格であり価格変動の重心としての生産価格は、総供給と総需要との一致を前提して論定されなければならなかった。

　そこでまず問題とすべきは、ここで言う総供給と総需要との一致の意味である。これは端的に言えば、いわゆる売れ残りが発生しない状態ということであり、問題にされた期間の社会的総労働によって生産された価値がすべて実現されるということである。換言すれば、前々章で論じた「在庫品」が発生しない状態である。

　もちろん、このような経済全体における総供給と総需要との一致を前提しても産業部門間の需給不一致は存在しうるのであって、その場合にはまた、各産業部門に与えられた生産価格がそのまま実現されることはない。与えられた供給に対して需要が大きすぎる場合には生産価格よりも大きな市場価格で、逆に与えられた供給に対して需要が小さい場合には、生産価格よりも小さな市場価格で実現されるのである。

136　第2部　価値と価格の理論

　しかしながら，このような各部門における需給の不一致は，それが一時的であれば景気循環過程のなかで調整されていくことになる。ここにおいても，かつて宇野弘蔵が言った，ある種の「経済原則」が貫徹するからである。

　こうして，市場経済（資本主義経済）においては，経済全体の総供給と総需要とを一致させていく傾向法則と，各部門における供給と需要とを一致させていく傾向法則とが作用している。生産価格成立の理論的基盤は，この2つの傾向法則の存在なのである。

　そこで，このような生産価格が成立している場合，この生産価格を構成する平均利潤のなかには，他部門で生産された剰余価値部分が移転され（プラスされ）ている場合もあるし，逆にそれが他部門に移転されることによってマイナスされている場合もある。生産価格を構成する平均利潤そのもののなかに，このような産業全体で生産され部門間で再配分された剰余価値部分が含まれているわけである。では，この生産価格が成立した時点で各部門に発生したプラスとマイナスの剰余価値（つまり，それぞれの部門に再分配された剰余価値）部分は，どのように把握できるのか？

　じつは，これは本書の第2章で措定した，抽象的労働説における価値の尺度基準（$Lm = NDP^*/CL^*$）を用いることで可能になる。この内容についてはすでに詳述してあるので，ここでもまた価値の尺度基準としては NDP^*/CL^* ではなく，第2章と同じように Y/L という簡略化された式を用いていくことにしよう。

　この尺度基準は，純生産物の総計（Y）を社会的総労働時間（L）で除したものであり，社会的労働1単位あたりの価値生産性（フォーリーの言う「価値の貨幣的表現」）を意味している。そこで，これを各産業部門の年間総労働時間に乗ずるならば，抽象的労働説における価値の尺度基準で評価・換算された，各部門の1年間に産出された価値生産物の総額（＝尺度基準で換算された産業部門別の総価値生産物）が与えられる。

　こうして計算され評価された各産業部門の価値生産物の総計すなわち国民所得（Y'_n）とそれぞれの部門で実際に実現された国民所得（Y_n）との差額が，生産価格が成立した時点で各部門に発生したプラスとマイナスの剰余価値（＝各部門に再分配された剰余価値）にほかならない。

第5章　抽象的労働説と再生産可能価格　137

　この場合，評価・換算された産業部門別国民所得（Y'_n）と実際の産業部門別国民所得（Y_n）とを比べて後者が大きければ，当該部門の労働は社会的により高く評価されている（いわば「強められた労働」）ということになる。したがって，ここにおいてはプラスの再分配剰余価値が発生するのである。逆の場合には，当該部門の労働は社会的にはより低く評価された労働であり，ここにおいてはその剰余価値が他部門に移転・再分配され，マイナスの再分配剰余価値が発生するわけである。

補遺　このような部門間の再分配剰余価値の存在は，以下のようにも把握可能である。まず，ある産業部門（n部門）における労働1単位あたりの価値生産性を計算する。これは，問題とする期間中に当該の部門で実現された価値の合計（Y_n）を所定の期間中の当該部門の総労働時間（L_n）で除すことで与えられる。
　　この値（Y_n/L_n）は，産業部門ごとに異なっており，全産業部門で与えられる社会的労働1単位あたりの価値生産性（Y/L）よりも低い場合もあれば高い場合もある。つまり，①（Y/L）＞（Y_n/L_n）のケースと②（Y/L）＜（Y_n/L_n）のケースである。
　　①の場合，当該のn部門における労働1単位あたりの生産する価値（Y_n/L_n：価値生産性）は，社会的労働1単位あたりの生産する価値（Y/L）よりも小さいために，社会的にはより低く評価された労働だということになる。そのため，ここにおいては当該部門で生産された剰余価値が他部門に移転されており，マイナスの再分配剰余価値が発生しているのである。
　　他方，②の場合には，当該のn部門の労働1単位あたりの価値生産性（Y_n/L_n）は社会的労働の価値生産性（Y/L）よりも大きいところから，より高く評価された労働（＝強められた労働）だということになる。したがって，ここにおいてはプラスの再分配剰余価値が発生するのである。

　このような他部門からの所得再分配を源泉とする再分配剰余価値は，生産価格が成立する場合には平均利潤法則を媒介にして与えられる。また，ここにおいて発生する再分配剰余価値の源泉は，経済全体で生産され部門間で再配分された価値生産物（＝純生産物）であり，正確に言えばこの価値生産物を生産した労働（$CL \rightarrow AL$）である。
　したがって，このような再分配剰余価値は産業部門全体としてはプラス・マイナス・ゼロになる。そして，このような生産価格が成立しているかぎり，あ

138　第2部　価値と価格の理論

らゆる部門における供給と需要は（生産価格で）一致する。と同時に，経済全体の総供給と総需要も一致する[14]。それが，ここにおける理論的フレームワーク，すなわち長期・静態の論理的帰結なのである。

　ところで，全体としての総供給と総需要とが一致し，また各部門の供給と需要とが一致して生産価格が成立している場合でも，各産業部門の内部では，それぞれの供給者の生産力格差からプラス，マイナスの特別利潤が発生し，この意味での剰余価値の再分配が行われていることに注意しなければならない。そこで，次にこの部門内部の剰余価値再分配メカニズムを確認していくこととしよう。

VI　部門内の剰余価値再分配メカニズム

　この部門内部の剰余価値再分配メカニズムに関して，ひとまず簡単にその内容を言えば，次のようなものである。自由競争市場が前提される場合，各部門の市場価格は一物一価法則によって当該部門の社会的価値として決定されている。そのさい，この社会的価値と部門内部の各生産者の供給条件を反映した個別的価値との差額は，当該部門の各生産者のあいだにプラス・マイナスの特別利潤を発生させ，剰余価値の再分配をもたらす。このプラス・マイナスの特別利潤の源泉は，この部門内部で生産された剰余価値部分であり，したがって，この再配分剰余価値もまた部門全体としてはプラス・マイナス・ゼロである。

　そこで，このことを確認するために社会的平均的な資本構成をもつ産業部門をひとつのモデルとして取り上げ，この部門における剰余価値の再分配メカニズムを見てみよう。

　まず確認すべきは，ここにおいては生産価格の成立が前提されているところから，各産業部門に成立している社会的価値（＝市場価値）はいわゆる市場生産価格であり，これは当該部門の代表企業[15]における個別的生産価格に等しいということ。さらに言えば，ここで前提されている社会的平均的な資本構成をもつ産業部門においては，他部門から再分配された剰余価値は存在せず，この部門の剰余価値がそのまま当該部門の利潤として実現されている。しかも，この部門の代表企業の場合，その個別的価値としての個別的生産価格は社会的価

第5章　抽象的労働説と再生産可能価格　139

値としての市場生産価格と等しく，したがって両者の差額として発生する特別利潤（剰余価値の部門内移転分）はゼロである[16]。

そこでいま，こうした点を確認するために，ここでモデルとされた社会的平均的な資本構成をもつ産業部門（供給構造）について具体的な数値例を使って示すこととしよう。表5-1を参照されたい。

表5-1　特別利潤と部門供給構造

生産者	個別的生産価格 （C ＋ V ＋ P ）	個別的価値	資本構成 （C/V）	特別利潤
A企業	95C＋ 5V＋20P	120	19.00	プラス24⊿P
B企業	98C＋12V＋22P	132	8.17	プラス12⊿P
C企業	96C＋24V＋24P	144	4.00	±0
D企業	94C＋36V＋26P	156	2.61	マイナス12⊿P
E企業	97C＋43V＋28P	168	2.26	マイナス24⊿P
供給構造	投下資本の総額と構成：480C＋120V， 平均構成：96C＋24V（平均資本構成：4.00） 利潤の総額（ΣP）：120，平均利潤率：20%			

　この部門の代表企業はC企業である。それは当該部門において中位の生産条件をもつ生産者であり，その部門の平均的で典型的な企業である。したがって，C企業の資本の有機的構成（C/V）は，その産業部門の資本の有機的構成の平均値に等しい。と同時に，この部門そのものが社会的平均的な資本構成をもつ産業部門であるところから，この部門の代表企業における資本の有機的構成は産業全体のそれの平均値にも等しい。そして，この企業の提供する商品の個別的価値はこの部門の生産価格に等しく，ここで実現されている利潤率は全産業部門の平均利潤率すなわち20%である（表5-1の供給構造を参照）。

　このC企業よりも労働生産性の高い生産者が同一部門内のA企業，B企業であり，それぞれ資本の有機的構成はC企業よりも高くなっている。それよりも労働生産性が低く，資本の有機的構成も低い生産者がD企業，E企業である。

　また，各企業が提供する商品の個別的価値（＝個別的生産価格）は，それぞれの企業の費用価格（C＋V）に平均利潤（P＝個別費用価格×平均利潤率20%）

140 第2部 価値と価格の理論

を加えたものによって与えられる[17]が，ここでは生産性の最も高い A 企業の個別的価値が最小であり，生産性の最も低い E 企業の個別的価値が最大となっている。この E 企業は，いわばこの部門の限界供給者である。

そこで，この部門の社会的価値が，代表企業である C 企業の個別的価値（＝個別的生産価格）に等しく，さらにはここで一物一価法則が作用するとすれば，当該部門のすべての企業がこの社会的価値（＝市場生産価格）での商品の販売を強制されることになる。

したがって，A 企業はその個別的価値は120だが，市場ではそれが144として通用するところから，プラス24単位の特別利潤（ΔP）を獲得することができる。他方で，最劣等の生産条件を持つ E 企業はその獲得できるはずの利潤（＝平均利潤）からマイナス24単位の特別利潤分を差し引かれている。この企業がいまだ限界企業の地位にとどまっていられるのは，まだ差し引き4単位（28P－24P）分の利潤が残されているためである。また，ここにおいては，部門全体のプラス・マイナスの特別利潤はゼロになっており，ここから，こうした特別利潤の発生は，市場メカニズムに媒介された剰余価値再分配メカニズムによって支えられている，ということが確認できるであろう[18]。このような剰余価値再分配メカニズムが働くのは，市場において商品が貨幣に転化され，したがってまた商品が価値として実現される，まさにそうしたモメントにおいてなのである。

さて，以上の議論をとおして結論できることは，価格変動の重心としての生産価格（＝再生産可能価格）の成立を前提したとき，部門間と部門内部それぞれにおいて剰余価値の再分配メカニズムが機能している，ということである。さらには，こうした剰余価値再分配メカニズムは，市場において商品が貨幣に転化され，それによって当該商品を生産した私的労働が社会的労働として認められる（したがってまた商品が価値として実現される），まさにそのときに市場メカニズムとして作用している，ということであった。

なお，次の課題に移る前に以下のことを確認しておきたい。ここにおいて展開してきた価格論もしくは市場論が前提しているのは，部門内部にさまざまなレヴェルで生産条件の異なった劣位企業，中位企業（代表企業），優位企業が混在する市場である。そしてじつは，こうした市場構造の把握こそがマルクス

経済学におけるミクロ分析の大きな特徴であり理論的メリットだということである[19]。要するに，ここで前提されているような，いわば重層構造的な競争的市場こそ，マルクス経済学に独特の市場過程分析に不可欠の構成契機になっているということである。

VII　投下労働価値モデル

ところで，このような生産価格が成立する条件下での，社会的平均的な資本構成をもつ産業部門という特殊な理論的空間においては，抽象的労働説における価値の尺度基準（$Lm = NDP^*/CL^*$）を用いて，ある種の投下労働価値論を適用することが可能になっている。以下のとおりである。

まず，この産業部門における年間総労働時間を把握し，これに件の価値の尺度基準を乗じるならば，この部門で1年間に生産された価値総額が与えられる。そこで，同じ年にこの部門の労働者に対して支払われた賃金総額（ΣV）を当該の価値総額から控除し，残りの部分を剰余価値（ΣM）とすれば，この部門で1年間に産出された価値生産物の構成（$\Sigma[V+M]$）が明らかになり，ここからこの部門の剰余価値率（M/V）を導き出すことができる。さらに，これに当該の価値生産物（$=\Sigma[V+M]$）を生み出すために投入された生産手段の価値（ΣC）を加えるならば，この部門の1年間の総生産物価値もしくは総産出額（$=\Sigma[C+V+M]$）が示される。

同じようにして，当該部門の各個別企業において1年間に産出された価値生産物（$V+M$）や生産物価値（$C+V+M$）も評価（計算）することが可能である。さらには，ある商品nの単位価値（$C_n + V_n + M_n$）に関しても，当該商品の1年間の生産物価値の総額（$=\Sigma[C_n + V_n + M_n]$）をその生産数量で除すことによって割り出すことも可能である。

ただし，こうして与えられた投下労働価値は，見てのとおり，あくまでも抽象的労働説の理論的フレームワークの内部において適用可能になっていることに注意しなければならない。したがって，ここで適用されているのは投下労働価値論ではあっても体化労働説ではない，ということである。また，次のことにも注意しておきたい。以上説明してきたような前提のもとでのみ，市場にお

142 第2部　価値と価格の理論

いて成立する価格（この場合には市場生産価格）と抽象的労働説における尺度
基準で換算・評価された価格とが一致する，という点である。つまり，このよ
うな前提のもとでのみ，他から移転・再分配される剰余価値の存在がいっさい
否定されるからである。

　そこで以下，この抽象的労働説における価値の尺度基準（$Lm = NDP^*/CL^*$）を用いて，投下労働価値レヴェルで理論モデルを構築してみよう。表
5-2を参照されたい。

表 5-2　特別剰余価値と部門供給構造

生産者	生産物価値 （ C ＋ V ＋ M ）	個別的価値	資本構成 （C/V）	特別剰余価値
A企業	95C＋ 5V＋ 4M	104	19.0	プラス40ΔM
B企業	98C＋12V＋11M	121	8.17	プラス23ΔM
C企業	96C＋24V＋24M	144	4.00	±0
D企業	94C＋36V＋37M	167	2.61	マイナス23ΔM
E企業	97C＋43V＋44M	184	2.26	マイナス40ΔM
供給構造	投下資本の総額と構成：480C＋120V， 平均構成：96C＋24V（平均資本構成：4.00） 剰余価値の総額（ΣM）：120			

　表5-2は，さきに見た表5-1で示したのと同じ供給構造をもつ部門において，
A企業からE企業までの生産者の個別的生産価格（C＋V＋P）を個別的価値
（C＋V＋M）として示したものである。ここにおいてもまた代表企業はC企業
である。そして，この社会的平均的な資本構成をもつ産業部門の代表企業の場
合には，他企業からの移転・再分配される特別剰余価値はプラス・マイナス・
ゼロであるとことから，生産された価値生産物（V＋M）と市場で販売・実現
され評価された価値生産物（V＋P）とは等しい値をとる（M＝P）。したがって，
当該企業の供給する商品1単位あたりを生産するために充用された労働時間に
抽象的労働説における尺度基準（＝「社会的労働1単位あたりの貨幣評価（Y/L）」）を乗じて算出された価値生産物（24V＋24M）の大きさは，実際に市場で
評価された価値生産物（24V＋24P）と等しくなるのである。

　また，さきの生産価格レヴェルの理論モデル（表5-1）に示されている利潤

の総額（ΣP）は120単位であったが，この投下労働価値モデルでの剰余価値の総額（ΣM）も120単位である。これは，このモデルとして取り上げている部門（供給構造）が，社会的平均的な資本構成をもつ産業部門であることから，部門間での剰余価値の移転・再分配が行われないことを示すものである。

　もちろん，ここで想定しているような社会的平均的な資本構成をもつ産業部門を前提しなければ，こうはならない。これを前提しない場合には，生産価格が成立する条件下においても，この抽象的労働説における尺度基準を乗じて算出された価値生産物（V＋M）の大きさと実際に市場で評価された価値生産物（V＋P）とが等しくはならない。というだけではなく，この尺度基準で評価・換算された当該部門の1年間に産出された価値生産物の総額（＝尺度基準で換算された産業部門別NDP）とこの部門で実際に実現されたNDPとも等しくならず，そこにプラスもしくはマイナスの差額が発生するのである。そして，この差額分が他部門から（または他部門へ）移転され再分配された剰余価値を表しているということについては，すでに確認済みであった。

　ただし，抽象的労働説の場合，このような剰余価値再分配論を適用するさいには，十分な注意を払っておく必要があった。それというのも，抽象的労働説の基本命題によれば，市場で評価された労働はそのまま価値を生産した労働として認められるからである。そうである以上，そのような労働が生産した価値のなかに移転・再分配された価値部分がはいり込んでいるということ自体が理論的におかしいということになる。では，この問題はどう考えるべきか？

　まず確認すべきは，このような移転され再分配された剰余価値が現れたのは，それぞれの商品を生産した諸労働に共通の尺度基準（＝社会的労働1単位あたりの価値すなわち抽象的労働説における価値の尺度基準：$Lm = NDP^*/CL^*$）を乗じて各労働の社会的に評価・換算された価値額を算出し，これと各労働が実際に市場で実現された価値額と比較したことからであった。この比較によって，プラスとマイナスの剰余価値がその差額分として導き出されたのである。それなしには，この差額分が表面に現れることはない。したがって，このような理論的操作をしないかぎり，商品生産労働は，それぞれの市場で与えられた貨幣量（＝価格）で実現され，それらは当該の商品生産労働が生産した価値として社会的に認められる，ということになる。すなわち，抽象的労働説の基本

144 第2部 価値と価格の理論

命題がそのまま適用されるべきなのである。

では，なにゆえにこのような抽象的労働説にとっては特殊な剰余価値再分配論をここで措定する必要があったのか？

じつは，ここで前提されている投下労働価値モデルにおいて，生産価格が全生産部門において成立する場合——あるいはまた個別生産部門内で一物一価法則のような市場メカニズムが作用する場合——部門間および部門内部それぞれにおいて，このような剰余価値の再分配が行われることは自明であり，それはまた資本の運動をとおして遂行され実現されている，ということである。この点を踏まえるなら，抽象的労働説の基本命題は，そのことも含めて市場で評価された労働を価値「生産」労働として認めている，ということになる。

それゆえにまた，その基本命題にしたがうかぎりにおいては，そこに含まれている剰余価値の再分配メカニズム（したがって，それをもたらした諸資本の運動そのもの）が，この基本命題の表面に出てくることはない，ということである。とはいえ，理論的に必要とされる場合には，ここで示したような生産価格や市場生産価格といった特殊な価格形成にともなう資本の運動を抽象的労働説の立場から顕在化させ，これらを理論的に組み込むことは可能であり，ここでは，まさしくそうした理論的操作を施しているということなのである。

最後に，ここでの結論のひとつを提示しておこう。以上のような生産価格が成立する条件下での，社会的平均的な資本構成をもつ産業部門という特殊な理論的空間においては，ある種の投下労働価値論を適用することが可能であった。そして，ここにおいては，当該産業部門における年間総労働時間に抽象的労働説における価値の尺度基準を乗じることで，この部門で1年間に生産された価値総額（ $=\Sigma\,(V+M)$ ）が与えられ，それはまた市場で販売され実現された価値生産物（ $=\Sigma\,(V+P)$ ）と等しい値をとった。ここで重要な点は，じつはこれと同じことが（ただし，生産価格が成立しているか否かに関わりなく）適用可能な領域がいまひとつ存在する，ということである。

国内の全産業部門である。つまり全産業部門において用いられた年間総労働時間に件の抽象的労働説における価値の尺度基準（ $Lm=NDP^*/CL^*$ ）を乗じるならば，この国で1年間に生産された価値総額が与えられ，そしてこの値は市場で実現された価値総額すなわち国内純生産（NDP）に等しい。つまり，

$\Sigma(V+M)=\Sigma(V+P)$。要するに，これは第2章および第3章において提示した抽象的労働説における価値の量的決定そのものである。したがって，そのかぎりにおいて（言い換えるならば，マクロレヴェルにおいては）は抽象的労働説もまたひとつの投下労働価値論なのだ，ということがわかるであろう。

VIII　期間的な需給不一致

　さて，確立された資本主義経済システムのもとでは，経済そのものが自律的な再生産運動を展開している。言葉を換えるなら，これは市場をとおして社会的総生産と総消費とを不断に結びつけるプロセス（＝社会的再生産過程）が，景気変動もしくは景気循環となって自律的に展開されるようになる，ということである。

　たしかに，新古典派ミクロ理論的には，この生産と消費（もしくは供給と需要）とが価格メカニズムなどの市場法則を媒介にして一致（＝均衡）させられると言っても間違いではないだろう。しかし現実的には，両者の一致はきわめてダイナミックな市場の運動を引き起こしながら長期平均的に実現されていくのであり，そのダイナミックな運動が実際の景気変動もしくは景気循環となって現れるのである。そして，こうした市場の現実こそが，マルクス経済学に固有の市場過程分析が前提するものなのである。

　資本主義経済においては，このような景気循環過程をとおして，長期平均的に総供給と総需要とが不断に結びつけられていく。これは，資本主義経済における，いわゆる「経済原則」の貫徹の仕方であると言ってもよいであろう。ただし，ここでいう「経済原則」的な総供給と総需要の一致とは，国民所得論で言うところの，国内純生産（NDP）と国内純支出（NDE）とが事前的にも事後的にも一致しているということではない。

　この場合には，すでに確認済みではあるが，生産過程から流通過程のあいだにとどまり，市場で実現されないままになっている生産物が「在庫投資」という形で国内純支出（消費＋投資）のなかに計算されているところから，つねに需給一致（国内純生産＝国内純支出）となる。これを国民所得論的な総供給＝総需要一致とすれば，マルクス経済学に固有の市場過程分析が前提している総

146　第2部　価値と価格の理論

供給＝総需要一致とは，そのような供給（＝国内純生産）と需要（＝国内純支出）との一致ではない。ここで前提されるべきは，いわば総価格（あるいは総産出：Σ〔C＋V＋P〕）レヴェルでの需給一致である[20]。

　もちろん，このような総価格（総産出：Σ〔C＋V＋P〕）レヴェルでの総供給と総需要との不一致がある場合にも，国民所得論的な意味ではつねに供給（＝国内純生産）と需要（＝国内純支出）とは一致している。だが，こうした需給不一致が仮に経済の不況・停滞局面で起こっているとすれば，国民所得論的にもこれはいわゆる「需給ギャップ」（需要不足）が存在する状況であるとされる。そして，これが続くことになれば次の段階ではこれが国民所得水準もしくは産出量水準の低下（経済成長率の低下やマイナス成長への転落）へとつながるのである。

　さらに言えば，この総価格（総産出：Σ〔C＋V＋P〕）レヴェルでの総供給と総需要とを一致させていく傾向法則は，ほぼ10年の周期をもつ景気循環過程のなかに見いだすことができる。もっとも，この主張は，ここにおいても先述した「経済原則」の存在と作用を認めるということである。そして，こうした論理を踏まえ生産価格論や恐慌・景気循環論を論じた，わが国の代表的論客が高須賀義博であった。

　本書においてもまた，この理論的な立場を踏襲していきたいと考えている。要するに，それは以下においてこの景気循環の1サイクルの期間（約10年）を理論的フレームワークとして総供給と総需要の一致・不一致の問題を論じていくということである。

　では，このような景気循環の1サイクルをベースにして，総価格（総産出：Σ〔C＋V＋P〕）レヴェルでの総供給と総需要との一致もしくは不一致を論定するさい，価値の尺度基準としては何を用いるのか？　言うまでもない。すでに提示した抽象的労働説における価値の尺度基準である。それはこうであった。

社会的労働1単位あたりの生産する価値
＝国内純生産額（NDP）÷社会的総労働時間
（正確には，$Lm = NDP^*/CL^*$）

　それを，ここではさらに次のような応用レヴェルで適用する。まずは10年

第5章　抽象的労働説と再生産可能価格　147

間の国内純生産 (NDP) の合計額と，同じ10年間の社会的総労働時間の合計と
を計算する。そのうえで，この10年間の国内純生産 (NDP) の合計額を同じ
10年間の社会的総労働時間の合計で除すことによって，10年平均の社会的労
働1単位あたりの貨幣評価 (すなわち価値の貨幣的表現) を算出する。

　次に，こうして算定された10年平均の社会的労働1単位あたりの貨幣評価を
当該年の社会的総労働時間に乗じて，その値 (＝尺度基準で換算された NDP)
と当該年の実現された NDP とを比較してみる。ここから何が見えてくるだろ
うか？

　このように計算され評価された NDP と比較してみて，当該年の実現された
NDP が大きければ，この年の NDP のなかには総供給に対して総需要が大き
かったところから発生したプラスの超過利潤が組み込まれている，ということ
がわかる。逆に，件の尺度基準で換算された NDP と比較して，当該年の実現
された NDP が小さければ，この年の NDP のなかには総供給に対して総需要
が小さかったことから発生したマイナスの超過利潤が存在しているのである。

　このような超過利潤が発生するのは，期間 (あるいは1年) ごとに総価格 (総
産出：$\Sigma〔C+V+P〕$) レヴェルでの総需要と総供給との不一致が存在するから
である。したがって，この意味での総供給に対して総需要が大きければ，当該
年の実現された NDP は，さきの尺度基準によって評価された NDP よりも大
きくなってプラスの超過利潤が発生するし，逆に総価格 (総産出：$\Sigma〔C+V+$
$P〕$) レヴェルでの総供給に対して総需要が小さければ，当該年の実現された
NDP は評価された NDP よりも小さくなってマイナスの超過利潤が発生する
ことになるのである。

　ただし注意すべきは，この場合のプラス・マイナスの超過利潤は単に評価値
(観念値) でしかなく，前項で検討してきた部門間の需給不一致から発生する
再分配剰余価値のように実体値としては扱えないということである。さらに言
えば，さきに見た部門間に発生する再分配剰余価値と部門内部の特別剰余価値
の理論的フレームワークは長期・静態であったが，ここで問題にしている期間
的な超過利潤の論理的な枠組みは長期・動態過程であって，この意味でも両者
は区別されなければならないのである。

　いずれにせよ，ここにおいては，以上のような形で年々発生するプラス・マ

148　第2部　価値と価格の理論

イナスの超過利潤の存在を論定することができる。つまり，それは，景気循環の上昇期に総需要の拡大テンポが総供給の拡大テンポを上回るような状況下で発生するプラスの超過利潤であり，あるいはまた逆に景気の後退期に総需要の縮小テンポが総供給の縮小テンポを上回るような状況下で発生するマイナスの超過利潤である。

　こうした年々の需給ギャップから発生するプラス・マイナスの超過利潤は，いわば期間的超過利潤とも言うべきものであるが，ここで前提されているのは，短期的にはこうした総供給と総需要との不一致があっても長期的・平均的には両者が一致していくということであり，そこにはまた長期（ここでは，ほぼ10年にわたる景気循環の1周期）における所得再分配メカニズム（価値再分配メカニズム）が作用しているということである。

IX　結論

　以上，本章においては，抽象的労働説の立場から再生産可能価格としての生産価格の理論的なフレームワークを論じるなかで，それが部門間および部門内部における独自の剰余価値再分配メカニズムに支えられているということを明らかにしてきた。部門間の剰余価値再分配については，本章の第IVセクションで生産価格の形成に関連してこれを論じ，また部門内部の剰余価値再分配については，第VIセクションで特別利潤の形成に関連してこれを論じてきた。さらに，第VIIIセクションでは，景気循環過程で見られる期間的な（年々の）需給不一致にともなって発生する期間的超過利潤に関連して，そこに長期的な所得再分配メカニズムが作用していることも明らかにしてきた。

　そうしたなかで，この生産価格論の理論的前提となっている総供給＝総需要一致について，これをほぼ10年の周期をもつ景気循環過程のなかで貫徹するひとつの傾向法則として取り扱ってきたわけだが，じつは，そうした論理展開のなかから残された課題が浮上してきていることに注意すべきである。これは課題というよりも，むしろここにおける独自の（すなわちマルクス経済学に固有の）市場過程分析によってもたらされた新しい理論的地平というべきかもしれない。それは，以下の問題である。

第5章　抽象的労働説と再生産可能価格　149

　景気循環過程では，年ごとに総需要と総供給とは乖離している。需要不足
（供給過剰）の年には商品が売れ残り，あるいは安売りされたりすることで企
業利潤が縮小し，逆に供給不足（需要過剰）の年には商品が高く売れることで
意外の利潤（＝超過利潤）が発生することになる。前者の場合には，要するに
ある種の価値破壊が行われ，後者の場合には逆にいわば価値の創造が行われる
ことになるわけである。それでは，この創造された価値は一体どこからきたの
か？
　結論から言っておこう。じつは，こうした価値の創造が，過去の蓄積された
価値（＝蓄蔵貨幣）が流通にはいり込むことで商品の価値を過大に実現し，こ
れらが新たな価値として社会的承認を受けることで可能になるのである。これ
も抽象的労働説のもつ重要な含意であり理論的可能性のひとつなのであるが，
この問題については次章で詳しく論ずることにしたい。

　注

1）　本書第1章の補遺で紹介した，Lipietz［1982］，Foley［1982b］，Moseley［2000］ら
　　に代表される抽象的労働説の論客たちも，いわゆる転形問題における総計一致命題に
　　ついては総剰余価値＝総利潤，総価値生産物＝総収入という総計一致関係は成り立つ
　　が，総価値＝総生産価格は成立しないという立場をとる。

2）　ここには，本文中に示したような独自の経済観が存在している。そうした観点から
　　労働価値論を捉えるならば，それは市場メカニズム（価格メカニズム）を媒介とした
　　人間労働の社会的編成（配分）のあり方を明らかにするための理論だということにな
　　る。したがって，それは単なる相対価値の説明原理にはとどまらない，ということで
　　ある。これに対して，価値論をもっぱら相対価値の説明原理もしくは決定論として理
　　解する塩沢由典は，マルクス経済学における価値（すなわち労働価値）論を「神秘的
　　といわないまでも」「思弁的・形而上学的」と評している（塩沢・有賀裕二［2014］121
　　頁）。これは，古典派経済学（A. スミス）やマルクス経済学の労働価値論の基礎にあ
　　る独自的な経済観を無視するところから出てきた一方的批判と言うべきであろう。な
　　お，次の注3）で言及するスラッフィアンは，労働価値論は不要であり生産価格論だ
　　けで十分であるとする立場にたち，この点では塩沢理論と共通している。あえて言え
　　ば，これはリカードウ－スラッファ系譜の古典派経済学理解に共通の理論的立場と見
　　ることも可能であろう。

3）　そうしたスラッフィアンの代表的論客としてSteedman［1977］をあげることがで
　　きる。彼の価値論の内容に関しては，飯田［2001］の第2章第4節「4. スラッフィアン
　　の価値不要論」（100-105頁）を参照されたい。またスラッファ自身の生産価格論につ

150 第2部 価値と価格の理論

いては, 同章第4節「2. スラッファ・モデル」(91-100頁) を参照。

4） このスラッフィアンの生産価格論の一般的特徴については, 飯田 [2001] 100-103頁参照。

5） Steedman [1977] p. 50.

6） このスティードマンの生産価格モデルの特徴は, スラッファのものとは違って, 可変資本要素（ma：貨幣賃金ベクトル）が利潤率の形成に参加していることである。

7） Steedman [1977] p. 51.

8） Steedman [1977] p. 51.

9） 飯田 [2001] 106-107頁。

10） さしあたり, 置塩信雄 [1977] 33-34頁, 高須賀義博 [1979] 179-182頁を参照。

11） 置塩信雄 [1977] 33頁参照。

12） 置塩信雄 [1977] 36頁。

13） この意味では, これは新古典派のミクロ理論と同じ論理構造（＝サプライサイドの論理）をもっていると言いえよう。ただし本文中に示したように, その背景にある市場観の違いには十分な注意が必要である。

14） 以上のような意味での総供給と総需要との一致が前提されているとき, 他部門からの所得再分配分を源泉とする再分配剰余価値は, 独占価格が設定されたケースでも発生するであろう。このような剰余価値再分配論を用いて独占利潤の源泉を説明するのはマルクス学派の通説的な立場と同様であるが, その基礎におかれる労働価値論は体化労働説ではなく抽象的労働説であることはきわめて重要な違いである。この問題は, 次章で取り上げる。

15） ここで社会的平均的な資本構成をもつ企業を「代表企業」と呼ぶのは, 平瀬巳之吉 [1979] における使用法に倣っている。これは「平均資本構成及び平均利潤を体現する」ところの企業を意味する（同書, 154頁参照）。

16） さらに言えば, この社会的平均的な資本構成（＝中位の構成）をもつ部門における代表企業の価値（個別的価値＝社会的価値）と生産価格とは等しく, 生産された剰余価値と実現された利潤とも等しい。このような社会的平均的な資本（産業部門）のもつ諸特徴については, 生産価格論の研究領域ではある種のコモンセンスに近いが, このことはマルクス自身も認識していた事柄である。いまこれをその原典に遡って確認しておこう。彼はこう論じている。「中位またはほぼ中位の構成をもつ資本にとっては, 生産価格は価値と, また利潤はその資本が生産した剰余価値と, まったく一致するかまたはほぼ一致する」。そして, ここで言う「中位の構成をもつ資本は社会的平均資本と同じかまたはほぼ同じ」である（Marx [1964a] S. 183. 邦訳219頁）。

17） ここで, 商品の個別的価値（＝個別的生産価格）の決定にさいして用いられた平均利潤であるが, 飯田 [2006] では, これを「社会的・平均的に獲得することが期待できる利潤」つまり「ある種の期待利潤」として措定している（同書, 126-127頁参照）。むろん, この個別的価値どおりに実現されるかどうかは市場によって決定されることである。

第5章　抽象的労働説と再生産可能価格　151

18) ここでいう「特別利潤」は,『資本論』第1巻第10章において価値論レヴェルで社会的価値と個別的価値との差額として規定された「特別剰余価値」と事実上同じものである。同様のものはまた『資本論』第3巻第10章において価格論レヴェルで「超過利潤」として論じられているが,ここではこれを超過利潤ではなく特別利潤と呼んでいる。理由は,超過利潤そのものは社会的価値としての市場生産価格と個別的価値としての個別的生産価格との差額以外のものからも発生しうるからである。

19) 新古典派ミクロ経済学における価格理論においては,このような重層構造的な競争的市場はほとんど想定されることはない。だが,その例外として,したがってまた新古典派経済学のメインストリームからは無視された理論として,アルフレッド・マーシャル (Marshall [1890]) の市場理論が存在している。このマーシャルの場合も,市場にはさまざまなレヴェルで生産条件の異なった劣等企業群,優等企業群が混在し,そこから動態的過程が紡ぎ出される構造をもつ。なお,この点に関しては第8章においても論及する。

20) ここで,総価格 (あるいは総産出:$\Sigma[C+V+P]$) レヴェルの総供給と総需要について,2部門分割の再生産表式を基礎に説明すれば,次のようになろう。総供給 (あるいは総産出:$\Sigma[C+V+P]$) は,生産財部門,消費財部門からの供給によって構成されるが,これに対して総需要は生産財部門,消費財部門の両部門それぞれに以下のような形で現れる。生産財部門のへの需要は,①労働手段部門に対する生産財・消費財両部門からの更新投資および純投資のための需要,②原材料部門に対する生産財・消費財両部門からの補填投資および純投資のための需要からなる。他方,消費財部門への需要は,①生産財・消費財両部門で雇用された労働者に対して支払われた賃金 (拡大再生産のために雇用された追加的労働力に対して支払われた賃金を含む) を原資とする生活手段需要,②生産財・消費財両部門における剰余価値から分配された所得 (役員報酬,配当金,支払利息など) を原資とする生活手段需要から構成される。

第6章　独占価格について

I　問題の所在

　マルクス学派の場合，価格論は労働価値論を基礎に展開されることが一般的である。それは再生産可能価格論であると同時に剰余価値論としても展開されるが，これは利潤の源泉を労働によって産出された価値生産物（＝純生産物）のなかに明らかにしようとするためである。

　独占価格論においても事情は同じである。この価格論が独占利潤の源泉を問題にする以上，その理論的基礎には必ず労働価値論が据えられる。こうした独占価格論の通説的な地位におかれているのが剰余価値再分配論[1]である。これは，独占利潤の源泉のすべてを当該の独占部門以外の部門（主に非独占部門）で産出された価値もしくは剰余価値に求め，その移転・再分配ぶんとして独占的超過利潤の源泉を説明する理論である。さらに言えば，この剰余価値再分配論は，いくつかある労働価値論の類型のなかでも最も一般的な体化労働説を基礎に展開されている。

　これに対して，本書がここで展開する独占価格論は，独占利潤の源泉のすべてを剰余価値再分配論で説明することもなければ，体化労働説を基礎に据えることもない。ここで依拠する労働価値論は抽象的労働説である。これは，体化労働説が抽象的人間的労働を価値の実体として労働・生産過程で自存するものとして捉えるのに対して，市場すなわち流通過程において商品が貨幣に転化することによって商品生産労働が抽象的労働として実現される，と認識する。言い換えるなら，抽象的労働説は商品の貨幣への転化（W—G）によって商品生産労働が社会化・抽象化され，それがまた価値を生産する抽象的労働として実現されるという論理をとるのである。

　それでは，なにゆえに労働価値論の通説とも言うべき体化労働説は，ここでの独占価格論に適用されないのか？　それは，ここで取り上げようとする独占

154 第2部 価値と価格の理論

価格，したがってまたそこに含まれる独占利潤の源泉が体化労働説では説明でき
ない，と考えるためである。では，そのような独占価格とは何か？ それは，
マルクスが「資本一般」の世界から除外し，「競争論」の課題として保留した
「本来的独占価格」にほかならない。彼は，この本来的独占価格について次の
ように述べている。

　「この独占価格は，商品の生産価格によって規定されるのでも価値によって
　規定されるのでもなく，買い手の欲望と支払能力とによって規定されている
　のであって，その考察は，市場価格の現実の運動を研究する競争論に属する
　ものである。」[2]

　「われわれが独占価格と言うのは，一般に次のような価格のことである。す
　なわち，生産物の一般的生産価格によって規定される価格にも生産物の価値
　によって規定される価格にもかかわりなく，ただ買い手の購買欲と支払能力
　だけによって規定されている価格のことである。」[3]

　この本来的独占価格について最も明確な解釈を打ち出し，これを自らの独占
価格論の対象に設定したのは平瀬巳之吉であった。平瀬は，この本来的独占価
格について，こう論じている。

　「これは，個別的にも総体的にも究局，価値とも生産価格とも一致しないで
　永きにわたって価値や生産価格を超過し，価値や生産価格を運動の一般限界
　とすることもなければ平均利潤の形成にも参加せず，それゆえ賃金や他の利
　潤への食い込みという国民所得もしくは剰余価値のたんなる再分配からでな
　くその超過利潤が成立する価格である。価値＝価格一致が破れたところで成
　立する独占価格」[4]である，と。

　要するに，この本来的独占価格は，価値＝価格一致の論理を基礎づける体化
労働説やそれにもとづく剰余価値再分配論では説明できない，ということであ
る。筆者もまた，この考え方に賛成する。むしろ，抽象的労働説の立場からは，
そう考えることで現実の独占価格や独占利潤は説明可能になる。

　そこで，まずもってここで取り上げられるべき問題は，この本来的独占価格
（以下，独占価格と表記。本章における独占価格はすべてこの意味で用いる）と抽象的労働
説の関係である。

　先述したように，抽象的労働説は，市場での商品の貨幣への転化によって，

商品生産労働が抽象化され，価値を生産する抽象的労働として実現される，という論理であった。したがって，この抽象的労働説では，市場で実現された労働はすべて価値を生み出した労働として認められる。つまり，市場で評価されるかぎり，あらゆる商品生産労働は価値形成労働であり本源的所得の源泉になる。それゆえにまた，ここで社会的総労働は，それが市場で実現されたかぎりにおいて，新しく生み出された価値（＝純生産物）の合計，すなわち国内純生産（NDP）を産出した労働としても捉えられることになるのである。

　もちろん，独占価格もまたそこに含まれる独占利潤も，基本的にはこれと同じ理論によって説明される。つまり，当該商品が市場で貨幣によって実現されるかぎり，それを生産した労働は価値形成労働であり本源的所得の源泉になるということであり，この意味では独占価格も通常の競争的価格と変わりない。では，この独占価格と通常の競争的価格との違いはどこにあるのか？

　通常の競争的価格は，景気循環過程に付随する市場の需要と供給の変化に応じて不断に変動を繰り返すのに対して，独占価格の場合は，そうした周期的変動を超えて価格を維持できるというところにある。

　また通常の競争的価格の場合，好況期にはその供給に対して需要が上回ることから価格が上昇し，その結果として意外の利潤（＝超過利潤）を獲得できるが，不況になると逆に，その減退する需要に対して供給過多となって価格が下落し，好況期に獲得した超過利潤を相殺するような形で意外の損失（マイナスの超過利潤）が発生する。したがって，この場合，景気循環の1サイクルをとおしてみれば，この種の超過利潤はプラス分とマイナス分が相殺されてしまうと考えることができる。これに対して，独占価格の場合は，こうした周期的変動を超えて価格を維持できるところから，景気循環の1サイクルをとおして見ても，その独占的超過利潤が同じように維持可能なのである。

　それでは，こうした景気循環の周期的変動を超えて維持される独占的高利潤の源泉は何なのか？　これを抽象的労働説にもとづいて解明していくことが本章の課題である。

156　第2部　価値と価格の理論

II　景気循環過程における期間的超過利潤の発生

　さて，景気循環過程では総需要と総供給との乖離がつねに見られるが，需要不足（供給過剰）のときには商品の安売りや売れ残りを原因として企業利潤が縮小し，逆に供給不足（需要過剰）ときには商品の価格上昇によって超過利潤が発生する。

　こうして景気循環の諸局面に応じて発生するプラスとマイナスの超過利潤を期間的超過利潤と呼ぶとすれば，この期間的超過利潤がマイナスの局面ではある種の「価値破壊」が行われ，それがプラスの局面においては逆に「価値の創造」が行われると見ることができるであろう。そこで，抽象的労働説にとってまず問題とすべきは，この「創造された価値」が何を原因としているのかということである。

　じつは，こうした価値の創造は，原理論的には過去の蓄積された価値（＝蓄蔵貨幣）が流通にはいり込むことで商品の価値を生きた労働が新たに生産した価値よりも過大に実現し，これらが市場で新たな価値として社会的承認を受けることで可能になるのである。では，どのようなメカニズムをとおして過去の蓄積された価値が流通過程に投入され，またどのようにして期間的超過利潤を含む商品の価値が実現される（すなわち価値の創造が行われる）のか？

　すでに述べたように，問題の期間的超過利潤は景気循環の各局面において総供給と総需要とが乖離するところから発生する。そして，こうした総需要と総供給の不一致は，仮に総供給を与えられたものとすれば，総需要（＝消費需要＋投資需要）の変動によってもたらされる。いまここで消費需要についてはその供給と等しいと仮定すれば，経済全体の総需要と総供給の不一致は，もっぱら生産手段に対する需要（投資需要：補填投資＋純投資）と供給の違いによって与えられることになるであろう。

　ここからは事柄をより単純に示すために，上に示した前提にもとづいて景気循環の各局面における総供給と総需要との変動を検討していこう。

　このような前提のもとでは，経済全体の総需要と総供給の不一致は，いわゆる償却基金，蓄積基金といった投資準備金等への組み入れと，それら基金の取

第6章 独占価格について　157

り崩しによって行われる実際の投資（更新投資および純投資）との比較におい
て，そのどちらが大きいかによって規定されている。したがって，ここで経済
全体の総供給よりも総需要が上回るのは，上述した償却基金や蓄積基金などの
取り崩し（＝現物補填）額がそれら諸基金への組み入れ（＝貨幣補填）額よりも
大きくなる場合である。

　むろん実際には，このような過去に蓄積された価値の流通過程への動員は信
用を媒介にして行われる。それは，基本的には〈預金―払出〉および〈貸付―
返済〉という，いわゆる還流の法則と中央銀行の金融政策とによって規定され
ているが，ここにおいては，事柄をさらに単純化するために，投資については
〈預金―払出〉という環流の法則だけを前提し，信用創造をともなう〈貸付―返
済〉や中央銀行の金融政策については捨象することにしたい。

　そこで，この基金取り崩し（投資）額が基金組み入れ（貯蓄）額よりも大きい
場合には，経済全体として総需要が総供給を超過する状態となって在庫の縮小
から生産の拡大が始まり，やがて産出量水準の増加傾向を生み出していく。こ
れはいわゆる好況期の特徴であり，ここにおいては経済全体でプラスの超過利
潤が発生し増加していくことになる。

　しかしながら，また実際の景気循環にあっては，このような景気の拡大は長
期にわたって永続することはない。一定期間後には，諸資源のボトルネックや
投機的取引の崩壊などによってピークアウト局面を迎えることになるのである。

　景気が後退局面（そのドラスティックな現象が恐慌）に転換するきっかけや
障害はさまざまなものがあるが，仮にこれらの障害をすべてクリアしたとして
も，資本主義経済には乗り越えられない一線がある。それは，産業予備軍の枯
渇から生まれる賃金上昇と利潤率低下すなわち資本過剰である。恐慌とそれに
引き続く不況過程は，基本的にはこの過剰資本の整理・解消のプロセスとして
捉えられるのである。

　さて，景気が反転して不況過程にはいると，そこでは基金組み入れ（＝貨幣
補填）額がその取り崩し（＝現物補填）額よりも大きくなる。この場合，経済
全体として相対的に供給過剰の状態となり，在庫の増大からやがて生産調整が
始まって全体の産出量水準は縮小傾向となる。これは不況期の特徴だが，この
ような商品の売れ残りが発生し在庫が増大していく局面では，さきほどの好況

過程とは逆のメカニズムが働いて経済全体でマイナスの超過利潤が発生するのである。

　いずれにしても，このような不況過程では，経済全体としてマイナスの超過利潤が発生し，他方，好況過程ではプラスの超過利潤が発生しているわけで，このことによって景気循環全体として期間的超過利潤はプラス・マイナス・ゼロになると考えることができる。ただし，これは不況過程で発生したマイナス分を好況過程のプラス分で穴埋めするというよりも，好況過程で発生したプラスの超過利潤分を恐慌・不況過程で発生するマイナスの超過利潤分で帳消しにされるという形でのゼロサム・ゲームだということである。以下，この点についてもう少し詳しく論じておこう。

　景気が底離れし，前回の景気循環におけるピーク時の産出量水準に追いつくまでを景気回復期とし，それを超えて産出量水準が増大し，やがてピークアウトの時期にいたるまでを拡張期とすれば，好況過程は景気回復と拡張期との2期に分かれる。

　このうち，景気回復期は，前回の循環でつくりだされた経済の潜在的成長力が実現されていくプロセスである。と同時に，前循環の不況過程で発生したマイナスの期間的超過利潤をプラスの期間的超過利潤で取り戻していく過程でもある。他方で，景気の拡張期は新しい潜在的成長力をつくりだしていくプロセスともなる。とりわけ，この間の資本設備の増強によって，前回の景気循環を上回る潜在的成長力が培われるのである。

　ただし，このプロセスも永続しない。やがて，この好況過程は，景気の過熱をへて恐慌・不況過程に転換するが，そこで発生するマイナスの期間的超過利潤は景気拡張の過程で増大し続けたプラスの超過利潤を相殺していくことになるのである。また，言うまでもなく，この恐慌・不況過程で発生するマイナスの超過利潤は，景気拡張期に発生したプラスの超過利潤を帳消しにするだけではなく，その部分を超えてマイナスを増加させていく可能性もある。そして，このさらなる期間的超過利潤のマイナス分が，次の景気循環の好況過程の回復期におけるプラスの超過利潤で穴埋めされることになるのである。

　すでに論じたように，基金取り崩し（投資）額が基金組み入れ額（貯蓄）よりも大きい場合には経済全体として総需要が総供給を超過する状態となり，プラ

スの超過利潤が発生する。もちろん，このような超過利潤部分は，先行する総需要の増大に追随する形での産出量水準の増加によって実体化されていくかぎり，いわゆるインフレ的な超過利潤ではなく，実体的な価値（＝純生産物）の裏づけをもつ超過利潤となる。要するに，潜在的成長力の範囲内であれば，需要はそれ自らの供給をつくりだしていくことが可能だということである。

　逆に，不況過程ではマイナスの超過利潤が発生するが，ここにおいては先行する総需要の減退に引き続く産出量水準の減少によってそのマイナス分が実体化される。つまり，そこで発生したマイナスの超過利潤は各企業の損失となって，それぞれ蓄積基金の取り崩し等によって実体的な価値として穴埋めせざるをえないのである。あるいは，この不況過程で企業や銀行倒産等による価値破壊が発生すれば，好況過程でプラスの超過利潤という形で実現された実体的な価値は現実的に破壊され消滅していくのである。

　こうして1循環をならせば，景気循環の好況過程と不況過程で発生したプラスとマイナスの超過利潤は相殺されると見ることができるが，注意すべきは，これはあくまでも景気循環のなかで周期的な変動を繰り返す通常の競争的価格を想定した場合に限られるということである。言い換えるなら，通常の競争的価格の場合，インフレーションやデフレーションといった貨幣の尺度基準の変更による価格変動を捨象したうえで，その供給構造や需要構造に変化がない（生産性不変，嗜好や所得水準の変化さらには海外部門を捨象）とすれば，景気循環過程のなかでの，ある一定期間の価格上昇は他の期間の価格下落によって相殺され，こうした価格変動から発生するプラス・マイナスの期間的な超過利潤は（ある種のゼロサム・ゲームとして）無視することができる，ということなのである。

　これに対して，独占価格はそうはならない。それがいったん独占価格として設定されるなら，それは景気循環による周期的変動を超えて維持され，その独占的超過利潤もこの景気循環を超えて持続させられることになるからである。そこで問題は，このような景気循環の周期的変動を超える，独占価格からもたらされる独占的超過利潤の源泉はなんであるのか？

　結論を先取りして言えば，問題の独占的超過利潤の源泉は，過去の蓄積された価値である。それが流通にはいり込むことで当該商品の価値を過大に実現し，

160 第2部 価値と価格の理論

これらが新たな価値として社会的承認を受けることによって独占的超過利潤が実現されるのである。言い換えるなら，この独占的超過利潤は，過去の蓄積された価値（その提供者）からの収奪によって成り立っている，ということである。では，独占資本は，どのようにして過去の蓄積された価値を流通過程に導き，これを収奪することによってその独占的超過利潤を実現していくのか？この問題についてはセクションを改めて論ずることにしよう。

III　景気循環の周期的変動を超えて持続する独占価格

独占には，基本的に買い手独占（＝需要独占）と売り手独占（＝供給独占）とがあり，そこからまた独占価格は買い手独占によって指令された価格と，売り手独占によって指令され設定された価格との2種類が存在する。このうち買い手独占は〈企業対企業〉との関係であり，売り手独占の場合には，その関係だけではなく〈企業対消費者〉の関係が含まれている。ここでは，まず前者から検討してみよう。

1　買い手独占

買い手独占は，買い手側の独占資本と，それにより指令された独占価格での販売を強制される売り手側の非独占資本との関係であるが，いま売り手側の非独占部門の供給構造が以下のようになっていたとする。

生産者	個別的価値	生産物価値 （ C ＋ V ＋ M ）	資本構成 （C/V）
A 企業	105	95C＋ 3V＋ 7M	31.67
B 企業	113	98C＋ 7V＋ 8M	14.00
C 企業	134	93C＋20V＋21M	4.65
D 企業	146	91C＋25V＋30M	3.64
E 企業	150	90C＋29V＋31M	3.10

ここで，この生産部門モデルの供給構造の内容から説明しよう。ここにおいては，まず各企業の個別的価値生産物（V＋M）が捉えられ確定される。それは，各企業において商品1単位あたりの生産に実際にかかった労働時間に社会

第 6 章　独占価格について　　161

的労働 1 単位あたりの貨幣評価を乗ずることによって算出される[5]。こうして
計算されたものは，単なる各企業の個別的な価値生産物ではなく，貨幣をとお
して社会的に評価された価値生産物である。

　次に，こうして与えられた各企業の個別的な価値生産物から，既知である各
企業における商品 1 単位あたりの賃金（V）を差し引き，残りを剰余価値M部
分として価値生産物の構成（V＋M）を確定する。そのうえで，これも既知で
ある各企業の商品の不変資本（C）部分を組み込んで，各企業の商品の個別的
価値とその構成（C＋V＋M＝生産物価値）を表示したものが前記の表である。
したがって，この生産部門モデルでは，当然のことながら各生産者の供給量の
ウエイトが考慮されていないことは注意を要する。

　そこで，このような供給構造をもつ市場において，そこに社会的価値（＝市
場価値）が与えられるなら，それと個別的価値との差額であるプラスとマイナ
スの特別剰余価値が発生することになる。たとえば，ここで社会的価値が仮に
135なら，A企業はその個別的価値105が市場では135で通用するのでプラス
30の特別剰余価値を獲得できるということである。

　もっとも，この論理は剰余価値再分配論である。つまり，A企業の獲得す
るプラス30の特別剰余価値は同一部門の他企業の生み出した剰余価値の移転・
再分配分なのである。抽象的労働説にたつ場合，すでに前章で指摘しておいた
ように，このような剰余価値再分配論を援用することには注意を要する。

　いまここで，このような移転され再分配された剰余価値が現れたのは，それ
ぞれの商品を生産した諸労働に抽象的労働説固有の尺度基準（＝社会的労働 1
単位あたりの貨幣評価）を乗じて社会的に評価・換算され価値（＝個別的価値）
を算出し，これを各労働が実際に市場で実現された価値（＝社会的価値）と比
較したことからであった。ここで剰余価値再分配論が適用可能になったのは，
まさにそこに理由がある。

　では，なにゆえにここでこのような特殊な剰余価値再分配論を措定したの
か？　この点についても，すでに前章で説明済みである。要するに，個別生産
部門内で市場メカニズムが作用する場合，このような剰余価値の再分配が行わ
れることになるが，それはまた資本の運動を介して遂行され実現されている。
ここでは，そうした価格形成にともなう資本の運動を抽象的労働説の立場から

162 第2部 価値と価格の理論

理論的に組み込むために，このような論理的操作を施しているということであった。

さらに言えば，ここにおいて剰余価値再分配論を措定した理由は，じつはもうひとつある。ここで問題にしているのは独占的超過利潤の源泉である。そこで抽象的労働説の立場から解明されるべきは，この源泉が生産された剰余価値総額（したがってまた，そこから再分配された剰余価値）だけでは足りず，それ以上の価値（すなわち過去の蓄積された価値）が動員されることでこの不足分が充たされる，ということであった。そのために，ひとまず再分配された剰余価値額を提示し，そのうえで，この再分配された剰余価値額を超える独占的超過利潤の源泉は何かという問題を提起することで，ここでの課題に応えようというわけである。

さらに，次のことも付言しておきたい。ここでは，問題の対象になる部門の供給構造は現実的，客観的に与えられたものを使用することができる，ということである。つまり，ここにおいては，各生産者の商品1単位あたりの生産に要した労働時間——要するに，抽象的労働説における尺度基準を乗ずることで社会的に評価・換算された個別的価値を算定した各商品生産者の労働時間——は，現実的・客観的に与えられたものを使用することができる，ということである。そのうえで，ここにおいて設定している問題は，そこに買い手独占が可能な状況が存在し独占価格が指令された場合，ここに発生する独占的超過利潤の源泉は何か，ということである。このように市場で現実的・客観的に与えられた供給構造をそのまま前提して議論が可能であるという点では，次に取り上げる売り手独占の場合もまた同様である。

さて，そこで買い手の独占者は，すでに提示したような売り手の供給構造を前提しながら独占価格（＝買い取り価格）を指令する。そのさいまず言えることは，買い手の独占者にとって最も有利な価格は，当該部門の最優秀の生産条件をもち，最も低い個別的価値で供給可能なA企業の生産物価値105だということである。

ただし，この価格では，次に生産性の高いB企業がマイナス8の特別剰余価値（105－113＝－8）を余儀なくされ，これによってB企業が自ら産出した剰余価値8Mをも失って，利潤ゼロの状態に陥ることになる。となれば，B企業

以下のすべての企業が文字どおり赤字経営を余儀なくされ，この市場から撤退せざるをえなくなる。これでは，買い手独占も，必要な需要量を充たすことは不可能である。そのため，独占者は自らの需要量と当該部門の供給構造を勘案しながら，その買い取り価格を決めなければならないのである。

この場合，独占者にとって最も合理的で有利な買い取り価格は119もしくは120であろう。独占者が，このような買い取り価格（＝独占価格）を指令した段階で，この価格は当該部門で供給される商品の社会的価値として通用することになり，この社会的価値と個別的価値との差額である特別剰余価値が発生する[6]。そして，こうして発生した特別剰余価値のなかに独占者が収奪すべき超過利潤の源泉が存在するのである。

そこで，いま仮に価格が119に設定された場合を仮定すると，この部門の限界供給者E企業は，自らの剰余価値31Mに相当する価値部分（150－119＝31）が市場メカニズムをとおして他者に移転・再分配され利潤ゼロの状態に陥る。ただし，その買い取り価格が120に設定された場合には，かろうじて1Mだけがe企業の利潤（31M－〔150－120〕＝1M）として残されることになる。そこで，この独占者は当該部門の限界供給者の費用価格（90C＋29V＝119）よりも1ポイント高い120に買い取り価格を設定したと想定しよう。

生産者	個別的価値	生産物価値	特別剰余価値
A 企業	105	95C＋ 3V＋ 7M	＋15ΔM
B 企業	113	98C＋ 7V＋ 8M	＋ 7ΔM
	120	指令された独占価格（買い取り価格）	± 0
C 企業	134	93C＋20V＋21M	－14ΔM
D 企業	146	91C＋25V＋30M	－26ΔM
E 企業	150	90C＋29V＋31M	－30ΔM

この買い取り価格のもとでは，A企業はその個別的価値105と販売価格（＝社会的価値）120との差額＋15の特別剰余価値（ΔM），B企業は＋7の特別剰余価値を獲得し，C企業は－14，D企業は－26，E企業は－30のマイナスの特別剰余価値を余儀なくされる。この場合，この部門全体のマイナスの特別剰余価値の総額は70であり，このうち22は同じ部門内部のA企業とB企業のプラスの特別剰余価値として配分され，残りの部分（－48ΔM）は独占者（買い手）

164　第2部　価値と価格の理論

がこの部門（供給者）から収奪した価値分となるのである。

2　売り手独占

　次に，売り手独占をみていこう。売り手側の独占部門の供給構造が以下のような構成になっていたとする。ここで，当該生産部門モデルの供給構造の成り立ちと各生産者の個別的価値の構成は，さきほど説明した買い手独占の場合とまったく同じ論理によって説明可能である。

生産者	個別的価値	生産物価値	資本構成
A 企業	106	95C ＋ 5V ＋ 6M	19.00
B 企業	123	98C ＋ 12V ＋ 13M	8.17
C 企業	146	96C ＋ 25V ＋ 25M	4.00
D 企業	165	94C ＋ 36V ＋ 35M	2.61
E 企業	180	97C ＋ 43V ＋ 40M	2.26

　そこでいま，このような供給構造をもつ生産部門において，いわゆるプライスリーダーによって価格が指令され，他の企業はこうして設定された独占価格に追従するものとしよう。ここでプライスリーダーとなる企業は，その生産条件が最も優れ供給量のウエイトも高い企業であるが，ただし上記の生産部門モデルにおいては，さきほどの買い手独占の場合と同様に各企業の供給量の大きさ（ウエイト）が明示されず，個別的価値の違いだけが示されているにすぎない。むろん，常識的には生産性の高い企業の供給量のウエイトは高く生産性の低い企業のウエイトは低い。いずれにしても，ここで言いうることは，プライスリーダーは当該部門の需要量と供給量とを勘案しつつ，他部門からの参入者を阻止しうるような価格を設定しなければならない，ということである。

　いまこの部門のプライスリーダーが170という価格を指令し，これを当該部門の販売価格として設定したと仮定しよう。この価格は，当該部門の限界供給者であるE企業の費用価格（C＋V）よりも30ポイント上回る価格である（170－〔97C＋43V〕＝30）。そこで，プライスリーダーがこのような販売価格（＝独占価格）を指令し，部門内の他の企業がこれに追従するかぎり，この価格は当該部門で供給される商品の社会的価値として通用し，この社会的価値と個別的価値との差額である特別剰余価値が発生することになる。

生産者	個別的価値	生産物価値	特別剰余価値
A 企業	106	95C + 5V + 6M	+64ΔM
B 企業	123	98C + 12V + 13M	+47ΔM
C 企業	146	96C + 25V + 25M	+24ΔM
D 企業	165	94C + 36V + 35M	+ 5ΔM
	170	指令された独占価格（販売価格）	± 0
E 企業	180	97C + 43V + 40M	−10ΔM

　この場合，当該部門で最も生産性の高い A 企業の個別価値106は，市場では170で通用するところから，+64の特別剰余価値（ΔM）を獲得できる。同じように B 企業は+47，C 企業は+24，D 企業は+5であり，限界供給者の E 企業にだけはマイナスの特別剰余価値（−10ΔM）が発生し，この部分は市場メカニズムをとおして同一部門内のより生産条件の優れた企業に分配されることになる。

　さて，ここにおいては上述した市場メカニズムをとおしてプラスとマイナスの特別剰余価値が発生するが，このうちプラスの特別剰余価値の総額は+140である。これに対してマイナスの特別剰余価値は−10である。では，この差額の価値部分（+130）はどこからきたのであろうか？ つまり，その源泉はなんなのか？

　当然，考えられることは，それが他部門で生産された価値・剰余価値の移転・再分配だということであろう。そこで，ここにおいてもまた，その論理を適用するとことにしたい。そうするのは，抽象的労働説にたちながら剰余価値再分配論を適用したさきほどと同じ理由である。つまり，ここでは，景気循環の周期的変動を超えて持続する独占価格からもたらされる独占的超過利潤の源泉だけを問題にするということである。

　その独占的超過利潤の源泉こそが，じつは過去に蓄積された価値なのである。要するに，過去に蓄積された価値が流通過程に動員されることで，この種の独占価格が実現され，そのことをとおしてまたそのなかに含まれた独占的超過利潤が実現されるということである。では，この過去に蓄積された価値はどのようにして流通過程に導かれたのか？

166 第2部 価値と価格の理論

3 過去の価値の流通過程への動員

　まず確認すべきは，この過去に蓄積された価値の本源的な存在形態は蓄蔵貨幣であり，それはまた償却基金，蓄積基金さらには各種の消費準備金等々の形態で存在しているということである。そして，これらはまた発達した信用制度のもとでは銀行等の金融機関に預けられ，預貯金の形態で流通過程の外部に蓄蔵されている。

　好況期においては，これらの過去に蓄積された価値が，投資や消費の拡大をとおして流通過程に大量に動員され，上昇を続ける諸物価を先導しつつ，そこで取引される諸商品の価値を実現していく。そして，このかぎりにおいては，問題の独占的超過利潤を含む独占価格も，通常の競争的価格も別に違いはないのである。つまり，好況過程においては，独占価格であれ通常の競争的価格であれ，そこにプラスの超過利潤を発生させるような総需要の増大は，いずれの場合も，その背後に過去に蓄積された価値の流通過程への大量動員が存在しているということである。

　ところが，すでに確認しているように，通常の競争的価格は恐慌やそれに続く不況のもとでは，減少する総需要に対応しての価格下落をまぬがれず，そこからまたマイナスの超過利潤を余儀なくされる，ということに注意しなければならない。その結果，この場合には1循環をならせば，件の期間的超過利潤はプラス・マイナス・ゼロになってしまうのである。

　これに対して，独占価格は，このような景気循環の周期的変動を超えて持続させられる傾向があり，むしろ逆に不況下でこそ独占資本はカルテルその他の手段によって独占価格を維持しようとする傾向が強い。独占的超過利潤が景気循環を超えて持続させられる理由は，この不況過程で独占価格が下方硬直性をもつところにある。そして，問題は，この不況過程で独占価格を維持するための過去に蓄積された価値の流通過程への動員がどのようになされるのか，ということである。

　そこで，買い手独占と売り手独占の2形態あるうち，まずは買い手独占のケースではどうであろうか？ 買い手独占の場合，不況下では買い手の需要が減退していくにもかかわらず，その買い取り価格（＝独占価格）はほとんど変化しない。あるいは，さらに引き下げられる可能性すらある。この場合，供給側

は非独占部門や非独占資本（中小，零細企業）であり，その減退した需要に応じた供給量，生産量では生産物1単位あたりのコストが上昇していくにもかかわらず，その販売価格は低いままに維持され続けるのである。

このような場合，これらの中小，零細企業は，その存続のためにも独占資本の指令した低価格での供給を続けることを余儀なくされる。そして，それによって生じた赤字分は，結局のところはこれまでに蓄積してきた自己資金で穴埋めしながら，その経営を存続していかなければならなくなるのである。こうした赤字補塡に用いられるのが，まずは好況時に積み立てられた蓄積基金であり，それでも足りない場合に取り崩されるのが減価償却基金等である。これらは，言うまでもなく過去に蓄積された価値そのものであった。

次に，売り手独占のケースを見てみよう。ここにおいては不況下にあっても高く設定された独占価格がそのまま維持され続ける。この商品の需要者が同じ独占資本である場合，自ら指令する独占価格にこれを上乗せし転嫁することが可能だが，中小，零細企業の場合にはそうはいかない。結局のところ，赤字補塡を余儀なくされて蓄積基金や償却基金を取り崩していかざるをえなくなるのである。

この売り手独占の需要者が消費者である場合も同様である。彼らの所得は不況下で減少を余儀なくされているのだが，それでも生活必需品に独占価格が設定されている場合には，他の消費を切り詰めてもこの購買を続けなければならない。ここで切り詰められた消費の対象となる商品が非独占部門によって供給されている場合，この部門はその影響を受けて需要の減退から赤字経営を余儀なくされる可能性もある。そうなれば，同じようにその赤字補塡のために過去に蓄積された価値を動員せざるをえないのである。

他方，消費者はその独占価格が設定された生活必需品を確保するために他の消費を切り詰めるが，それでもまだ不足する場合には，これまでに蓄えてきた消費準備金等を取り崩すことになる。この場合には，消費者自身が過去に蓄積された価値を流通に動員することで，直接的に独占価格を維持し，そこに含まれた独占的超過利潤を維持するということになるであろう。

以上，買い手独占と売り手独占のケースに分けて，不況下の独占価格を維持するために，どのようにして過去に蓄積された価値が流通過程に導かれ，この

独占価格に含まれた独占的超過利潤が実現されていくのかを見てきた。

もちろん，個々の経済主体（消費者や企業）にとっては，その過去において自ら蓄積してきた価値（蓄積基金，償却基金，消費準備金等々）には限りがあり，これらを取り崩しても間に合わないこともある。そのようなときには，銀行などの金融機関からの融資によって資金を調達することになるが，この融資資金の基礎にあるのは自分以外の他者によって形成された，いわば社会全体の「過去に蓄積された価値」なのである[7]。

このほかに，赤字を補填していくためには，証券などの金融資産やそれ以外の資産（不動産や貴金属等々）を売却して貨幣を調達することも当然のことながらありえよう。これらの資産が換金され，その貨幣が流通過程に動員されるかぎりでは，これもまた過去に蓄積された価値と見ることは可能であるが，それ自体は，むしろ「過去に蓄積された富」[8]として捉えられるべきであろう。

IV　過去に蓄積された価値の国家による動員

かくして，買い手独占においては供給者たる非独占部門からの収奪によって，売り手独占においては需要者たる非独占部門や消費者からの収奪によって，独占的超過利潤は維持されている。それはまた，過去に蓄積された価値や富を源泉として実現され，独占資本主義の発展とともに膨張し続けていくのである。

それというのも，独占資本主義の発展につれて独占部門したがってまた独占価格が設定される部門はその経済規模を拡大していく傾向をもち，逆に通常の競争的価格が展開される非独占部門はその経済的規模を相対的に縮小していく。かくして，独占資本主義の発展とともに，この拡大していく独占的超過利潤は，より拡大された規模での過去に蓄積された価値の流通過程への動員を不可避とするからである。

ただし，この独占価格，さらにはそこに含まれる独占的超過利潤を維持するために，過去に蓄積された価値を取り崩さざるをえないのは，非独占部門の企業（中小，零細企業）や消費者だが，彼らが流通過程に動員できる過去の価値にも一定の限界がある。しかも，独占資本主義が発展すればするほど，独占価格が設定される独占部門の経済的規模は拡大し続けることから，それら非独占

者によって過去に蓄積された価値の流通過程への動員だけでは間に合わなくなるような事態も当然に出てくることになる。

　では、こうした不足分は何によって穴埋めされるのか？　結論から言えば、これは財政出動による国家資金の供給に頼らざるをえないということである。そして、実際のところもまた独占資本主義のある段階（すなわち国家独占資本主義）からはそうなったのである。

　独占資本主義といえども景気変動はまぬがれえない。その場合、好況期には過去に蓄積された価値が大量に流通過程に動員され、一定期間中は総需要が総供給を上回り続けることから、ある種の価格維持政策をともなう景気対策は必要としないが、不況期にはそうはいかなくなる。そこで、この不況下で政府による景気対策（＝有効需要創出政策）が展開されたとすれば、それは結果的に件の独占価格（さらにはそこに含まれる独占的超過利潤）を下支えすることになるのである。

　もっとも、このような景気対策のための財政出動がいわゆる均衡予算のもとで行われるなら、それは単なる財政による所得もしくは価値の再配分機能として理解されるべきであろう。そのかぎりにおいて、この種の独占的超過利潤の源泉は、件の剰余価値再分配論の理論的枠内で処理できるはずである。

　しかし、それが国債の発行による赤字予算を組んで実施されるのなら、問題は別になる。この国債発行は、ここでの理論的脈絡にしたがって言えば、政府によって行われる過去に蓄積された価値の流通過程への動員の一形態として把握されなければならない。要するに、それは、政府が国債の発行をとおして過去に蓄積された価値を調達・動員し、これを財政支出の形で流通過程（市場）に投入しているということだからである。

　この場合、国債の買い手は、基本的には自らの経常的な所得のなかから国債購入代金を支払うわけではなく、預貯金等の金融資産を用いて（そのポートフォリオの一環として）国債を購入するはずである。そして、その購入資金が預貯金（＝蓄蔵貨幣）の取り崩しによって捻出されるなら、それはいわば間接的な形で民間の所持する過去に蓄積された価値を政府が流通過程に動員したということになる。また、国債がその購入者の別の資産を売却することによって得た資金で購入されたとすれば、それは過去に蓄積された価値ではなく富がその

170　第2部　価値と価格の理論

ために動員された，ということになるであろう。

　そのさい，国債の買い手は過去に蓄積された価値や富を国債という富の一形態に変換したわけだが，他方で国債の発行者である国家にとっては，そのことによって国民に対する借金を負ったということである。もちろん，この借金は，いずれ国民から徴収した税金によって国債所有者に返済（償還）されなければならない。だとすれば，このような国債の発行に依存した財政支出によって維持された独占価格，もしくはそこに含まれる独占的超過利潤とは，将来の国民が税金として支払われなければならない価値の収奪，その先取りによって成り立っているということになるのである。

　このような国債の発行に依存した財政支出，したがってまた財政赤字は，言うまでもなく不況期における景気対策の結果としてだけ生み出されるわけではない。それ以外の理由もさまざまに存在しているのである。しかしながら，このような独占価格もしくはそこに含まれる独占的超過利潤を維持するための政策が，独占資本主義のもとでの国家財政の悪化の原因の一部となりうること，これは，独占資本主義を分析するうえでのきわめて重要な論点のひとつなのである。

　と同時に，ここで留意すべきは国家財政による独占価格の下支え（言い換えるなら，不況時の価格維持政策）もまた持続可能性をもたない，ということである。国家財政の際限のない悪化にはどこかでブレーキがかからざるをえないし，そのブレーキがかかったさいの経済政策の発動の仕方如何では，独占価格もまた需要不足による価格低下圧力にさらされることになる。そして，これが近時の先進資本主義国の一部に見られるデフレ懸念の一因にもなりうる[9]，ということである。

　なお，この問題については，現代資本主義における金融政策のありよう（その意義と限界）も含めて分析する必要があり，別の機会に譲ることとしたい。

V　結論

　さて，労働価値論とは，端的に言えば市場メカニズムを媒介とした労働の社会的編成（配分）のあり方を明らかにするための理論であった。つまり，社会

的分業を構成する各産業部門への労働の配分は，具体的有用労働の社会的編成として行われるが，資本主義経済ではそれが市場を媒介にして，したがってまた商品価値と貨幣（＝価値の絶対的定在）さらには資本（＝自己増殖する価値）を媒介にして行われるのであり，労働価値論の意義は，要するに，この価値を媒介とした人間労働の配分メカニズムを解明するところにあった。

　ここまでの本書の展開によって明らかにしてきたことは，人間労働だけが商品価値を生み出すという基本原理を踏まえつつ，上記の課題が体化労働説に拠らなくとも，抽象的労働説によって十分に果たすことができるということである。

　抽象的労働説は，現実の景気変動のなかで見られる不断の市場価格の変動（＝商品の貨幣への転化）の過程をとおして，具体的有用労働の社会的編成（さらには，人間労働の抽象的労働としての社会的編成の実現）が遂行されることを解明している。同時に，そうした動態的な価格変動をとおして，生産価格のような再生産可能価格も，現代資本主義における支配的な価格である独占価格もまた支えられているのである。この点については，本書でその独自の市場過程分析をとおして確認してきたとおりであった。

　ここで重要な点は，そうした動態的な価格変動を見せる景気循環過程が，同時に価値破壊と価値創造の現場になっているということである。とりわけ，価値の創造について言えば，それは，過去の蓄積された価値（＝蓄蔵貨幣）が流通にはいり込むことで商品の価値を過大に実現し，これらが新たな価値として社会的承認を受けることで可能になる。つまり，抽象的労働説における市場での価値の創造とは，原理論的には過去に蓄積された価値の流通過程への動員によって実現される，ということである[10]。そして，これはまた抽象的労働説のもつ重要な理論的含意のひとつなのであった。

注

1) この剰余価値再分配論の古典的類型としてヴェ・セレブリヤコフ [1937] があげられる。わが国では，マルクス学派の独占価格論はほとんどこの類型に属するが，なかでも古典的な研究業績として取り扱われるべきものとして，松石勝彦 [1972]，本間要一郎 [1974] の2点をあげておきたい。

2) Marx [1964b] S. 772. 邦訳 981 頁。

3) Marx [1964b] S. 783. 邦訳 994 頁。

172 第2部 価値と価格の理論

4） 平瀬巳之吉 [1954] 400頁。

5） この社会的労働1単位あたりの貨幣評価は，すでに本書第3章で示したように，抽象的労働説における価値の尺度基準であり，国内純生産額（NDP）を社会的総労働時間で除すことによって与えられる。

6） このような社会的価値と個別的価値との差額として特別剰余価値が発生するためには，いわゆる一物一価法則の存在が前提となる。ただし，ここで言う「一物一価」とは，自由競争市場における価格法則という意味ではなく，単に同種同質の商品の市場に成立したひとつの価格（＝社会的価値）というほどの意味である。これならば，独占市場，寡占市場のもとでも成立しうる。前者の場合，供給者にとってこのひとつの価格は市場から与えられるのに対して，後者は，需要者もしくは供給者自身（ここではプライスリーダー）によって設定され指令されうる価格なのである。

7） どんなに過激で巨額な信用が展開されたとしても，経済全体の「過去に蓄積された価値」を超えるような規模にはなりえない。それほどにこの過去に蓄積された価値は大きいということであり，資本主義が発展すればするほどそれは巨額なものとなっていく。

8） 平瀬巳之吉 [1959] は，ここで論じた独占的超過利潤の源泉を「蓄積された過去の富」のなかに求めている。それは「過去において生産され，現在ではすでに流通界から姿を消し，諸個人の財産となっている富」である。平瀬独占価格論は，これらの過去の富が貨幣に代えられて流通に動員されることで独占的超過利潤が実現されるという論理をとるわけである（同書，286-304頁参照）。この平瀬理論は自らを「貨幣＝流通利潤論」と称するもので，景気循環過程で発生する期間的超過利潤をも守備範囲に収めた，抽象的労働説にもとづく独占利潤論とはその理論的枠組みは異なっている。しかしながら，独占的超過利潤の源泉を「過去に蓄積された価値」に求める筆者の発想そのものは，この平瀬独占理論からきわめて大きな示唆を受けていることは間違いのないところである。なお，近年この平瀬独占価格論と白杉独占価格論（白杉庄一郎 [1961] 参照）との比較をとおして，いわゆる「平瀬・白杉論争」の今日的意義を究明した研究業績として一井昭 [2009] がある。

9） このデフレの克服策として，中央銀行による極端な金融調節（＝非伝統的金融政策）をとおして金融市場に大量の貨幣が注入されたとしても，それが商品市場で現実の購買力として発動されることがないかぎり，本文中で示した「価値の創造」につながることもありえない。ここのところは，貨幣数量説論者が期待しているように，単純に貨幣を増やせば物価が上がる（つまりは商品の貨幣への転化が実現される）というわけにはいかない，ということである。念のため。

10） ここにきて言えることは，価値の存立を支えているのは，やはり究極のところ社会的諸関係（ヒトとヒトとの関係）だという厳然たる事実である。そもそも貨幣さらには資本がそのような存在なのである。のみならず，発達した資本主義経済において市場での価値の創造が過去に蓄積された価値の流通への動員によって実現されると言うとき，この過去の価値と現在の（創造された）価値を媒介しているのは，前者におい

ては信用制度，後者においては市場という，いずれも資本主義を支える独特の社会的諸関係（ヒトとヒトとの関係）なのである。要するに，この社会的諸関係が不断に維持・再生産され続けることによってはじめて，ここで言うところの価値の創造も，そうして生み出された価値の社会的承認も支えられているのだ，ということである。

第 3 部　資本の理論

第7章 資本概念と近代的企業システム

I 問題の所在

　本書の冒頭章において，資本は自己増殖する価値，もしくはその運動体として規定された。また，この冒頭章から前章までの展開においては，価値とはなんであるのかを抽象的労働説に依拠して論じてきた。ここで重要なことは，この抽象的労働説を説明原理とする価値概念は，なによりもまず資本の運動によって支えられているということであった。

　さらに言えば，資本は，これまでのところもっぱらモノのレヴェルでのみ把握されてきた。だが，そうした自己増殖する価値の運動体，すなわちモノとモノとの関係として現れる資本の運動の背後には人間が存在している。要するに，このようなモノのレヴェルで規定された資本概念といっても，それは単にヒトとヒトとの関係が捨象されているにすぎないということである。

　商品の一要因である価値も貨幣（＝価値の絶対的定在）も，そして資本（＝自己増殖する価値）もまた，基本的には資本主義経済を支える生産諸関係のひとつであり，突き詰めたところはヒトとヒトとの関係である。資本主義経済では，この人間の社会的関係が物象化されてモノとモノとの関係となって現れるのである。筆者自身は，すでに商品概念および貨幣概念に関するかぎり，これをひとつの生産関係として，究極するところヒトとヒトとの関係として捉え直す作業を完了している[1]。

　そこで，本書（これ以降の章）においては，残された資本概念（＝自己増殖する価値）について，これをひとつの生産関係として，ヒトとヒトとの関係として捉え直していく作業を行っていくことにしたい。要するに，ここからは，前章までモノのレヴェルで捉えられていた資本概念をヒトのレヴェルで捉え直し，このモノの運動の背後に隠されたヒトとヒトとの関係に光を当てていこう，ということである。

178　第3部　資本の理論

II　近代的企業システムとしての資本とその発展

　まずは，資本概念をモノのレヴェルから離れ，もっぱらヒトのレヴェルで捉えるならば，資本とは，剰余価値もしくは利潤の獲得を目的に組織された独自の機能集団，もしくはひとつの経済的組織体にほかならない。そして，この資本のひとつの完成形態が産業資本であり，これが最初に確立されたのは西ヨーロッパとりわけ19世紀初頭のイギリス資本主義においてであった。

1　歴史貫通的な存在としての企業

　むろん，この産業資本が確立される以前においても，資本そのものは商人資本や金貸資本といった前期的形態で存在していた。しかしながら，これらの資本はもっぱら流通過程を舞台に活動したのであり，生産過程をも資本主義的に遂行するものではなかった。産業資本の特徴は，その運動の内部に商品の生産過程（使用価値および価値の生産過程）を組み込んでいるところにあった。

　さらに言えば，これらの資本の前期的形態は，資本主義経済が確立される以前の伝統的な身分社会においても，さらに遡って古代社会においても存在していた。また，こうした前期的な資本は，いずれも経済的目的によって組織された独自の機能集団であり，ひとつの経済的組織体であるかぎりでは，ある種の「企業」として捉えることも可能なのである。

　とはいえ，それらの前期的な資本は，企業ではありえても近代的企業システムとしての資本ではなかった，という点に注意しなければならない。単なる企業という存在であれば，それは資本主義経済に限らない。伝統的身分社会のもとでの工業ギルドや，あるいは前期的資本形態としての商人資本もまた，人的組織としては独自の経済活動を行うひとつの社会的単位として，文字どおりの企業もしくは経済的組織体として存在していたからである。

　そして，この企業もしくは経済組織体内部の人的組織においては，基本的になんらかの形で協働（cooperation: 協業）2)システムが確立されていると同時に，そこにはまた独自の支配－従属関係をもった権力（権限）のヒエラルキー，いわばピラミッド型の権力ヒエラルキーが形成されていた。したがって，こう

したことは，あらゆる企業もしくは経済組織体に共通した，いわば歴史貫通的な特徴と言うべきなのである。

　例をあげて説明しよう。わが国には，その創設以来数百年にわたって存続する企業が多数存在し，その数においては世界一だと言われている。なかでも「現存する世界最古の会社」にして「最長寿企業」とされるのは，西暦578年創業の「金剛組」(建築会社，要するに宮大工の組織体) である[3]。むろん，こうした資本主義経済の確立 (すなわち近代) 以前に設立され現代もなお存続する企業は，日本以外の世界にも多数存在する。

　こうした歴史的な事例を踏まえて，経済史，企業史にも造詣の深かったシュンペーターは，こう論じている。「企業は……歴史上いつの時代にも，その時々の形をとって常に存在してきた。たしかに，規則的な交易の存在が，たとえ微々たる規模であったにせよ，先史時代についてだけは疑わしいとはどうしていえるのだろう。しかも，そうした交易は，その経済的本質においては常に同じ現象なのである」[4]と。

　もっとも，企業をそう理解してしまうことによって，近代に固有の資本制企業 (近代的企業システム) の意味が見失われてしまう，ということにも注意すべきであろう。では，ここでいう近代的企業システムとしての資本が，単なる「企業」とは区別されるべき存在となるためには，どのような条件が必要とされるのか？

2　近代的企業システムの成立条件

　結論から先に言えば，両者の違いは，この企業もしくは経済的組織体への人々の参加の仕方にある。資本制企業の場合，そこへの参加は必ず市場をとおすということが基本である。したがって，それが可能であるための一定の歴史的条件として，人間の労働力が商品化され，そこに労働市場が存在していなければならない，ということがある。

　労働力 (もしくは労働能力) とは，人間の精神的・肉体的能力の総体であり，それを発揮することが労働である。したがって，労働力の商品化といっても，人間の精神的・肉体的能力が宿る個人すなわちその人格 (person) そのものが商品として売り買いの対象になるわけではない。商品として取引 (または契約)

180 第3部 資本の理論

の対象になるのは，そうした労働の使用権（その内容が取り決められた労働を一定時間使用させる権利）と言うべきであろう。

　ただし，この意味での人間の労働力は，いつでも商品になっていたわけではなかった。そのためにも一定の条件が充たされなければならない。それは，労働者たる人間が二重の意味で自由な存在——すなわち人格的な自由，生産手段からの自由（＝非所有）——であるということで，この条件はいずれも近代以降の歴史的な所産なのである。

　このなかで最も重要な条件が，労働者の人格的な自由であろう。これは，職業選択の自由ということにもつながり，近代以前の伝統的な身分社会のもとでは一般的に認められてはいなかったものである。親の職業（身分）を世襲する制度のもとでは不可能だからである。

　このように，近代的企業システムにおける人的組織の成立基盤が市場におかれているかぎりで，この近代的企業システムとしての資本を支えるヒトとヒトとの関係（＝生産関係）も歴史的な独自性をもつことになる。要するに，この人的組織への参加あるいはそこからの退出は，原則として個人の自由に任されているということ，あるいは，この近代的企業システムの出入り口における人間関係が，市場（＝労働市場）に媒介され，その限りではまた互いに対等で同等な人格どうしの関係に媒介されている，ということである。ここが伝統的な身分社会において存在した経済的組織体もしくは企業と近代的企業システムとの根本的な違いなのである。

　ただし，この近代的企業システムそのものの内部に分け入れば，また異なったヒトとヒトの関係が展開されている。すでに述べたように，あらゆる企業もしくは経済組織体における人的組織もしくは協働（cooperation: 協業）のシステムには，独自の支配‐従属関係をともなう権力（権限）のヒエラルキーが介在している。このことは，いわば機能集団としての企業組織のもつ歴史貫通的な特徴であるが，資本制企業たる近代的企業システムにおけるそれは，「資本の論理」によって規律づけられているという点が特殊歴史的なのである[5]。この点については，また後で詳述することにしよう。

3 近代的企業システムの普及・一般化

　このような剰余価値もしくは利潤獲得を目的に組織された独自の機能集団であり経済組織体である資本すなわち近代的企業システムは，資本主義経済の発展とともに，その活動領域をますます拡大していった。また，近代的企業システムは，歴史的には商人資本，農業資本などで先駆的に導入されることはあっても，それが確立されるのはやはり産業資本の登場を待たなければならなかった。さらに，この近代的企業システムに固有の組織形態は，産業資本という製造業における資本制企業のみならず，同時に商業，金融・サービス業等々の「産業」一般で活動する資本制企業に共通のものともなっていったのである。

　こうした事情を踏まえ，産業資本の運動を表すものとして提示された，件の資本の循環定式は，ある一定の資本の発展段階からは，あらゆる「産業」部門で活動する資本一般に適用可能な定式として捉え直される必要が出てくる。そこで，まずは産業資本の運動形態から確認しておこう。それは，次のような資本の一般的範式として示された。

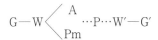

　産業資本の運動の特徴は，その運動の両サイドにある流通過程（G—W，W′—G′）のあいだに生産過程（P）が組み込まれているということであり，この生産過程が労働力（A）と生産手段（Pm：労働対象，労働手段）との結合によって行われるというところにあった。ここで注意すべきは，この特徴はなにも製造業資本としての産業資本に限られたものではないということである。

　資本は，それがどのような「産業」部門で活動するにしても，必ず商品を生産し，それを販売して利潤を獲得する。この意味で，資本の運動の両サイドは，いかなる場合にも流通過程（市場）である。そして，資本が販売する商品は，それが運輸や貯蔵を含む商業的機能を商品化したものであっても，音楽や観劇，スポーツ観戦などの娯楽サービス，あるいは金融・保険サービスなどを商品化したものであっても，それらは資本にとっては利潤を生み出す商品であることにはなんら変わりがない。

　さらに言えば，そのような商品を「生産」し消費者に提供するさいには，必

182　第3部　資本の理論

ず労働力とその組織（協業もしくは協働システム）を不可欠とし，それらの労働力が商品を生産（＝加工）するためにもなんらかの生産手段（労働対象や労働手段）が必要とされるのである。資本は，いかなる場合でも商品の販売によって利潤を上げなければならず，商品生産はまたいかなる場合にも労働力と生産手段との結合を必要とする。こうして，上記の資本の循環定式は，あらゆる「産業」部門で活動する資本の一般的な循環定式（範式）として規定し直されることとなるのである。

　さて，このような近代的企業システムとしての資本は，19世紀のイギリスにおいて産業資本としてまず確立された。と同時に，それはまた，すでに述べたように製造業部門のみならず，商業部門，金融・保険さらには娯楽等々のサービス部門にも普及し，「産業」一般で活動する資本制企業に共通のシステムとして発展してきた。

　さらに，この近代的企業システムは，個人企業の形態から株式会社へと発展[6]し，そのことをとおしてまた資本の集積と集中とをいっそう推し進めていく。その一方，重工業化と固定資本の巨大化を背景とした証券市場（＝株式市場）と株式会社資本との発展とは，それを基盤に独占資本を形成せしめ，さらにはこの独占資本のより高次の発展形態としての金融資本を生み出すにいたる。むろん，このような近代的企業システムの発展は，上述した「産業」一般で活動する資本制企業に共通のものであり，そうした発展の現在形として，後述するグローバル資本が成立するのである。そして，このあらゆる「産業」部門に形成されるグローバル資本こそが，現代を代表する支配的資本にほかならないのである。

　そこで，このような資本制企業の発展を促したものはなんであったのか？それは，企業を取り巻く環境の変化であった。具体的には，労働市場や資本市場を含む「市場」という環境の変化であり，さらには資本の「生産」する商品を規定する「技術体系」という環境の変化であった。

　では，以上に説明してきたような資本概念の拡充は，マルクス経済学においては一般的な承認を受けることができるであろうか？　おそらく，それは原理的レヴェル，価値論レヴェルで拒否されるであろう。

　というのは，上記のような解釈が可能になるためには，なによりもまず製造

業部門のみならず，商業部門，金融・保険さらには娯楽等々のサービス部門の労働もまた価値形成的であり剰余価値を生み出すという理論的立場にたたなくてはならず，これは通説的な労働価値論（＝体化労働説）とは相容れないからである。抽象的労働説にたち，自己増殖する価値の運動体としての資本を近代的企業システムとして把握することによってのみ，こうした形で資本概念の一般性・汎用性を確保することが可能となる[7]。

　このことに関連して，もうひとつ論点を付け加えておこう。マルクス経済学の通説的な説明によれば，商人資本や金貸資本もしくは高利貸資本という形で存在した資本の前期的形態は，産業資本の確立とともに，商業資本や銀行資本として流通過程で産業資本の補完的な役割を与えられる，とされている。

　たしかに，『資本論』が主に分析対象としたイギリス資本主義においては，そうした歴史的プロセスは事実であったろう。また，景気循環過程における恐慌直前の活況（ブーム）期に，商業資本や銀行資本が投機的取引をとおして全体としての社会的再生産過程を強力に主導することはあっても，それはあくまでも一時的，経過的な局面における現象でしかなかったし，景気循環過程の主導的地位を担っていたのは，やはり産業資本すなわち製造業資本であった。

　ところが，その同じ時代に後発国としてスタートしたドイツやアメリカが先進資本主義国としてその地位を確立した段階になると，これらの資本が産業資本の補完的な地位にとどまっているとは必ずしも言えなくなるのである。

　いわゆる製造業資本としての産業資本が巨大銀行資本によって融合・支配される金融資本[8]が，そのひとつの典型例であろう。さらに言えば，現代資本主義において，巨大商業資本や銀行資本がハイパーインフレーションやバブル経済を先導しながら，製造業資本としての産業資本の再生産そのものに大きな影響力を行使し，結果的に生産過程の担い手たる産業資本に流通過程で活動する資本の補完的な地位を逆に強いるような状況も，決して珍しいことではない。比喩をもって言うなら，ここにおいては，これらの補完的地位にあるべき資本が産業資本という馬の鼻面をおさえて好き勝手に振り回すようなことをしてのける。あるいは，ここにおいては犬が尻尾を振るのでなく，尻尾が犬を振り回すような状況が生まれている，ということである。

　こうした問題に適切な形で対応するためにも，ここでいう近代的企業システ

ムとして資本概念を把握し，その一般性・汎用性を確保しておくことが肝要なのである。

以上の理由から，本書においては，この近代的企業システムとしての資本とその運動形式を表す循環定式を単にその出発点としての製造業という意味での産業資本を指すというだけではなく，非製造業を含む多種多様な商品の「生産」を行う，あらゆる「産業」一般で活動する資本をも包摂する概念として用いていくこととしたい。

4　グローバル資本について

さて，現にわれわれの生活する時代，これはグローバル資本主義の歴史的段階にあると見ることができる。第二次世界大戦後の資本主義（＝現代資本主義）は，1960年代，70年代の福祉国家体制の時代から1970年代の前半を境に，1980年代の金融グローバリゼーションをへて，1990年代以降には明確にグローバル資本主義の時代へと移行し，今日にいたっている。では，この現代資本主義を代表する支配的資本とは何か？

すでに指摘したように，それはグローバル資本である。このグローバル資本の特徴について，筆者は拙著[2011]『グローバル資本主義論——日本経済の発展と衰退』において「調達，生産，販売の国際化」にあることを明らかにしたが，そうしたグローバル資本に関する規定は，当然のことながら，ここで論じてきたところの近代的企業システムのひとつの発展形態（その現段階）として把握されなければならない。

そこで，まずはこのグローバル資本の理論的特徴を再確認しておくことにしよう。上掲の拙著において，筆者は下図に示されるような資本の一般的範式を用いて，これを以下のように規定している。

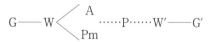

「①最初の流通過程（貨幣—商品）のプロセスにおいて「経営資源調達の国際化」であり，ついで②その生産過程において「生産の国際化」，そして③最

終段階の流通過程（商品─貨幣）における「商品販売の国際化」である。要するに，この調達，生産，販売という3つの資本の活動領域における国際化が，グローバル資本の特徴なのである。／そのなかで最も重要なものは，生産の国際化である。」[9]

むろん，ここではあらゆる「産業」一般で活動する資本を包摂する概念としての近代的企業システムを前提にしているのであるが，こうした筆者のグローバル資本についての規定は，それがマルクス『資本論』で産業資本の運動を説明するさいに用いられた「資本の一般的範式」を援用しているところから，いくつかの誤解[10]も生まれている。その一例としては，上掲の拙著に対する鶴田満彦氏の『季刊 経済理論』での書評のなかに見いだすことができる。そこで以下において，この鶴田氏のコメントに対する『季刊 経済理論』誌上の筆者のリプライ[11]をそのまま掲載することにしよう。

　これ〔筆者のグローバル資本に関する規定〕に対して，鶴田氏は，この規定が多国籍企業に当てはまるものだとして，こうコメントされている。
　「グローバル資本は，グローバルな観点から最適地で生産要素を調達し，最適地で生産立地を行い，最適地で生産された商品を販売する多国籍（生産）企業とほぼ同義のものとして規定されているのである。だが，はたしてグローバル資本主義の担い手を多国籍企業とほぼ同義のグローバル資本に帰せしめてよいのであろうか。」〔『季刊 経済理論』第48巻第4号，2012年1月，103頁〕
　そのうえで，氏はこう続けておられる。
　「多国籍企業は欧米系を先頭に1950年代から活動を始め，60年前後に造語され，定義されたものである。多国籍企業ないし超国籍企業が，グローバル資本主義においても有力なプレーヤーとなっていることは否定できないにしても，だからといって，グローバル資本主義の担い手が，グローバル資本としての多国籍企業だということにはならないだろう。」〔同上〕
　鶴田氏の場合，グローバル資本主義の主たる担い手は「現代金融資本」であると認識されており，そうした観点からグローバル資本をもっぱら「多国籍（生産）企業」と把握しているらしい（と鶴田氏が認識された）拙著を批判

されているように思われる。しかしながら，拙著ではグローバル資本を単なる「多国籍（生産）企業」と捉えているわけではない。確かに，この資本の運動形式は，マルクスが『資本論』で産業資本の運動形式として示したものと同じであるが，拙著においては，これを「近代的企業システム」の運動形式として捉え直しており，製造業資本もしくは生産企業のそれに限定しているわけではない。すこし長くなるが，拙著における「近代的企業システム」の運動形式についての説明を以下に引用したい。

「注意すべきはこの特徴は製造業資本としての産業資本に限られたものではないということである。

資本は，それがどのような「産業」部門で活動するにしても，必ず商品を生産しそれを販売して利潤を獲得する。この意味で，資本の運動の両サイドはいかなる場合にも流通過程なのである。そして，資本が販売する商品は，それが運輸や貯蔵を含む商業的機能を商品化したものであっても，音楽や観劇などの娯楽サービス，あるいは金融・保険サービスなどを商品化したものであっても，それらは資本にとっては利潤を生み出す商品であることには何ら変わりがないということである。

さらに言えば，そのような商品を「生産」し消費者に提供するさいには，必ず労働力とその組織（協業もしくは協働システム）を必要とし，それらの労働力が商品を生産（＝加工）するためにも何らかの生産手段（労働対象や労働手段）が必要とされるということである。たとえば，ある種のサービスをパッケージ化した商品を取り扱い，電話一本あれば可能なビジネスであっても，この電話は当該の商品を生産し販売するために必要な生産手段として機能しているわけである。あるいは，あるビジネスにとっては，「情報」もまた加工の対象として必要な生産手段となりうるであろう。資本はいかなる場合でも，商品の販売によって利潤を上げなければならず，商品生産はまたいかなる場合にも労働力と生産手段との結合を必要とするということである。こうして，上記の資本の循環定式は，あらゆる「産業」部門で活動する資本の一般的な循環定式として規定し直されることとなる。」(拙著 [2011] 223-224頁)

このさい強調しておきたいことは，この「近代的企業システム」の運動形

第 7 章　資本概念と近代的企業システム　187

式は，鶴田氏がグローバル資本主義の担い手と目する「現代的金融資本」に
も適用しうるということ，そして，拙著においては，このような「近代的企
業システム」の運動形式をもとに，調達，生産，販売の国際化をグローバル
資本の特徴として捉えている，ということである。多国籍（生産）企業も現
代的金融資本も「近代的企業システム」として捉えられる点では同じであり，
いずれも調達，生産，販売の国際化を特徴とするグローバル資本なのである。

　以上が，『季刊 経済理論』誌上における鶴田氏のコメントに対する筆者のリ
プライである。要するに，そこで言いたかったことは，製造業のみならず，流
通[12]，金融を含むあらゆる産業部門が「調達，生産，販売の国際化」を特徴と
するグローバル資本によって担われる時代，それがグローバル資本主義の時代
だということである。
　なお，そのさいに留意されるべきは，近代的企業システムという概念のもつ
一般性，汎用性である。つまり，ここで言う近代的企業システムとは，「産業」
一般で活動する資本をも包摂する概念であると同時に，それがまた現代資本主
義を代表するグローバル資本にもまた適用されなければならない，ということ
である。
　最後に，このグローバル資本を支配的資本とするグローバル資本主義の時代
における社会的再生産過程（＝国民経済）の特徴について簡単に論及しておこ
う。このことは，本書の最終章においてまた重要な意義をもつことになるはず
である。
　グローバル資本主義の特徴は，各国の国民経済がこのような調達，生産，販
売という，資本の3つの活動領域すべての国際化を特質とするグローバル資本
によって駆動されるところにある。この場合，それぞれの国の社会的再生産過
程は，このグローバル資本の再生産・蓄積運動がいかなる形で行われるかによ
って大きな影響を受ける。
　たとえば，グローバル資本が，ある国で労働力を調達しそこに生産拠点をお
いたとしても，それが供給する商品の販売は，その国の労働者の購買力（した
がってまたその所得水準）にほとんど依存しないということもありうる。つま
り，その生産過程を担う労働者がそこで供給される商品の消費者でない場合で

188　第3部　資本の理論

ある。要するに，ここにおいては，社会的再生産過程のエンジンとも言うべき資本の発展と，それに駆動されるべき国民経済の発展とが一致しなくなるのである。言い換えるなら，グローバル資本主義の時代には，グローバル資本がその活動の拠点を置く国の経済がどうなっても，自らの発展を実現していくことが可能だということである。

　さらに，次のことを付言しておこう。古典派経済学の創始者アダム・スミスは，かつて市場における私的利害 (private interest) と社会的利害 (public interest) との一致を説いた。これは，市場のプレーヤーたちが利己心のままに自由に行動しても「見えざる手」の作用によって社会的な調和（＝市場均衡）が生まれるという考え方で，現代の主流派である新古典派経済学の基本思想にもつながっている。

　スミスの言う社会的 (public) 利害とは，ここで言う国民経済の利害にほかならない。ところが，現代における市場の主要プレーヤーであるグローバル資本の行動は，この国民経済の利害とは必ずしも一致しない。したがって，こうしたグローバル資本の行動をその自由に任せておけば，国民経済それ自体の破綻を招く可能性もありうるということを意味するのである。

　ここに，グローバル資本主義における社会的再生産過程の大きな特徴が見いだされる。これは，グローバル資本主義の時代に先行したかつての福祉国家体制とは相容れることのない，新しい段階の資本主義だということ，さらには，グローバル資本主義下の先進諸国に特有の格差構造が形成される基本的な原因のひとつとして，このグローバル資本に固有の運動様式があるということ，ここでは，そうした点だけを指摘しておきたい[13]。

III　資本内部の人的組織

　近代的企業システムの歴史的形成プロセスを概説しているうちに，現代資本主義を代表するグローバル資本にまで論が及んでしまった。ここからはもういちど出発点に立ち返り，問題の資本概念について，これをヒトのレヴェルから捉え直す作業を進めていこう。そのさい問題は前章までモノのレヴェルでだけ規定された資本概念（＝自己増殖する価値の運動体）と，そこで捨象されてい

たヒトとヒトの関係とがいかなる理論的関連をもつのかということである。

　近代的企業システムとしての資本の最も重要な特徴は，この企業もしくは経済的組織体への人々の参加の仕方にあった。つまり，そこへの参加は必ず市場をとおさなければならないということで，そこに独自のヒトとヒトとの関係が前提されていた。それは，市場の参加者として互いに対等で同等な人格どうしの関係だということである。ただし，この関係は，資本の内部すなわちその生産過程においては，まったく別の様相を呈することになる。ここからは，この資本内部の人的組織のなかに分け入っていくことにしよう。

1　資本－賃労働関係

　ここで，資本内部の人的組織とは，資本の生産過程で行われる協業もしくは協働システムのもとでのヒトとヒトとの関係である。

　この協業のもとでは，一定の目的に適った形で各人の活動が合理的に配分され，編成され，規制されることが必要になる。したがって，そこには必然的に指揮，命令を下す人間と，それに従う人間との関係（ある種の支配－従属関係）が成立するのである。

　こうしたヒトとヒトとの関係を媒介し支えるものは，暴力，慣習，法律，共同体的血縁関係，契約，等々というようにさまざまでありうるが，資本の生産過程ではそれが労働市場を介した契約（雇用契約）によって媒介されている。そこからまた，そこでの支配－従属関係の独自性が規定されることになる。つまり，ここにおける支配－従属関係は，奴隷と主人あるいは農奴と領主といったような，人格的・身分的な束縛をもとに成り立つような関係なのではない。それはあくまでも近代の合理主義に適い，それに基礎づけられた関係であり，その支配も暴力などの経済外的な強制力によらない契約にもとづく支配，すなわち，M. ウェーバーの言う「合法的支配」[14]だということになろう。

　他方で，資本の生産過程の目的は，なによりもまず価値もしくは剰余価値の生産である。したがって，そこに成立する支配－従属関係は，価値生産もしくは剰余価値生産という観点から規律づけられたヒトとヒトとの関係でもある。そして，じつはこれがモノとモノとの関係となって現れる資本の運動を背後で支えており，資本－賃労働関係（狭義）と呼ばれる，資本内部のヒトとヒトと

190　第3部　資本の理論

の関係なのである[15]。

2　資本家概念

資本内部のヒトとヒトとの関係として形成される，ピラミッド型の権力ヒエラルキーの頂点に立って，この人的組織を規律づけ締め上げる役割を担うのは，資本家もしくは経営者と呼ばれる存在である。

彼は，資本の運動プロセスのなかで用いられるさまざまな経済的・経営的諸資源——すなわち，特定の質と量からなる労働力，労働対象，労働手段，さらには貨幣資本（資金），技術，知識，情報など——を資本の目的（＝剰余価値獲得）にとり最も有利な形で配分し，それらを結合させなければならない。さらには，より多くの剰余価値を獲得するために，獲得した剰余価値をできるだけ多く資本蓄積に振り向けていかなければならない。

要するに，資本は，その利用可能なヒト，モノ，カネ，情報といった経営資源を剰余価値の獲得を目的として合理的に配分し編成しなければならないが，この資源配分を決定しているのが企業組織の管理機構[16]であり，その中心にいるのが資本家もしくは経営者という存在である。

また，それらの実現のために，彼はさらに資本内部のさまざまな活動領域——すなわち，人的・物的な生産諸要素の調達，商品の生産と販売，そして財務，人事などに関わる多様な管理業務等々の企業活動領域——における固有の指揮・命令関係をともなう管理システムを構築し，それにもとづいて編成される上下的な秩序関係からなる階層的組織を不断に締め上げ，規律づけていかなければならない。そして，このように，資本内部のヒトとヒトとの関係の頂点に立って，それを不断に締め上げ規律づけていく主体は，「資本の人格化」と呼ばれる存在である。

資本の人格化 (Personifikation des Kapitals) とは，より多くの剰余価値を獲得しようとする「資本の論理」を体現するヒト (Person) ——言い換えるならば，この「資本の論理」を自らの意志と意識とし，その経営行動においてこれを具体化する人格 (Person) ——という意味で，具体的には資本機能もしくは企業経営の担い手（資本家または経営者）をさす言葉である。

補遺　この「資本の人格化」概念に関して，マルクス自身はこう論じている。「この運動（資本の運動—引用者）の意識ある担い手として，貨幣所持者は資本家になる。彼の一身，またはむしろ彼のポケットは，貨幣の出発点であり帰着点である。あの流通の客観的内容——価値の増殖——が彼の主観的目的なのであって，ただ抽象的な富をますます多く取得することが彼の操作の唯一の起動的動機であるかぎりでのみ，彼は資本家として，または人格化され意志と意識とを与えられた資本として，機能するのである。」[17]

　　ここで資本家は，「人格化され意志と意識とを与えられた資本」すなわち資本の人格化として規定されている。より多くの剰余価値を獲得することが彼の主観的目的だが，当初これ自体は貨幣所持者の「絶対的な致富衝動」から出てきたものであった。つまり，より多くの剰余価値を獲得しようという「資本の論理」は，当初は資本家自身の私的所有者としての人格性の内面から出てきたものといえる。ただし，この資本の論理はそれだけにとどまらずに，諸資本を取り巻く市場システムの総体的関連のなかで再規定されることは以下の本文中に見るとおりである。

3　資本の人格化と資本の論理

　さらに，ここで言う資本の論理とは，もっぱらモノとモノとの関係もしくはモノの運動プロセスのなかで確立されたもので，それ自体としてはモノの論理である。すでに見たように，ここにおける資本は，自己増殖する価値の運動体として，姿態変換（metamorphose）運動の実体，あるいはその独特の循環（circulation）運動の主体として，もっぱらモノのレヴェルで捉えられていた。この資本は，自己増殖（剰余価値獲得）という至上の目的をもって，貨幣資本Gから始まり貨幣資本Gに戻るという循環運動（再生産運動）を繰り返すが，こうした同じ運動の繰り返しのなかから資本に固有の論理を立ち上げるのである。

　それは，まず「生産のための生産」「蓄積のための蓄積」という論理である。これは，剰余価値獲得という目的以外，いっさいの目的をもたない生産という意味で「生産のための生産」であり，獲得された剰余価値をさらに多くの剰余価値獲得のために投下するという意味で「蓄積のための蓄積」である。要するに，それは，資本の運動のいっさいが剰余価値獲得という目的によって貫かれるということであり，その目的にそった合理性だけが追求されるということにほかならない。

192　第3部　資本の理論

　と同時に，このような資本の再生産・循環運動は，その運動の継続性そのも
のを自己目的化していく。つまり，この運動が止まってしまえば資本は資本で
あることを否定されるところから，資本が資本であり続けるためにはこの運動
を無限に繰り返していくしかない。これは，いわばゴーイング・コンサーン
（going concern）としての資本の論理であり，資本の再生産運動（＝無限の循環運
動）のなかから立ち上がり確立される。そして，そうなった段階では，資本は，
この運動の継続性を確保するためにも，剰余価値を追求し獲得し続けなければ
ならなくなるのである（目的と結果の逆転）。

　かくして，終わりなき自己増殖（無限の剰余価値の追求と獲得），生産のた
めの生産，蓄積のための蓄積，そして運動それ自体の継続性の確保，これが資
本の論理の基本的内容である。そして，このような資本の論理の体現者，ある
いはこのような資本の論理を自らの論理とし，資本内部のヒトとヒトとの関係
を不断に規律づけ締め上げる主体，それが資本の人格化にほかならない。資本
家や経営者は，このような行動もしくは機能によって資本の人格化となり，こ
うした存在と機能とによってまた資本は資本として存立していくのである。

4　資本の論理の市場規律による再規定

　さて，資本の論理の根本原理は剰余価値の獲得にあるが，市場においては同
じ目的，同じ論理をもつ資本が複数集まることから，そこに必然的に諸資本間
の競争が生まれ展開される。こうした競争的環境とそこに成立する市場の諸法
則は，当然のことながら資本の人格化としての資本家に影響を与えざるをえな
い。つまり，彼らの企業経営に関わる判断，決定，行動は，資本の外部に成立
するこの客観的な経済法則（市場法則）を前提せざるをえないと同時に，それ
によって実際上も制約されるのである。

　もともと，より多くの剰余価値を獲得するという資本の論理は，ヒトのレヴ
ェルで見るなら，資本家の個人的な致富欲や貨殖欲から出てきたものであった。
ところが，適者生存・弱肉強食の論理をもって展開される市場の競争的環境の
なかでは，それがひとつの外的な強制法則に転化する[18]。ここでは資本の論理
を貫徹していかないかぎり，資本は資本として存立できない，あるいはその存
在そのものを否定されるからである。

より多くの剰余価値の獲得という資本の論理は，資本の内部から規定されるばかりでなく，ここではもういちど資本の外部から客観的に（その総体的な社会的関連のなかで）規定し直される。

ここにおいて，資本家は，いわばその外の論理としての市場規律の実質的な受け皿であり変換器であると見ることができる。要するに，彼はこの没落の脅威をもって貫徹する市場の強制法則を一身に受けとめ，これを資本の論理という別の強制法則に変換して資本内部に浸透させていく。この意味で，彼の存在は市場規律と資本の論理との結節環なのである。むろん，資本家がそのような資本の人格化たりえるのは，資本の没落を彼自身のそれとして引き受けざるをえない環境（具体的には，資本の破産・倒産が彼自身の私有財産の喪失につながる環境）に置かれているからである。

以上から言えることは，近代的企業システムとしての資本が資本であるためには，市場の規律を資本の論理に変換し，これを企業組織の統治原理として企業内部に浸透させていく資本家，すなわち資本の人格化の存在を不可欠とするということである。つまり，この資本の人格化という存在なくしては，資本は資本たりえないのである。

IV　結論

さて，「価値と資本」をテーマとする本書の課題のひとつは，いわば閉じられた世界に囚われていた労働価値論を本来の開かれた世界へと解放し，そのことをとおしてマルクス経済学の資本概念を現代化することにあった。

その課題については，本章においてマルクス学派の通説的な資本概念を近代的企業システムという独自的な概念に置き換え，これをまた現代資本主義を代表するグローバル資本にも適用可能とすることで果たすことができたように思われる。もっとも，近代的企業システムやグローバル資本という概念そのものについては，すでに拙著 [2011] において打ち出されていたものであった。したがって，それらの諸概念は，本書において初めて価値論によって理論的な基礎づけを与えられた，ということになるであろう。

194　第3部　資本の理論

注

1） 飯田 [2001] 参照。

2） 協業とは，同一の生産過程において，あるいは異なってはいるが相互に関連のある生産過程において，多数の人間が計画的に相並び相協力して労働する形態を言う。言葉を換えるならば，これは協働システムと言うことである。

3） 野村進 [2006] 参照。

4） Schumpeter [1928]，邦訳 9-10 頁。

5） ここでは，この資本制企業内のヒトとヒトとの関係 (＝生産関係) を狭義の資本－賃労働関係として把握している。そして，狭義の資本－賃労働関係があれば，広義のそれもある。この狭義と広義，両者の関係については，飯田 [2006] 102-105 頁を参照されたい。また，とくに後者については本章の注15) を参照されたい。

6） イギリスでは，1720 年に勃発した南海泡沫事件 (South See Bubble) 以降，約 100 年間にわたって株式会社の設立が大幅に制限された (The Bubble Act)。この影響もあって，イギリスにおいては他の資本主義諸国に比較して株式会社の普及がかなり遅れたことも，ここで注意しておきたい。

7） こうした近代的企業システムの概念は，飯田 [2011] のなかで最初に提示したものである。この拙著に関しては，じつは 2012 年 10 月開催の経済理論学会第 60 回全国大会 (愛媛大学) における書評分科会で取り上げられたが，その質疑応答のさいフロアから次のような質問があった。労働価値論をとるかぎり，資本の一般的範式を「産業」一般で活動する資本をも包摂する近代企業システムの運動を表すものとして用いることはできないのではないのか？ たしかに，この労働価値論が体化労働説であったならば，そのとおりであろう。体化労働説では，本書の第3章で示したとおり基本的に価値形成労働はきわめて狭い範囲に限定されており，金融や流通を含む多様なサービス業をも包括する「産業」一般で活動する近代的企業システムの運動のなかで価値や剰余価値を生み出すこと自体ありえないことだとされるからである。

8） 念のために注記しておくべきは，ここで言う金融資本とは，独占的産業資本を融合・支配させた独占的銀行資本だけではなく，独占的銀行資本を融合・支配させた独占的産業資本，さらには両者が一体となって構成される企業集団のことを意味する。

9） 飯田 [2011] 11-12 頁。

10） このコメントは，正直に言えば有難かった。それと言うのも，問題の近代的企業システムの運動を表す資本の循環定式が単に産業資本 (＝製造業資本) の運動にとどまらない一般性・汎用性をもつことについては，拙著においてもっと自覚的に説明を重ねておくべきであった，という思いが強かったからである。鶴田氏の指摘は，そのことについて大いなる反省を促してくれたと同時に，その説明機会を与えてくれたということで非常に有難かったという次第である。

11） 飯田 [2012] 107-108 頁。

12） 巨大流通資本のウォルマートは，この「流通，生産，販売の国際化」を実践する，いわゆる「多国籍 (生産) 企業」以外のグローバル資本の代表格のひとつであろう。

Lichtenstein [2009] は，ウォルマートがいかにして調達と販売を含む流通（物流）過程のみならず生産をも支配する「世界最強企業」にまでなりえたのかを詳細に分析・論述している。

13) こうしたグローバル資本主義の時代における社会的再生産過程の特徴，さらには，この時代の先進資本主義諸国に特有の経済構造と雇用構造，そこに形成される特有の格差社会の意味については，飯田 [2017] を参照されたい（なお，当該論文の原型は，2016年10月に行われた経済理論学会（福島大学）における共通論題の基調報告である。『季刊 経済理論』第54巻第1号，2017年4月を参照されたい）。

14) 「資本主義的経営のもつ支配の性格が，近代国家の支配と，社会学的にみて同質性をもっていると言うことは，支配なるものの経済的基礎を考察すれば，もっと明らかになるであろう。むしろ『契約』が基礎とされていることは，資本主義的経営を，『合法的』支配の一つの顕著な類型として，特徴づける事情なのである。」(Weber [1956] S. 552. 邦訳34頁)。

15) ここで狭義と対概念になっている広義の資本‐賃労働関係とは，資本主義経済における独自の社会的再生産過程をとおして，資本が資本として，また賃労働者がその原点である二重の意味での自由な存在として，不断に維持・再生産されていく関係を言う。この広義の資本‐賃労働関係について詳しくは，飯田 [2006] 79頁を参照されたい。

16) 本文中に示したように，資本はひとつの経済組織体として独自の資源配分メカニズムをもつ。他方，同じ資源配分メカニズムとして市場が存在するが，この市場と資本とでは資源の配分原理がまったく異なる。市場は無政府性（無計画性）を特徴とし，逆に資本は計画原理に貫かれている。この資本内部の計画原理と市場の無政府性との違いは，市場における社会的分業と資本内部の分業（たとえば工場内分業）の違いでもある。資本内部の分業は，剰余価値の獲得という資本の論理に方向づけられ，規律づけられているのである。この点を曖昧にすると，市場と資本の違いについて，いわゆる取引コストを基準とした選択理論（どちらが有利であるのか）で説明するようなものも出てくる。それによると，はじめに市場があり，その市場での取引コストを節約するものとして企業組織が生成してきた，と説かれるのである。ウィリアムソン代表される取引コストの経済学がその典型である (Williamson [1975])。

17) Marx [1962] S. 167-168. 邦訳200頁。

18) このような市場圧力を生み出す競争要因に関しては，M. ポーター『競争の戦略』が手際よく整理している。そこで明らかにされている競争要因は，①「業者間の敵対関係」（同一産業部門内競争），②「新規参入の脅威」（部門間競争），③「売り手の交渉力」（わかりやすくは，売り手独占との関係），④「買い手の交渉力」（たとえば買い手独占との関係）の5つである (Porter [1980]. 邦訳18頁参照)。

第8章　資本家概念の拡充

――危険負担，企業組織および革新の担い手――

Ⅰ　問題の所在

　近代的企業システムすなわち資本制企業は，はじめに19世紀のイギリスにおいて産業資本として確立された。当初それは個人企業として出発したが，やがてそれは株式会社制度を取り入れ，この株式会社資本が現代における資本制企業の主要な形態となっていく。さらに，この株式会社資本は，近代的企業システムの発展とともに製造業部門のみならず，同時に商業部門，金融・保険さらには娯楽等々のサービス部門にも拡がり，「産業」一般で活動する資本制企業に共通のシステムとして発展してきた。と同時に，このような資本制企業の発展につれて，資本の集中と集積が進んで独占資本が登場するにいたり，資本主義経済もまた，個人企業を主体とする自由競争段階から株式会社としての独占・寡占企業を主体とする独占資本主義の段階へと移行していったのである。

　では，そのような近代的企業システムすなわち資本制企業の発展を促したものはなんであったのか？　それは，内的要因としては言うまでもなく資本蓄積であり，外的要因としては資本制企業を取り巻く環境の変化であった。具体的には，資本の運動の両サイドにある「市場」――要するに，労働市場や資本市場などの調達市場と販売市場からなる市場――という資本を取り巻く環境の変化であり，さらには生産資本とそれが生産する商品を規定する「技術体系」という環境の変化であった。こうした点については，すでに前章において指摘してきたとおりである。

　それでは，このような環境の変化に対応して，資本制企業の変革と発展を主導してきた存在，その変革の主体は何か？　それは，言うまでもなく資本家という存在であり，その機能であった。こうした環境の変化に対応して資本制企業の変革を図っていくのも資本家の基本的機能なのである。ところが，そのよ

198 第3部 資本の理論

うな資本家の機能を考えたとき，これまで確認してきた「資本の人格化」という規定性だけでは把握しきれない領域が出てくると言わざるをえない。

では，そうした「資本の人格化」という規定性では十分に押さえられないような資本家機能とはなんであろうか？ まず，企業の組織者としての「経営者」機能，そして革新の担い手としての「企業家」機能，さらには危険（リスク）を負担する主体としての「資本家」機能，この3つである。これらの資本家機能は，マルクスの資本家概念のなかに潜在してはいても，じつは未展開のままにおかれていた，いわば一種の失われた環であったと言える。

そこで，これらを顕在化し，経済学のツールとして確立していくとすれば，ここで求められることは，マルクス経済学固有の方法にしたがってこれらを概念規定していくということになる。本章の目的は，この課題に応えることにある。そのために，以下ではマルクス経済学の方法のひとつである発生論的な概念展開によって，その資本家概念のなかに潜在する上記3つの資本家（広義）の機能を開示していくことにしよう。

II　失われた環としての資本家概念

資本の流通過程の分析を対象とした『資本論』第2巻第1篇「資本の諸変態とその循環」の第1章～第4章においては，資本循環の3つの形態，すなわち①貨幣資本循環，②生産資本循環，③商品資本循環が取り上げられ，その各々の内容について立ち入った考察が加えられている。そして，じつはこの3つの資本循環のなかに，件の資本家機能を顕在化させる論理が隠されているのである。これらの資本循環については，すでに本書の第2章において取り上げたが，ここにおいても，まずはこの資本循環のそれぞれについてその基本的内容を確認しておこう。

問題の3つの資本循環は，資本の運動をその連続性において把握し，これを資本の総運動として把握したときにその姿を現した。その運動を連続性の相で表すならば，こうであった。

$$G—W\cdots P\cdots W'—G'\cdot G—W\cdots P\cdots W'—G'\cdot G—W\cdots P\cdots W'—G'\cdots\cdots$$

資本の運動をこのような総運動として把握した場合，その運動は貨幣資本（G）を出発点として見ることも，生産資本（P）を出発点として見ることも，さらには生産資本（W′）を出発点として見ることも可能であった。

　言い換えるなら，この一連の運動は，①貨幣資本の循環（G—W…P…W′—G′）を示すと同時に，②生産資本（P…W′—G′・G—W…P）の循環，さらには③商品資本の循環（W′—G′・G—W…P…W′）を示すものとしても把握可能である。もちろん，現実の資本の総運動においては，ある形態での循環の反復が他の形態での循環の過程と重なり，しかもこれら3つの形態の循環を連続的に包括しつつ，それらを現実的に統一していることも忘れてはならない。

　さらに言えば，『資本論』第2巻第1篇「資本の諸変態とその循環」においては，この3つの資本循環が，個別資本の運動レヴェルではなく，もっぱら総資本の運動レヴェルで分析されていた。そして，それによってマルクスが最終的に明らかにしようとしていたのは，資本の流通過程の分析における W′…W′ 循環視点の理論的意義であった。

　要するに，問題の3つの資本循環それぞれに分析視点をおいた3つの経済学派——すなわち，重商主義（G…G′ 循環），イギリス古典派経済学（P…P 循環），そして重農学派（W′…W′ 循環）——の比較をとおして，資本の流通過程を論ずるさいに重要となる，諸資本の絡み合いを闡明できる W′…W′ 循環の理論的意義を浮き彫りにしようとしていた，ということである。つまるところ，それは学説史的，マクロ的アプローチによる資本循環論だということで，端的に言えば再生産表式論の予備的考察であった，ということである。

　これに対して，ここで取り上げるのは総資本の運動レヴェルではなく，個別資本の運動レヴェルである。つまり，問題の3つの資本循環を個別資本の運動として捉え，そのなかからこの3つの資本の循環運動に対応している資本家の機能（役割）を闡明していこう，というわけである。

　ここにおいても，まずは生産資本循環（P…P）から取り上げ，次に商品資本循環（W′…W′）を取り上げるという順番で検討していくことにしよう。理由は，この生産資本こそが，すでに述べた企業に変革を迫る環境としての技術体系と密接に関わり，ついで商品資本が市場という環境と関連するからである。ここで求められている資本家の機能は，なによりもまず，この技術体系と市場

200 第3部 資本の理論

という環境の変化への対応として取り上げられなければならない，ということ
である。

III P…P循環と組織者または経営者機能

では，この生産資本循環においては，いかなる資本家の存在とその機能を読
み取ることができるだろうか。まず結論を先取りして言えば，この資本循環か
らは，企業の組織者 (organizer) としての資本家の存在とその機能を析出するこ
とができる。以下，この点を究明していこう。マルクスは，この生産資本循環
について次のように論じていた。

「生産資本の循環は，P…W′—G′—W…P という一般的定式をもっている。
この循環の意味するものは，生産資本の周期的に繰り返される機能，つまり
再生産であり，言い換えれば価値増殖に関連する再生産過程としての生産資
本の生産過程である。剰余価値の生産であるだけではなく，その周期的な再
生産である。生産的形態にある産業資本の機能ではあるが，一度だけのもの
ではなく周期的に繰り返される機能であり，したがってその再開始は出発点
そのものによって与えられている。」[1]

ここで確認すべきは，前章でみたゴーイング・コンサーンとしての資本の論
理は，この生産資本の機能の周期的繰り返しのなかから生み出されたというこ
とである。というのも，生産資本循環 P…P は貨幣資本循環 G…G′ とは異なり，
価値増殖された貨幣資本 G′ で完結することはない。それは，生産資本の形態
（すなわち，これから生産過程で機能すべき生産手段と労働力からなる形態）
で循環が終わっているため，そこからまた生産資本の形態で始まる新たな循環
が再開されねばならないからである。したがって，その再開始は出発点そのも
のによって与えられ，必然的に再生産を含んでいる。そして，そのことが資本
の無限の循環すなわちゴーイング・コンサーンを要請している，ということで
ある。

また，P…P循環は生産資本の形態 P で循環が終わるが，ここで着目すべき
は，生産資本を構成している労働力と生産手段の存在である。労働力は，それ
ぞれの生産過程に固有の協業という形態で組織化されており，生産手段もまた

生産過程の特殊性に応じて労働対象と労働手段の固有の組み合わせから構成されている。この資本循環において，ゴーイング・コンサーンとしての資本の論理が出てくるのは，なによりもまずは個別資本の1循環期間を超えて生産過程に固定される労働手段，すなわち固定資本の存在である。これは，与えられた価値が償還（回収）されるまでのあいだ，その残存価値が生産過程に維持され固定され続けなければならず，そのためにもまた事業の継続性すなわちゴーイング・コンサーンの論理を不可欠とするからである。

　次に確認すべきは，この生産資本循環が，なにゆえに資本の機能主体すなわち企業の組織者としての経営者の存在とその機能を説明しうるものであるのか，ということである。その理由はこうである。

　労働力と生産手段から構成される生産資本は，資本の運動における市場（G—W）と市場（W′—G′）とのあいだに位置する生産過程（P）において機能する。それは，市場から調達したさまざまな経営資源に技術的変換を加えて，独自の使用価値をもった商品として再び市場に提供するためのプロセスであり，生産資本はそうした技術的変換の現場として存在すると同時に，それぞれの生産過程に固有の技術体系として存在している。

　ここで重要なことは，この技術体系が労働手段（Pm）というモノに具体化されているだけではなく，このモノ（Pm）とともに生産資本を構成する労働力（A），したがってまた協業もしくは協働という独自のヒトとヒトとの関係によっても支えられ体現されている，ということである。

　この協業を労働手段に有効に適合させながら合理的に編成すると同時に，これを的確に指揮・監督することによって，生産資本をひとつの自立した技術体系として存立せしめるのは，言うまでもなく企業組織の責任者たる経営者の役割である。こうして，生産資本の循環 P…P からは，上述したような企業の組織者としての経営者，もしくはオルガナイザーとしての資本家の存在とその機能上の諸特徴が明らかにされることになる。

　ところで，この経営者（＝機能資本家）は，すでに確認したように資本の人格化として資本内部の独特のヒトとヒトの関係を資本の論理によって締め上げ，できるだけ多くの剰余価値を獲得できる組織へと規律づける存在でもあった。ところが，ここにおいてこの経営者は，資本内部の組織を資本の論理で締め上

202 第3部 資本の理論

げ管理する主体であるばかりではなく，他方で生産資本に具体化されている技術体系を協業という独自のヒトヒトとの関係すなわち人的組織によって支え，管理する主体として登場しているのである[2]。

　この場合，この経営者（すなわち機能資本家）が管理しなければならない人的組織とは，企業活動に関連するさまざまなノウハウや情報や知識が蓄積された独特のヒトとヒトとの関係である[3]。そして注意すべきは，このような生産資本に体現されている技術体系[4]と，それを支える独自のヒトとヒトとの関係とは，じつはまた次の企業家機能を論ずるさいに取り上げる革新（＝イノベーション）の担い手としても把握されなければならない，という点である[5]。

　理由は，この生産資本 $W \left< \begin{array}{c} A \\ Pm \end{array} \right.$ こそが，生産力発展の2つの規定的要因——①労働の社会的編成の変革，②労働手段の変革——の担い手として存在するからにほかならない。これを別の形で言えば，こうなろう。資本家は，特定の質と量からなる労働力，労働対象，労働手段，さらには技術，知識，情報などを資本の目的に最も有利な形で結合させる企業経営の担い手である。これは，文字どおり組織者としての資本家の経営者機能なのであるが，問題の革新すなわちイノベーションは，これらの経済的・経営的資源の新しい結合の仕方（すなわち新結合）からもたらされるのである。

　さらに言えば，生産資本に体現されている技術体系とは，じつは資本にとっては市場とともに自らを取り巻く重要な環境のひとつであった。生産資本における新しい結合は，この技術体系という環境の変化をとおしてもたらされると同時に，資本の内部からもつくりだされるのである。かくして，このような新結合もしくは革新（イノベーション）をもたらすための鍵を握っているのが，生産資本に体現されている技術体系とこれを協業という独自のヒトとヒトの関係によって支え管理する存在，すなわち組織者もしくは経営者としての資本家なのである。

　まとめよう。企業の組織者あるいは経営者としての資本家は，単にヒトとヒトとの関係を組織するだけではない，資本を構成するモノとモノとの関係，さらにはこのモノとヒトとの関係を組織する主体なのである。だからこそ，彼はこの生産資本に体現されている技術体系を変革する中心的な担い手として存在

しなければならない，ということである。

IV　W′…W′循環と企業家機能

　次に，商品資本循環 W′…W′ は，これを個別資本の運動のレヴェルで分析してみたとき，いかなる資本家の存在とその機能を示唆するだろうか？

　まず問題になるのは，W′…W′ 循環の出発点としての流通過程 (W—G)，すなわち市場である。ここにおいては，W′—G′ が商品の「命がけの飛躍」を必要とする，という資本の再生産そのものにとって最も枢要な問題が横たわっている。この最初の関門を突破しなければ，問題の W′…W′ 循環そのものが成り立たないのである。

　さらに言えば，企業にとって市場は，その存在の前提とも言うべき外的環境そのものであった。それは，需要構造や供給構造の変化をとおして不断に変化し，なによりも不確実性の存在を無視できない。こうした市場の変化に対応して企業を存続させていくためには，資本家たるものこうした外的環境の変化に対して企業内部の不断の組織変革をとおして対応していかなければならないのである[6]。

　他方で，資本家は，この市場 (＝環境) の変化に受動的に対応しているだけでは他の諸資本との競争戦に勝ち残っていくことはできない。資本が，この競争戦に勝ち残っていくためには，資本自らがこの市場 (＝環境) そのものを能動的に変革していかなければならないのである。要するに，それは創造的破壊としての革新 (イノベーション) が必要とされるということである。ここで，とりあえずはシュムペーターにしたがうならば，こうした革新 (彼自身の用語では「新結合の遂行」) は，以下の5つのルートからなされうるであろう[7]。

①　新商品 (もしくは新しい品質の商品) の開発。

②　新しい生産方法の導入。なお，これはあえて科学的に新しい発見にもとづく必要はなく，商品の商業的取り扱いにおける新方法 (あるいは経営組織上の再編，新輸送方法の導入など) をも含む。

③　新市場の開拓，つまり，これは当該産業部門にとっての新しい販路を開拓するということであり，この市場が既存のものであってもなくても問題

204　第3部　資本の理論

ではない。

④　原材料の新しい獲得資源の占拠。この場合も，この獲得資源が既存のものであるか，あるいは新たに創出されたものであるかは問題ではない。

⑤　新しい産業組織の編成もしくは再編。これにより独占的地位を形成するか，あるいは既成の独占体を打破するかが重要となる。

　上記の革新を生み出す5つのルートは，いずれも資本を取り巻く重要な環境としての市場と技術体系とに関わったものである。ただし，ここで提示されているものは，②の「科学的に新しい発見」にもとづくところの新しい生産方法の導入を除けば，基本的に調達市場と販売市場とからなる市場環境のもとで行われる「新結合」であることに注意すべきであろう。その意味では，これらはいずれも $W' \cdots W'$ 循環のなかから析出される資本家の企業家機能に関わったものと言える。

　他方で，この②の新しい生産方法の導入は，いわゆる技術革新の実現と言い換えることができる。そして，その実現が技術体系と深い関わりをもっているかぎりでは，$W' \cdots W'$ 循環のなかから析出される企業家機能によるというより，むしろすでにみた $P \cdots P$ 循環のなかから明らかにされるべき経営者機能による，と言うべきであろう。

　ところで，マルクスは，『資本論』第1巻第10章において，新しい生産方法の導入による「特別剰余価値の発生と消滅の理論」を展開しており，そこにおいてはいわゆる技術革新が市場メカニズムと組み合わされる形で展開されていた。ただし，そこでもっぱら重視されていたのは諸資本間の競争という市場環境であったことは注意を要する。つまるところ，この技術革新は資本家の経営者機能との関わりで論じられたものではない，ということである。

　ただ特筆すべきは，そこにおいては，産業部門内の諸資本間の競争が，内部にさまざまなレヴェルで生産条件の異なった劣位企業，中位企業（代表企業），優位企業が混在している市場を前提して理論展開されていることにある。本書の第2部第5章，第6章で示した独自の供給構造をもった市場把握がまさしくそのようなものであった。この点では，またケンブリッジ学派の A. マーシャルの市場理論も同様であった。マーシャルの場合，市場にはさまざまなレヴェルで生産条件の異なった劣等企業群，優等企業群が混在し，そこから動態的過

程が紡ぎ出される構造をもち，これらの企業群から構成される特定の産業それ自体もまた生成，発展，衰退のプロセスを辿るものとして捉えられていたからである[8]。

マルクスとマーシャルに共通する特徴は，その独特の市場構造を踏まえた動態過程分析（要するに，本書で言うところの市場過程分析）にあった[9]。これをシュムペーターの理論と比較したとき，両者は革新を生み出すルートについての認識は限定されてはいるものの，こうした革新が市場メカニズムと組み合わされる形で展開されているところが，彼らの大きな理論的特徴として指摘しておかなければならないであろう。

いずれにせよ，商品資本循環 W′…W′ を個別資本の運動の観点から分析することによって明らかになることは，市場環境そのものを創造的に破壊する，革新の担い手としての資本家の機能である。こうした企業家（entrepreneur）機能もまた，じつはマルクス自身があまり明確にしてこなかったものなのである。

V　G…G′ 循環と資本家機能

最後に，貨幣資本をその出発点として捉える貨幣資本循環，すなわち G…G′ 循環を取り上げよう。ここにおいては，資本の所有主体としての資本家の存在とその機能を明らかにすることができる。

まずここで確認すべきは，この貨幣資本循環 G…G′ は，終わりなき自己増殖（＝無限の剰余価値の追求と獲得）という資本の論理を具現化しており，資本の運動のなかでは資本の本性を最もプリミティブな形態で表しているということであった。この点，マルクスは次のように論じていた。

「価値の貨幣姿態が価値の独立な手でつかめる現象形態であるからこそ，現実の貨幣を出発点とし終点とする流通形態 G…G′ は，金もうけを，この資本主義的生産の推進的動機を，最も簡単明瞭に表わしているのである。生産過程は，ただ，金もうけのためには避けられない中間の環として，そのための必要悪として，現れるだけである。」[10]

彼は，じつはここで総資本の運動を念頭において国民経済レヴェルの議論を展開しているのであるが，個別資本レヴェルにおいても，貨幣資本循環が資本

206　第3部　資本の理論

の目的であり推進的動機である価値の増殖，要するに金儲けと蓄積を一目瞭然
に示すものであることについては，なんら変わるところはない。

　また，すでに述べたように，この貨幣資本循環 G…G′ は，終わりなき自己
増殖（＝無限の剰余価値の追求と獲得）という資本の論理を具現化しているが，
同時にそれは生産のための生産，蓄積のための蓄積という資本の論理ともつな
がっている。要するに，生産のための生産とは，剰余価値獲得という目的以外，
いっさいの目的をもたない生産という意味であり，蓄積のための蓄積とは，獲
得された剰余価値をさらに多くの剰余価値獲得のために投下するという意味だ
からである。

　このさい着目すべきは，資本所有の原点はこの貨幣資本に存するということ
である。それというのも，資本家は，自らの私有財産としての貨幣を投下して
労働力と生産手段を調達し，これらを結合させて生産資本をつくりだす。その
ことにより，この生産資本はこれを生み出した資本家の私有財産として存在す
ることになるのである。そしてじつは，その関係から，当該の生産資本を用い
て生産された商品，さらにはそれを販売することによって獲得された貨幣もま
た（それらの商品を実際に生産した労働者の所有物にはならずに）資本家の私
有財産となることが社会的に認められるのである。そして，この関係を支えて
いるのが資本主義経済の基盤としての私有財産制度であることは言うまでもな
かろう。

　こうした基盤の上で，資本家が最初に投下した貨幣資本が資本の再生産運動
をとおして彼自身の所得（剰余価値の取得）という形ですべて回収された後も，
現に稼働している資本はすべて彼の私有財産として存続する，ということが可
能になる。そして，その可能性を現実のものとしたのは，この資本の運動の出
発点において，資本家が自らの私有財産としての貨幣を資本として投下したと
いう事実，すなわち資本家的行為にある。それゆえ，貨幣資本循環 G…G′ は，
この私有財産制度を基盤とする資本所有の出発点（＝資本家的行為）を不断に
維持・再生産する運動としても捉えられるのである。

　とはいえ，いったん貨幣を資本として投下すれば，これが剰余価値をともな
った貨幣 G′ として戻ってくるかどうかの保証はどこにもない。つまり，資本
家は自分の財産を危険にさらして金儲けをしようとしているということであり，

この飽くなき剰余価値追求（致富欲）の陰には資本家の危険負担の問題[11]が伏在しているということである。

　また，じつのところは資本の運動のすべて（貨幣資本循環，生産資本循環，商品資本循環）においてリスクとその負担の問題が存在している。したがって，ひとまずこの貨幣資本循環のレヴェルで問題にすべき危険負担とは，資本の所有者の危険負担であり，自らの私有財産を貨幣資本として投下し，これを危険にさらしている人間すなわち所有主体としての資本家によって担われるべき危険負担だということである。

　ただし，資本主義経済においては，貨幣資本のみならず生産資本も商品資本もまた資本家の私有財産となることが認められており，したがってこの意味において彼はこの資本の運動のすべての局面において危険負担の担い手となるのである。マルクス自身は，あえてこうした資本家の危険負担の問題には言及してこなかった，と指摘しておかなければならないであろう。

　ところで，こうした資本家の危険負担は，創業もしくは起業の段階でまず発生する。そして，資本が順調に発展し一定の安定軌道に乗った後の段階では，その意味するところを変えることになる。と言うのも，この創業時の危険負担は，資本家の立ち上げた事業が市場に継続的に受け入れられるか否かに関わった問題である。要するに，彼の事業もしくは供給した商品が買い手側に受け入れられなければ当該の市場からは退場せざるをえないからである。ところが，資本がこの問題をクリアして市場に受け入れられた後の段階の危険負担は，じつは，資本を取り巻く環境の変化という問題と関わるのである。

　この資本を取り巻く環境の変化とは，すでに述べたように資本の運動の両サイドにある「市場」——要するに，労働市場や資本市場などの調達市場と販売市場からなる市場——という資本を取り巻く環境の変化であり，さらには生産資本とそれが生産する商品内容を規定する「技術体系」という環境の変化であった。つまり，ここで問題にしている危険とは，資本家がこの環境の変化についていけず後れをとったときに現実化するということである。これもまた，資本所有者の危険負担として捉えておくべきであろう。

　そして，このような危険（リスク）を回避し克服していくためには，じつは，すでに明らかにした企業の組織者としての経営者機能，革新の担い手としての

208　第3部　資本の理論

企業家機能などが求められるようになるのである。したがって見方を変えるならば，この資本所有者もしくは所有資本家は，こうした経営者機能や企業家機能に優れた能力をもつ専門的経営者に企業経営を委ねることにより，このような危険（リスク）をある程度は回避することもできる，ということである。

　いずれにしても，この貨幣資本循環から析出された「資本家」機能については，他の2つの経営者機能，企業家機能などを含む拡充された資本家機能（広義）に対して，狭義の（より正確に言えば，本来の）資本家機能として位置づけ把握しておくこととしよう。なお，このさい以下のことに注意しなければならない。この資本家の危険負担は，資本主義経済の発展のなかで株式会社資本が登場し，そこに所有の二重化が発生すると，その意味するところが個人資本家の場合とは大きく異なってくる，ということである。

　株式会社資本の法律上の所有者である株主は，その所有する株式をいつでも他人に自由に譲渡して出資金を回収できるうえに，その所有株式（＝出資持ち分）の範囲以内での有限責任をとるだけでよい。これは，無限責任をとらざるをえない個人資本家とは危険負担の意味が根本的に異なるのであり，この資本家の危険負担の問題は企業形態ごとに当然のことながら考慮されなければならない，ということになろう[12]。この問題についてはまた次章で取り上げる予定である。

　さて，以上では3つの資本循環を個別資本の循環として捉えることによって，資本循環のそれぞれに対応した資本家の機能（役割）を明らかにすることができた。すなわち，①生産資本循環においては企業の組織者としての経営者機能，また②商品資本循環においては革新の担い手としての企業家機能，そして③貨幣資本循環においては危険（リスク）を負担する主体としての資本家機能であった。

　ただし，ここでは次の点に留意しておかなければならない。すでにみたゴーイング・コンサーンを基本とする経営者機能によって動かされる生産資本循環も，貨幣資本循環に示される資本家魂（要するに，無限の剰余価値の追求と獲得欲）に大きな影響を受けるのであり，それはまた市場における競争戦に勝利すべく積極的に革新（イノベーション）を実現しようとする商品循環に培われる企業家精神にも影響を与えると同時に，その影響も受けているのである。

このように，資本家機能，経営者機能，企業者機能それぞれが相互に影響し合う関係にあるのは，資本の運動そのものが貨幣資本循環，生産資本循環，商品資本循環の総体として存在しているからだ，ということである。

VI　結論

　本章では，マルクス経済学の方法のひとつである発生論的な概念展開によって，その資本および資本家概念のなかに未分化のままに潜在していた3つの資本家の機能を開示してきた。具体的には，資本の運動を構成する3つの資本循環——①生産資本循環，②商品資本循環，③貨幣資本循環——のそれぞれを分析し，そこから拡充された意味での資本家機能を析出した。すなわち①企業組織の担い手としての経営者機能，②革新の担い手としての企業家機能，そして③危険負担の担い手としての資本家機能である。

　そこで，これらの3つの機能は，前章で取り上げられた「資本の人格化」概念のなかに包摂することは可能であろうか？　それは，同じ資本の機能主体に関わるというかぎりにおいては，まったく不可能だとは言えないものの，やはりここでは明確に区別しておくべきであろう。

　それというのも，このうちの危険負担については，資本の機能主体というよりもむしろ所有主体としての資本家に関わる問題を含んでいるからであり，残りの2つの機能も，資本内部のヒトとヒトとの関係を資本の論理によって締め上げ，資本をできるだけ多くの剰余価値を獲得できる組織へと規律づける存在としての「資本の人格化」機能とは，区別されるべきだからである。

　なによりもここで留意すべきは，本章で析出された資本家機能とりわけ経営者機能や企業家機能は，資本主義の発展のなかで株式会社資本が主流となり，そこからまた企業の巨大化や経営管理機能の複雑化などを背景に所有と経営との分離が発生する段階で，重要な意味をもつようになるということである。それらは，じつのところマルクスの時代に主流であった個人企業もしくは個人資本の段階ではあまり問題にされなかったような資本家機能だった，ということでもある。こうした点は，次章の理論展開のなかで明らかになるはずである。

　最後に，次のことを確認しておきたい。以上のように拡充された資本家機能

210 第3部 資本の理論

を踏まえて，近代的企業システムを捉え直してみれば，それは独特のヒトとヒトとの関係ではあっても，前章で確認してきたような独自の支配－従属関係をともなう資本－賃労働関係（＝ヒトとヒトとの関係）として把握するだけでは収まらなくなっている，ということである。

　言い換えれば，この関係のなかで賃労働に相対する資本家は，もはや「資本の人格化」機能というだけではなく，それとは異なった機能を発揮することによって（これとはまた別の意味においてではあるが）資本を資本たらしめ，近代的企業システムを独自の機能集団として成り立たせているからである。つまりは，こうした拡充された機能なしには，資本主義の発展という大きな環境の変化のなかで，もはや資本は資本として維持・再生産されえないということ，したがってまた，ここで明らかにした資本家概念の拡充は，同時に資本概念そのものの拡充としても認識されなければならない，ということである。

　以上の結論はまた，資本の所有，機能（＝経営）そして支配が資本主義の発展のなかでどのように変遷を遂げていったのかを論ずる，次章での理論展開にとっても重要かつ不可欠な前提となるものである。

注

1）　Marx [1963] S. 69, 邦訳 79頁。

2）　マルクスの場合，この資本内部のヒトとヒトとの関係は，価値形成・価値増殖過程の分析において上下的な秩序関係からなる階層的組織（＝特殊歴史的側面）として捉えられている。しかし他方ではまた，労働過程論において協業一般という独自のヒトとヒトとの関係（＝歴史貫通的側面）として捉えられていることもよく知られているとおりである。とはいえ，ここで問題にしている資本家機能は，労働過程ではなく価値形成・価値増殖過程における資本家の経営者機能なのである。したがって，この種の資本家の経営者機能は，価値形成・価値増殖過程の現場でこそ論じられなければならない。

3）　不況期に行われる人員整理（いわゆるリストラ）は，やり方しだいでは，ここに示されているような企業活動に関連するさまざまなノウハウや情報や知識が蓄積された独特のヒトとヒトとの関係を破壊してしまう可能性がある。そうなれば，こうした人員整理は，目論まれた「合理化」とは反対の結果をもたらすことにもなりうるわけで，これを理解しない資本家（＝単なるコストカッター）が企業の衰退を招く例もまた偶さかに見られるところである。

4）　ここで生産資本に体化されている技術体系であるが，それはモノ（Pm）に担われて

いる場合もあれば，ヒト（A）に担われている場合もある。近代組織論の祖とされる
チェスター・バーナードは，このヒトの側面を組織として捉え，さらにモノとヒトの
両面を協働システムとして捉えて，これを管理し動かしていくことが経営者の役割だ
とする。彼の言う協働体系とは，協業（協働）するヒトとヒトとの関係だけではなく，
種々の道具類，機械類，機械・工場システム等々の物的構成要素，あるいは牧畜など
の農業，林業，養殖水産業などにおける，植物・動物類などの生物的構成要素，さら
には，これら諸要素と関係を取り結ぶ人間たち（生身の人間）自身のもつ生物的要素
を含んだ総体として把握されている。と同時に，それにとどまらず，そこには協働シ
ステムのなかで関係を取り結ぶ人間たちの心理的（個人的），社会的要因をも包含さ
れている。彼は，こう言っている「協働や組織は，観察，経験されるように，対立す
る事実の具体的な統合物であり，人間の対立する思考や感情の具体的統合物である。」
（Barnard［1938］p. 21. 邦訳22頁）

5） あとで確認するように，こうした創造的破壊もしくは革新を資本主義的ダイナミッ
クスの源泉として重視したのはシュムペーターであったが，彼の場合，その担い手は
主として企業家という，ある種の天才的な個人と見る傾向が強かった。しかしながら
他方で，シュムペーターには大企業組織をとおしてこうした革新がより活発に行われ
るという認識もあり，彼にはこの2つの立場の揺れ動きがあったと言われている（こ
の点については，小谷義次・置塩信雄・池上惇［1991］171頁参照）。ここで言う企業
組織こそが，革新が生み出される現場としてヒトとヒトとの関係（＝人的組織）を認
識するところへとつながる理論的回路なのである。

6） さきに注4)で紹介したバーナード理論の先駆的に優れた点は，組織が環境の変化
とともにそれに適応し構造変化するものとして，きわめてダイナミックに捉えられて
いること，そして，そうした環境の変化に適応しながら組織を変革していく機能を経
営者がもつべきだと考えていることである。彼はこう論じている。「協働体系を変化
する諸条件や新たな目的に対して適応させることが専門的なマネージメントプロセス
であり，複雑な協働においては，管理者あるいは管理組織という専門機関を必要とす
るのである。」（Barnard［1938］p. 37. 邦訳38頁）

7） Schumpeter［1921］S. 100-101. 邦訳166-167頁。

8） この点については，飯田［2006］146-147頁参照。

9） ともに企業家の存在を重視したマーシャルとシュムペーターに関して，池本正純
［2004］は次のように評価している。「シュムペーターのほうは市場メカニズムに対し
て超越的なかたちで企業家の役割を展開したのに対し，マーシャルのほうは市場メカ
ニズムに内在的なかたちで企業家の役割を解釈した」（同書，8頁）と。ここで求めら
れているのは，すでにみたマルクスやマーシャルのように市場メカニズムに内在的な
形で革新の担い手としての企業家の役割を明らかにするということである。と同時に，
こうした革新が生み出される現場として，資本内部のヒトとヒトとの関係すなわち企
業組織の役割を認識することが重要であろう。

10） Marx［1963］S. 62. 邦訳71頁。

212 第3部 資本の理論

11) この資本所有に関わる危険負担の問題を正当に評価したうえで，企業家の役割を明らかにしたのは，フランク・ナイト（Knight [1921]）であろう。この場合，ナイトはリスク（危険）を引き受ける「企業家（entrepreneuer）」の役割について取り上げているのだが，本書のコンテキストで言えば，じつはそれは資本所有者の危険負担であり，実質的にはリスクを負担する主体としての「資本家」機能を論じている，と言うべきであろう。

12) 私有財産制のもとでは，商取引に関わる個人の責任はあくまでも無限責任が基本である。この意味で，株式会社における有限責任制はきわめて破格な制度であって，それは私的個人の自己責任を基本原理とする私的所有の論理からはかなり逸脱したものだと言わざるをえない。株式会社制度が，このような私的所有の論理からの逸脱によって個人企業の限界を打ち破り，巨大な資本の集中と集積を可能にしたということ，さらにはここに次章で主題的に取り上げる現代の巨大株式会社におけるコーポレート・ガバナンス問題の淵源があるということについては，飯田 [2004] 52頁，73-74頁を参照されたい。

第9章　資本の所有，経営そして支配

I　問題の所在

　さて，資本をテーマとする本書の第3部において，近代的企業システムとしての資本は，もっぱらヒトとヒトとの関係として捉えられてきた。そして，このヒトのレヴェルで捉えられた資本概念のなかで最も枢要なファクターは「資本家」という存在であった。彼は，資本の所有主体であると同時に機能主体でもあるが，前章まではもっぱらその機能主体としての側面に光が当てられてきた。そこで本章では，この機能主体としてだけではなく，同時に所有主体としての資本家をも取り上げていくことにしよう。

　ここで資本家によって所有対象とされる貨幣および生産手段とは，言うまでもなく資本として機能する貨幣（G）および生産手段（Pm）である。資本家は，この資本として機能する貨幣および生産手段の所有者であることによって，貨幣資本（G）の投下によって調達された生産手段をも含む生産資本 $W \left\langle {{A} \atop {Pm}} \right.$ を自らの私有財産として社会的に認められ，それによって生産（…P…）された商品（W′），さらにはその商品の販売により獲得された剰余価値を含む貨幣（G′）をも自らの私有財産として認められることになるのである。

　ただし，次の点に注意しなければならない。本来，資本とは単なるヒトとヒトとの関係でもなく，また単なるモノやコトの関係でもない，ということである。それは，ヒトとモノ（さらにはコト）との独特の関係の総体として捉えるほかはなく，したがって，この独特の関係の総体としての資本をあたかもモノを所有するように所有することは不可能なことだ，ということである。

　ところが，ここで資本家は，その独特の関係の総体のなかで資本として機能する貨幣および生産手段というモノを所有することで，あたかもこの独特の関係の総体としての資本そのものを所有しているかのように社会的に認められて

214 第3部 資本の理論

いるのである。そして，こうした資本制的な所有関係に根拠を与えているのは，資本主義経済の社会的基盤としての私有財産制度であった。

　他方，資本家は，この関係のなかで資本の支配者として振る舞っている。つまり，彼は資本を構成するヒトとモノ（さらにはコト）との独特の関係の総体を支配する者として存在しているのである。このような資本への支配は，その所有にもとづく場合と，その機能（あるいは経営）にもとづく場合とがあり，この資本の所有，機能（＝経営）そして支配という三者の関係もまた，資本主義経済の発展にともなう企業形態の変遷のなかでさまざまな形をとってきている。

　本章の目的は，この近代的企業システムとしての資本を構成する独特のヒトとヒトとの関係のなかで，資本の所有，機能（＝経営）そして支配という三者の関係がどのように織りなされ，それがまたいかなる形をとって今日にまで展開されてきているのか，この問題を取り上げて究明していくことにある。

II　個人企業における所有と機能

　そこで，まず個人企業もしくは個人資本の場合，資本の所有と機能との関係はどのようになっているだろうか。まずは，これを確認していこう。

　個人企業の所有者はいわゆるオーナー経営者であって，彼は，すでに述べたような意味での資本の人格化として機能する一方で，資本として機能する貨幣・商品や生産手段を自分の私有財産として所有する，一人の私的所有者である。

　この私的所有者としての資本家は，資本の人格化として日々振る舞い続けるなかで，貨幣など現実資本として機能する経営資産を個人的に我がものとして費消してしまいたい誘惑，衝動とつねに隣り合わせにいる。企業資産はすべて彼の私有財産だからである。

　むろん，そうした誘惑，衝動に負ければ，資本（＝会社資産）は彼の個人的欲望や享楽の対象となり，資本としての存立は不可能になってしまう。市場の論理もしくは市場の規律がこうした資本家の存在を許さないからである。だからこそ，時にはそれが彼自身の内面で分裂し「個々の資本家の高く張った胸のなかでは，蓄積欲と享楽欲とのファウスト的葛藤が展開されるのである。」[1]ここに見られる個人資本家の「ファースト的葛藤」のなかに，じつは後述するコ

ーポレート・ガバナンス問題の原点が潜在している。この点について，ひとまずここで留意されたい。

いずれにせよ，個人資本家にあっては，彼が資本の人格化として振る舞うことも，単なる私的所有者として振る舞うことも，すべては彼自身の行為としてその個人的責任に委ねられている。ここにおいて，私的所有の論理は，資本のもとで生産された剰余価値を取得（搾取）する権利として現れると同時に，その裏面では，資本家に自己責任を強いる論理として存在しているのである。

資本家が会社資産を個人的な享楽に費消してしまいたい欲望と資本の論理との内部葛藤に克ち続けているかぎり，資本の価値増殖への原動力は資本の論理そのものによって規定されている。彼がこの内面の葛藤に克ち資本の人格化として振る舞い続けなければならないのは，適者生存・弱肉強食の論理をもって貫徹する市場の論理が，彼の存在（その生活）にとって決定的な意味をもつからである。

言い換えるなら，彼の存在（生活）が資本と運命をともにしているからであり，そうであるのはまた彼が資本として機能する貨幣や生産手段などを自分の私有財産としているからである。要するに，ここでは私的所有の論理が個人資本家を資本の人格化たらしめ，資本を資本たらしめる基盤なのである。

III 所有と機能との分離

ところで，個人企業の場合も，資本の人格化としての機能に関しては資本の所有主体がそれを担わなければならない必然性はなく，資本の所有主体と機能主体とが分離する可能性は存在している。それは，ちょうど「音楽指揮者がオーケストラの楽器の所有者であることは少しも必要ではないし，彼が他の楽士たちの『賃金』になにかのかかわりをもつということも指揮者としての彼の機能には属しない」[2]というのと同じことである。

こうして，近代的企業システムとしての資本制企業の発達とともに，やがて個人資本家が兼ね具えていた資本の所有と機能に関わる2つの人格性（＝経済的諸関係の人格化）のうち，機能にかんする役割のかなりの部分が，個人資本家の代理人としての支配人（＝管理人）によって担われるようになる。

216　第3部　資本の理論

　それは，資本制企業の発展のなかで個人資本家によってつくりあげられた資本内部の垂直的な秩序関係をもつ階層的組織と，そこでの資本家の指揮・監督権限の管理労働者への委譲を基礎にしながら，最終的にこうした階層的組織の頂点にたって企業活動全体を統括する，いわゆる「産業の司令官」[3]の役割が資本所有者から支配人（管理労働者のトップ）の手に委ねられるに及んで完成形態をとる。ここにおいて，資本の人格化としての機能は，いわば「資本の論理」を体現するかぎりでは経営者のトップ層だけではなく，そのもとに置かれた管理労働者（＝中間管理層）にも求められるようになり，資本家の管理労働者への指揮・監督権限の委譲は，そのことも含めて行われなければならなくなる。

　このような場合には，いわゆる「産業の司令官」たる支配人は，個人資本家のいわば代理人として企業経営にあたるのである。そのかぎりで，彼は所有資本家にかわって，資本内部の垂直的な秩序関係をもつ階層的組織の頂点にたつ資本の人格化として機能しなければならない。ただし，このさい注意すべきは，資本の所有と機能に関わる人格性をあわせもつ個人資本家とは違って，支配人はその経営する会社資産を自分の私有財産としているわけではない，ということである。したがって，彼はその企業経営に仮に失敗しても，彼自身の私有財産には直接的にはなんの影響も受けないのである。

　ここにおいては，適者生存・弱肉強食の論理という，いわば没落の脅威をもって迫る市場の規律を深刻に受けとめるのは，むしろ資本として機能している貨幣や商品，生産手段等々を自らの私有財産とする所有資本家のほうである。ここから，所有資本家は，資本の人格化として機能すべき支配人の経営を厳重に監視し，その資格なしと判断されたときにはいつでもその任を解くことができる立場にいなければならない。言い換えるなら，彼は，その所有にもとづいて資本を支配するという立場をつねに堅持していなければならない，ということである。

　それでは，株式会社のもとでは，この資本の所有と機能に関わる2つの人格性はどのようになるであろうか？　この問題に移る前に，いったんまとめをやっておきたい。これまで展開されてきた資本家概念は，資本の所有主体であると同時に機能主体でもあるような存在であった。このような資本家は通常，個人企業の場合にあてはまり，そうした資本形態（＝企業形態）がまたマルクス

第9章　資本の所有，経営そして支配　217

の時代（19世紀中葉のイギリス資本主義）では一般的・支配的な形態であった。

　ただし，近代的企業システムとしての資本制企業の発展につれて，この資本の所有と機能との関係も変化していくことになる。最初に，個人企業もしくは個人資本の段階で所有と機能の分離が発生し，さらには株式会社資本に発達した段階で，資本所有の二重化，所有と経営の分離，所有と支配の分離などが発生するのである。そこで，次にこの株式会社制度を検討していこう。

IV　株式会社制度と資本所有

　株式会社の制度的特徴は，以下の2点にある。(1)その出資が譲渡自由な株式購入という形で行われること。(2)会社債権者に対する出資者全員の有限責任原則が法的に確認されていること。以下，それぞれの内容について簡単に確認していきたい。

1　譲渡自由な株式制

　譲渡自由な株式が発行されることによって，株主は，なんらかの事情で会社に出資した資金を回収する必要が生じた場合，その株式を他人に売り渡すことで資金を回収することが可能になる。その反面，この制度のもとでは，株主は現実に結合資本として機能する会社資産から直接に出資払い戻しをすることが許されなくもなっている。企業の継続的活動はこの出資払い戻しの廃絶によって保証されるのであり，その意味で，この制度はゴーイング・コンサーンとしての資本に最も合致した企業形態を与えるのである。

2　有限責任制

　有限責任制は，出資者のリスクを軽減し，資金を提供（株式を購入）しやすくすることによって，資本の広範な動員を可能にした制度である。この有限責任制によって，株式会社資本は巨大な資本量を集中・集積することが可能になったのであり，これなしには資本主義の発展そのものがありえなかった，といってもよいほどに資本主義システムにとって重要な制度的な要素であると言える。

　その一方で，ここにおいて株主はその所有株式（＝出資持ち分）の範囲以内

218　第3部　資本の理論

での有限責任をとるだけでよいのであり，無限責任をとらざるをえない個人資本家とは危険負担の意味が根本的に異なってきていることに注意すべきである。株主もまた資本家であるとすれば，前章において確認した危険負担の担い手としての資本家の機能は，株式会社制度のもとでは大きく変更されるのである。

　そもそも私有財産制度のもとでは，商取引に関わる個人の責任はあくまで無限責任であることが基本であった。それが，市場取引における信用や信頼の基盤になっているからである。この意味で，有限責任制とは，私有財産制度のもとではきわめて破格な制度であって，それは私的個人の自己責任を基本原理とする私的所有の論理とは，すこしく異質な要素をもっていることに注意しなければならない4)。あえて言えば，資本主義経済は私的所有の論理を逸脱した制度的な要素を組み込むことによって，その巨大な発展を可能にしたということもできるのである。

　いずれにせよ，この有限責任制は，もう一方の譲渡自由な株式制とあいまって大規模な結合資本の形成を促し，資本主義発展のなかで固定資本の巨大化とともに強められていった，必要資本量の膨大化への対応を可能ならしめたのである。

　まとめよう。この必要資本量の増大傾向と企業活動の継続性への要求は，資本主義の発展のなかで産業資本における固定資本の巨大化とともに強められてきたものであり，譲渡自由な株式制と有限責任制からなる株式会社制度の確立は，いわば資本主義発展の必然的な所産と見ることができる5)，ということである。

3　所有の二重化

　ところで，すでに述べたように株式会社資本においては出資払い戻しの廃絶が制度化されており，株式会社資本が解散して，その残余財産が株主に払い戻される事態にならないかぎり，現実資本として機能する会社資産が個々の出資者＝株主に帰属するということはない。では，この現実資本（会社資産）は直接的には誰が所有するのか？　むろん，この所有主体が存在しなければ，株式会社資本はいっさいの市場取引に参加することは不可能となる。そこで，法律上，それらの会社資産は「法人」という単一主体によって所有されるということになるわけである。

第9章　資本の所有，経営そして支配　219

　法人とは，複数の人間から構成される団体もしくは組織体の権利・義務関係をちょうど一自然人のそれのように処理するためのもので，それ自体としてはひとつの法技術的な措置である。多数の出資者から構成される株式会社では，この法人が，会社資産の集団的所有者たる出資者集団（＝結合資本家）を代表する形で，対外的に統一的かつ単一の権利義務の主体として法的に認められている。それによってまた，この法的人格としての法人が，会社資産の所有主体として，また労働者や他の第三者との諸取引契約の主体として社会的に通用しているのである。

　こうして，この株式会社資本においては所有が二重化される。と同時に，資本もまた現実資本（＝機能資本）と擬制資本（＝株式）とに二重化されたことになる。それにともなってまた，個人企業における貨幣および生産手段の所有者としての資本家は，ここでは株主と法人とに二重化されるのである。

　現実資本として機能する貨幣，商品，生産手段などの会社資産は，すでに述べたように法人がその形式的・法的な所有者とされる。そして，この資本の意思決定や行為は，法人を代表する業務執行機関，あるいはそれを構成する経営者によって遂行されるのである。ここに，資本の所有と経営との分離の可能性が形成されることになる。

　他方，共同出資によって会社を設立した株主は，もはやここでは現実資本（会社資産）に対する直接的所有の関係にはない。彼らはただ擬制資本としての株式に対してのみ私有財産としての処分権（所有権）を行使できるにすぎない。つまり，ここで株主は，現実資本の持ち分を表す株式の所有をとおして会社資産に対する間接的な所有者となり，その持ち分に応じて利子相当分の配当を取得するレントナー的な存在，すなわち擬制資本の所有者となるのである。

　もっとも，ここではすべての株主がレントナー化してしまうわけではない。そうなれば，株主は当然のことながら株式会社資本への支配を完全に失い，いわゆる「経営者支配」が成立することになろう。ただし，そうなるためには一定の条件が必要である。歴史的事実は，株式会社資本の発展のなかで大多数の中小株主はレントナー化していったが，少数の大株主が残って資本の支配者（支配株主）となったのである。

　ここで簡単な総括をやっておこう。すでに確認しているように，資本とは単

なるヒトとヒトとの関係でも，また単なるモノやコトの関係でもなく，それは
ヒトとモノ（さらにはコト）との諸関係の総体として把握されなければならな
かった。

　そうした理論的コンテキストにおいて，株式会社の特徴はと言えば，それは，
このような独特の関係の総体としての資本を「所有」するという本来的に不可
能なことを擬制資本（＝株式）に対する所有（間接的所有）という形で解決して
いる，と見ることができる。と同時に，株式会社においては，現実資本として
機能する会社資産に対する処分権（＝直接的所有）は，もはや自然人たる一人
ひとりの人間には与えられず，自然人ならざる法人に委ねられている。この意
味で，株式会社制度とは，自己増殖する価値という，一人ひとりの人間からは
自立した運動体としての資本の存在形態に最も相応しい制度である，と言うこ
ともできるであろう。

V　株式会社資本：私的資本に対立する社会資本

　さて，以上のようにして成立する株式会社資本は，多数の出資者（＝株主）
の拠出した資金が結合されて1つの資本になったもの，すなわち結合資本とし
て存在する。その出資者たる株主は，ここではこの結合資本を構成する多様な
形態の会社資産に対する集団的（共同的）な所有者となるのである。こうした
制度的特徴を踏まえて，マルクスは，株式会社資本を次のように規定している。

　　「それ自体として社会的生産様式の上に立っていて生産手段や労働力の社会
　　的集積を前提している資本が，ここでは直接に，私的資本（Privatkapital）に
　　対立する社会資本（直接に結合した諸個人の資本）の形態をとっており，こ
　　のような資本の企業は私的企業（Privatunternehmung）に対立する社会企業と
　　して現れる。それは，資本主義的生産様式そのものの限界のなかでの，私的
　　所有（Privateigentum）としての資本の廃止である。」[6]

　ここで主張されていることは，株式会社が「直接に結合した諸個人の資本」
すなわち「社会資本」であり，その意味で「私的資本（Privatkapital）に対立する
社会資本」だということである。言い換えるなら，株式会社資本は，私的個人
によってその私有財産として所有されること――つまるところは，それが私的

所有（私有財産：Privateigentum）としての資本であること ―― を原理的に否定されている，ということである。

　注意すべきは，ここで言う私的資本とは，私的個人の私有財産として所有されている資本（言い換えるなら個人資本）を指し，私的性格をもつ「資本」一般（個人資本もあれば株式会社資本もある）を意味しているわけではない，ということである。資本は，いかなる場合にも，その私的性格を失うことはない。したがって，マルクスがここで株式会社を「私的資本に対立する社会資本」として捉えたことは，株式会社がそうした「資本」としての私的性格をもつことを否定したということには，当然ならない。

　要するに，ここで彼は，結合資本たる株式会社資本を原理的に私的個人の私有財産としては所有できないから「私的資本に対立する社会資本」と言っているわけで，その結合資本自体が一個の資本として私的性格をもつこと自体を否定しているわけではない，ということである[7]。

　とはいえ，実際には，たとえば発行株式のすべてを一個人が所有してしまえば，この株式会社資本は，事実上は私的資本（＝私的企業）と同じことになる。そして，そのような状態の株式会社資本については，「直接に結合した諸個人の資本」すなわち「社会資本」とは決して言えなくなるはずである。逆に言えば，これは，そうした事態を株式会社制度が許容している事実にこそ，この制度の「社会資本」としての限界が画されているということでもある。

　したがって，そのかぎりでは，株式会社資本は必ずしもマルクスの主張しているような「私的所有としての資本の廃止」を意味しないと言うべきであろう。また，あとで確認するように，株式会社制度のもとで所有と経営との分離が行われた場合も，株式会社資本はあたかも支配株主個人の私有財産（すなわち「私的資本」）であるかのような扱いを受け，株式会社資本が「私的所有としての資本の廃止」であるとは，とても言えそうにない状況も存在する。

　しかし，さらに注意すべきは，株式会社資本の発展のなかで資本の所有と支配とが分離され，いわゆる経営者支配の状況ができあがると，事態は大きく変更されるという点である。ここにおいては，株式会社の制度的枠組みのなかで確立された経営者支配が，事実上，マルクスの言う「私的所有としての資本の廃止」を実現することになる。そしてじつは，ここのところに，現代資本主義

222　第3部　資本の理論

に固有の，いわゆるコーポレート・ガバナンス問題の本質が隠されている。

　いまあえて結論を先取りするならば，それは，資本の所有と支配との分離の
もとで株式会社の存立構造から私的所有の論理が排除されるということであり，
そこから経営監視の不在という問題が発生してくるということである。この結
論に到達するためには，ここで株式会社のもつ理論的な諸特徴についてさらに
検討し，掘り下げていく必要がある。

VI　株式会社と企業統治

　さきに見た2つの資本家概念は，株式会社制度のもとではどのようになるの
か？　まずは，この点から確認していこう。これは，資本の所有主体と機能主
体の区別と関連，さらにはそれの人格的分離という問題と深く関わっている問
題である。

　貨幣および生産手段の所有者としての資本家は，株式会社資本のもとでは，
①形式的・法律的な資本の所有主体とされる株主と，②現実資本として機能す
る会社資産の所有主体として社会的に通用する「法人」とに二重化される[8]。

　また，株式会社資本のもとでは，資本の人格化として資本の機能主体となる
のは言うまでもなく経営者である。問題は，この経営者が個人企業における支
配人とどのように違うのかであるが，それは基本的には，この経営者と株主と
の関係において決まる。以下では，これを明らかにするために個人企業と株式
会社とを比較しながら検討を進めていこう。

1　所有と経営との分離

　個人企業にあっては，資本の所有と機能とは分離されることなく，この2つ
は個人資本家の人格性において統一されていた。より正確にいえば，資本の所
有主体としての資本家とその機能主体しての資本家とは，一人の人間によって
担われる2つの異なった人格性 (personality) というべきものであった。

　そして，この両者の人格的分離は，個人企業の場合には不完全な形でしか起
こりえない。というのも，あとで明らかにするように，企業経営という資本の
機能が完全に行われるためには資本の支配を不可欠とするからであり，この支

配はまた個人資本家の場合にはその資本所有に基礎づけられているからである。したがって，個人企業においては，資本家が資本の所有とそれにもとづく支配を失うことがないかぎり，その機能は所有主体から完全な形では切り離されることはない。

資本主義企業の発達のなかで，個人資本家が兼ね具えていた資本の所有主体と機能主体という2つの人格性のうち，資本機能の一部分の役割は，個人資本家（資本の所有主体）の代理人としての支配人によって担われるようになる。ただし，この場合も投資や買収・合併等に関わる経営の重要事項の決定は資本の所有主体たる個人資本家に握られており，この意味で支配人は資本機能の完全なる担い手にはなりきれないままにある。個人資本家がその所有にもとづいて資本を支配しているかぎり，この状態はどこまでいっても変わることはないと言える。

では，株式会社資本においては，この資本の所有主体と機能主体との人格的分離はどのような形をとるのか？

すでに述べたように，株式会社制度のもとでは，大多数の中小株主がレントナー化し，少数の大株主だけが資本の支配者となる可能性が大きい。このとき，大多数の中小株主は資本の形式的・法律的な所有主体ではあるが，もはや資本の機能主体とはなりえない。他方で，大株主は，彼が実際に生産過程で機能する経営者であるなら，個人資本家と同じように資本の所有主体であると同時に機能主体であり，2つの人格性をあわせもった存在となる。

ただし，この大株主すなわち支配株主は，個人資本家のように資本として機能する会社資産を彼個人の私有財産として所有しているわけではない。彼は，形式的・法律的には他の大多数の株主とともにこの会社資産を集団的（共同的）に所有する結合資本家の一人にすぎないからである。すでに見たように，株式会社資本が「私的資本と対立する社会資本」たるゆえんである。

仮に，支配株主がこの会社資産を彼個人の私有財産と同一視しているとすれば，その根拠は株式所有による資本の支配であり，そこには所有にもとづく支配ではなく，支配にもとづく「所有」という転倒した観念が生み出されているというべきであろう。

株式会社資本の発達とともに，企業組織が巨大化し経営管理機能が複雑化す

224　第 3 部　資本の理論

るようになると，やがて生産過程がこの企業に雇用された専門の経営者に委ね
られるようになる。前章で個別資本の運動から析出されたような，企業組織の
担い手としての経営者機能，さらには革新の担い手としての企業家機能などが
資本制企業の存続と発展のためにも求められるようになり，それが一定の訓練
を受けた専門の経営者（たとえ彼の出自が賃労働者であっても）によって遂行
されるようになるのである。支配株主が生産過程から資本の機能主体として退
場する段階がやってきたわけである。

　このときに所有と経営との分離が確立されるが，ただし大株主が資本を支配
している（つまり，定款変更や投資等の経営上の重要な決定権を握っている）
かぎり，この大株主と経営者との関係は，ちょうど個人資本家とその支配人
（＝管理人）との関係と同じようなものになる[9]。資本の管理人たる専門経営
者は，支配株主によってその経営の監視をつねに受けるのであり，彼が経営者
（＝資本の人格化）の資格なしと判断されたときには，いつでもその任を解か
れる立場に置かれているということである。

　この場合，支配株主は，市場の規律を資本の論理に変換し，これを資本内部
に浸透させていくという，資本の人格化としての機能を経営者に期待すると同
時に，経営者の任免権すなわち生殺与奪の権を握ることによって，そうした機
能を強制する立場にいるのである。支配株主がそのような立場にたつのは，彼
がさきに指摘した支配にもとづく所有という転倒した観念から株式会社資本の
存立と自らの運命を同一視しているからで，この意味で彼は個人資本家と同じ
ような立場にたっているのである。言い換えるなら，ここでは，私的所有の論
理が，経営の監視という企業統治（＝コーポレート・ガバナンス）の基本を支
えているということである。

　ただし注意すべきは，ここでの管理人すなわち専門経営者は，理論的には支
配株主個人の代理人ではありえない，ということである。たしかに，法律上は，
会社を集団的に共同で所有する株主団体（法人）の代理人――ただし，支配株
主という一個人の代理人ではない――として経営者（代表取締役）が規定され
ているが，それとても理論的な検討が必要とされるところなのである。

2 経営者は株主の代理人か？

　そこで，株式会社の経営者は，株主団体（社団）から委託された代理人なのか？　また，彼は誰に雇われているのか？　この問題を検討してみよう。

　経営者が株主団体と代理契約を結んでいるならば，彼は代理人として株主団体（社団）に雇われているということになるであろう。ところが，株主団体（法人）を形成する一人ひとりの株主は，現実資本として機能する会社資産に対する法律的（間接的）な所有者ではあっても，直接的所有の関係にはない（その処分権や私的所有権から排除されている）。彼らは，現実資本に対してはあくまで集団的所有・間接的所有の関係にたつにすぎず，そのかぎりで彼ら株主一人ひとりはそのような法人を主体とする代理人契約の当事者たりえないのである。そして，じつは株式会社資本が私的資本に対立する社会資本であるという事実が，こうした場面では決定的な意味をもつことになる。

　結局のところ，ここで経営者と雇用契約を結び，経営者を雇うことのできる株主は一人も存在していないのである。この意味で，株式会社の経営者は，個人企業（個人資本家）に雇われている支配人（＝代理人）と同じではない，ということになる。

　ただし，法律によって，経営者を株主団体（法人）の代理人として規定することは可能であろう。実際にも，法律は経営者を株主の代理人と規定している[10]。とはいえ，この株主は，資本を集団的（共同）に所有している株主団体全体（すなわち法人）を指すのであって，一個人ではない。いかに大株主といえども，資本として機能する貨幣や生産手段等を個人の私有財産として所有する個人資本家のように，彼が直接に資本所有者の資格で経営者（＝管理人）と代理契約を結ぶことはできない，と言うべきであろう。

　もちろん，大株主が会社を支配している場合，彼は法人を代表して契約を結ぶことはできる。ただし，ここでの契約主体はあくまでも法人であって，彼個人ではないのである。株式会社における契約主体は，仮にそうした契約がなされるとすれば，株主団体をひとつの法的人格として代表する法人以外にはないが，じつのところ，経営者はこの法人と代理人契約を結ぶことは決してできない。それは理論的に不可能なことなのである。

　なぜなら，この法人を代表して契約の主体となるのは経営者（代表取締役）

226 第3部 資本の理論

であって，であれば，そうした契約は文字どおりの自己契約になる，ということである。つまりは，そうした契約は無効だということになる。経営者が株主（法人）と代理人契約を結べないのは，こうした背景があるからであった[11]。

　もっとも，経営者は会社経営の最高の意思決定機関である株主総会によって選任されるわけで，ここで大株主が会社を支配している場合には，経営者はこの大株主＝支配株主によって実質的に任命される（雇われる）という形になるであろう。理論的・法律的には，そうした代理人契約は成り立たないが，実質的には，この支配株主が経営者の生殺与奪の権（任免権）を握っていることによって，個人資本家とその支配人（代理人）と同じような関係を取り結ぶことは可能なのである。とはいえ，これはただそう見えるだけにすぎない，ということはすでに確認したとおりである。

　支配株主が存在せずに経営者支配が確立されている（株主総会が形骸化している）場合には，この経営者（機能資本家）は，形式的にも実質的にも，誰にも雇われていないことは一目瞭然となる。株主総会はあるが，この株主総会（あるいは法人）が経営者に対して代理人契約を結んでいるわけでもないし，その契約にもとづいて経営者が会社の支配人（＝代理人）になっているわけではないのである。経営者が会社の支配人（代理人）になっているのは，会社の規約（法律）にもとづいていることであり，これ自体は契約関係とはいえないのである。

　したがって，いかに法律によって経営者が株主の代理人であると規定していても，経営者が株主に対して負っている責任（義務）は，代理人としての契約上の責任（義務）としては説明できなくなる。そこで，この経営者が株主に対して負っている責任を信任関係として説明しようとする考え方[12]も出てくるわけだが，こうした処理そのものは法学上の問題であって，もはや経済学の問題ではないと言うべきであろう。

　さらに，議論を前に進めるために簡単なまとめをやっておきたい。ここにおける議論の核心は，いわゆる法律問題にあるのではない。株式会社制度のもとでは，たとえ法律的に経営者（取締役）が「株主の代理人」（言い換えれば株主の集団を代表する法人の代理人）として規定されていたにせよ，次のセクション3で問題として取り上げるように，経営者が実質的に株主の支配から離れ，

株主利益重視の経営（資本の論理にもとづいた経営）から逸脱することがありうる，という事実が問題なのである。つまり，経営者支配が確立された巨大株式会社の場合，経営者に対してつねに資本の人格化として機能することを強制するような制度的仕掛けが欠如しているということであって，そこにむしろ逆に株式会社のもつ制度上の問題性，もしくは可能性を見ることができるというところが経済学的には重要なのだ，ということである。

3 所有と支配との分離

　さて，株式会社資本の発展のなかで経営者支配が確立されると，そこでは資本の所有と支配の分離が実現されることになる。ここで経営者支配とは，資本の所有主体ではなく単なる機能主体でしかない経営者が，資本の法律的な所有者である株主の支配（すなわち所有にもとづく支配）を押さえて，資本の実質的な支配者になる事態をいう。こうした経営者支配が成立する理由としては，一般的には次のように説明されている。

　もはや個人資産では対応しきれないほどに資本規模の巨大化が進展するなかで，支配株主の持ち株比率が相対的に低下していったこと，遺産相続等をとおしてさらに株式分散化が進み株主の力を相対的に弱めていったこと，企業組織の巨大化とともに経営管理機能がますます複雑化していき株主の専門経営者への従属が進んだこと，等々である。

補遺　いわゆる株式分散を背景とする経営者支配が明らかにされたのは，1932年に出版されたA. バーリーとG. C. ミーンズの古典的名著『近代株式会社と私有財産』(Berle and Means [1932]) によってであるが，A. チャンドラーは，こうした経営者支配と「専門的職業経営者」の登場が現代の巨大企業における経営管理機能の複雑化，高度化——とりわけ現代の企業が複数の事業単位とそれら事業単位のあいだの取引を内部化するようになったという企業組織の質的な転換——を背景としていることを解明している。

　　チャンドラーは，株式会社ではあっても，単一事業単位の企業にとどまる伝統的な資本家的企業を「個人企業」と名づけ，そのような経済あるいは部門を「企業者資本主義あるいは家族資本主義」と呼んでいる。さらに，企業の成長と創設のために多額の資金を外部に仰ぎ，企業の意思決定を銀行その他の金融機関の代表者と分かち合わ

228　第3部　資本の理論

なければならなくなった企業に支配される経済もしくは部門を「金融資本主義」と名
づけ，これらがやがて「経営者資本主義」に取って代わられていったと結論している
（Chandler〔1977〕，邦訳〔上〕16-17頁参照）。

　この点に関連して，チャンドラーは次のようにも論じている。「1950年までに，ア
メリカ経済の主要な部門においては，経営者が管理する機能が，近代企業の標準的な
形態となった。かくして，近代的な複数単位制の企業が支配的となった経済部門にお
いては，経営者資本主義が，家族資本主義あるいは金融資本主義に対する優位性を確
保するに至ったのである。」（Chandler〔1977〕，邦訳〔下〕483頁）。

　そこで，このような経営者支配が確立された場合，資本の所有主体と機能主
体との関係はどのようになるのか？

　ここにおいては，株主が単なる資本の所有主体というだけの地位に転化し，
ただ利子相当分の配当を受け取るレントナー的な存在になってしまうのである。
こうなると，生産過程は資本の人格化たる経営者によって完全に支配され，す
べての株主がレントナー化して所有と支配の分離が確立される。こうして経営
者支配のもとでは，資本の人格化としての経営者が企業を支配し，それによっ
て所有にもとづく支配（株主の掣肘力）を無力化してしまうことで，資本の所
有主体と機能主体との人格的分離がはじめて完全な形で行われることになるの
であった。

　経営者支配のもとで，このように資本の所有と経営，さらにはその所有と支
配とが分離されると，現実資本を支配する経営者は，その所有から切り離され
ているかぎりで，個人資本家のように市場規律を資本の論理に変換し，これを
資本内部に浸透させていかなければならない必然性をもたなくなるであろう。
他方で，会社の法律上の所有者とされる株主も，この資本の論理を企業経営に
貫徹していくことを資本の機能主体（経営者）に強制する，いかなる回路も手
段ももっていないという状態になる。

　かつては，個人資本家のもとで，さらには株式会社資本の支配株主のもとで，
資本の機能主体（管理人または経営者）に対して資本の人格化として機能する
ことを強制した私的所有の論理は，もはやここでは機能しなくなる可能性が出
てくるのである。つまり，株式会社資本の発展のなかで経営者支配が確立され，
資本の所有と支配の分離が実現されると，資本所有者（＝株主）の経営の監視

と統治はきわめて希薄なものになる傾向がある，ということである。ここから，いわゆる経営者資本主義の時代の幕が開かれたのである。

そして，そうなった段階ではじめて，いわゆるコーポレート・ガバナンス（＝企業統治）のありようが現実問題として浮上してくることになる。それというのも，このコーポレート・ガバナンスという言葉は，第二次世界大戦後の経営者資本主義や，その後の株主資本主義のもとで重要課題とされるようになったが，それは，この問題が資本の所有と支配の分離という現実のなかではじめて顕在化するからであった。

VII　会社は誰のものか？

コーポレート・ガバナンスという用語が，わが国で一般に使われるようになったのは，おそらく1900年代前半のことではないかと思われる[13]。そして，この用語がかなり深刻な衝撃と問題意識とをともなって論じられるようになるのは，21世紀にはいった年の秋口（2001年10月）にアメリカの株主資本主義[14]のもとで起こった，エンロン，ワールド・コムなどの巨大株式会社の経営破綻事件からであったろう。

当時，わが国の企業が見習うべきグローバル・スタンダードと目された，アメリカ型コーポレート・ガバナンスや会計（監査）制度への信頼がそこで大きく傷つけられたからである。とりわけ，コーポレート・ガバナンスの要諦は一言でいえば経営（者）の監視ということであるが，アメリカ型コーポレート・ガバナンスではCEO（最高経営責任者）の暴走をチェックできない，ということがこの経営破綻事件で暴露されたのである。

株式相互持ち合いのもとでバブル経済や証券スキャンダルなどが発生した日本資本主義とは違って，アメリカ資本主義では，公開株式会社制度のもとで株式所有の機関投資家化が進み，コーポレート・ガバナンスも適切に機能している，と思われていた[15]。それが，さきの事件では結果的に十分機能しなかったことが露呈されてしまった。というところで，そもそもコーポレート・ガバナンスとはなんなのか，という根本問題をともなってそれが論じられなければならなくなったのであった。

230 第3部 資本の理論

補遺　この巨大株式会社の経営破綻事件は一般的には「エンロン事件」と呼ばれている
が，通例その原因として指摘されていることは，次の諸点である。①証券会社が投資
銀行業務を兼務していることの問題性，②ファンド・マネージャーなる存在の特異性，
③会計監査会社が監査業務のほかにコンサルタント業務を兼務していることの問題性，
④ストック・オプション制（機関投資家・株主の利害と経営者の利害を一致させよう
としたシステム）のもつ欺瞞性，等々さまざまに言われているが，結局のところは経
営者の無責任というところに行き着くだろう。

　この事件を素材にして，株式会社資本さらには資本主義システムの本質問題にまで
掘り下げた研究書としては，奥村宏[2002]がある。また，わかりやすさという点で
は，大島春行・矢島敦視[2002]をあげておきたい。これは，ジャーナリストの観点
から広範囲にわたる実地の取材をもとに書かれたもので，読みやすく説得力をもって
いるのが特徴である。また，それぞれ専門の立場から実際の企業経営や会計等を分析
した研究文献としては，奥村皓一[2002]，一ノ瀬秀文[2002]，加藤厚[2002]等々を
参照されたい。

　コーポレート・ガバナンスとは何か？　これは観点の違いによってさまざま
な理解がありうる。次の定義は，経営の監視という観点から国際的な比較を踏
まえて明確な規定を与えているもののひとつである。

　「①企業における経営上の意思決定の仕組み，②企業のパフォーマンスに密
　接な利害関係を持つ主体相互間の関係を調整する仕組み，③株主が経営陣を
　モニタリングしまたコントロールする方法の三者からなる概念」[16]

　これは簡潔であるが，かなり包括的でバランスのとれた定義であると言える。
ただし，これは行論のうちに明らかになることであるが，株式会社そのものは
マルクスが指摘していたように資本主義的生産様式そのもの限界のなかでの私
的所有としての資本の廃絶という側面をもっており，この意味において，それ
は「会社は誰のものか」という問題を伏在させている。そして，この観点から
は，コーポレート・ガバナンス問題は株主利益の重視というところに収斂され
ることなく，より広い視野から把握されなければならないということが言える
のである。

　ここからまた，コーポレート・ガバナンス問題が「経営者の責任を，株主の
ための利潤最大化だけに限定するのではなく，その利潤を作り出す事業のため
に，人間あるいは人間社会に対して限度を超えて犠牲を強いてはならないとい

第9章　資本の所有，経営そして支配　231

うところまで視野を広げるか否かという問題」[17]を含んでいる，と考えることも可能なのである。以下においては，その理論的な根拠（要するにコーポレート・ガバナンス問題が株主利益の重視には限定されないという理論的根拠）を明らかにしていきたい。

1　経営者支配とコーポレート・ガバナンス

　コーポレート・ガバナンス問題が顕在化するのは，基本的には経営者支配のもとであった。正確にいうと，それは，株式が証券市場で公開され自由に取引可能な巨大公開株式会社における経営者支配のもとで問題として浮上したということである。

　経営者支配が行われていない（したがってまた資本の所有と支配との分離が確立されていない）場合には，支配株主と経営者との関係は，実質的に個人資本家と支配人との代理関係のようになっていて，経営監視の不在という問題は起こりえない。その場合，いわゆる私的所有の論理が企業統治においても実質的に貫徹しており，経営の監視は支配株主によって行われることになるからである。

　これに対して，巨大公開株式会社において経営者支配が確立している場合，もはや資本の人格化としての存在と機能を逸脱する経営者の行動をチェックし，規制するシステムは株式会社制度そのもののなかにはどこにも存在していない。経営者は，市場の規律を資本の論理に変換し，これを企業内部に貫徹させていくことによって企業を支配・統治し，それによってまた資本の人格化として資本の機能主体となる。ところが，ここではその必然性が失われているのである。つまり，そのための社会的・制度的な機構（要するに，私的所有の論理を貫徹していくための制度的な仕掛け）が株式会社制度のなかには存在していない，ということがはっきりと顕れるのである。

　巨大公開株式会社における経営者支配は，資本の所有と支配を分離させることによって，この私的所有の論理が株式会社制度に貫徹していく回路を遮断してしまったと言える。株式会社制度は，資本に最も相応しい企業形態を与えたが，その株式会社資本の発展の最新段階で登場した経営者支配は，資本を資本たらしめる根本原理としての私的所有の論理を株式会社そのものの存立構造か

232　第3部　資本の理論

ら切り離してしまうのである。

　すでに見たように，マルクスは株式会社資本を「資本主義的生産様式そのもの限界のなかでの，私的所有としての資本の廃絶」と把握していた。ところが実際上は，株式会社資本は，支配株主によって「私的所有としての資本」と同じような扱いを受け，事実問題としては「私的所有としての資本の廃絶」というところまでは必ずしもいかなかったのである。

　しかしながら，いまや株式会社資本の発展のなかで登場した経営者支配は，資本を資本たらしめていた私的所有の論理を株式会社の存立構造そのものから排除することとなったのである。株式会社資本が「資本主義的生産様式そのもの限界のなかでの，私的所有としての資本の廃絶」であるというマルクスの認識がいまここではじめて現実のものになった，と言ってよいであろう。

　それでは，このように株式会社の存立構造のなかから私的所有の論理が排除され経営監視の不在という事態になれば，いったいそこから何が起こるのか？

　会社の支配者たる経営者がその地位を利用して私的個人の欲望（貨殖欲，致富欲，所有欲，権勢欲，名誉欲，強欲……等々）を実現しようとする誘惑，衝動に対する抑制装置がなくなってしまうということである。経営者が資本の人格化として振る舞うかどうかの必然性は失われ，資本の人格化としての存在と機能を逸脱したときに，彼を会社の支配者の地位から引きずり降ろす手だてすらない，ということもありえる。そうなれば，会社は経営者の個人的欲望を実現するための手段に成り果て，経営者の強欲，専横，暴走はまったく歯止めのきかないものになるであろう[18]。

　そして，その典型例がアメリカ株主資本主義のもとで起こった巨大株式会社の経営破綻事件だったのである。そこでは投資信託，生命保険会社，年金基金などの機関投資家に株式所有が集中し，株主によるコーポレート・ガバナンスが適切に行われていたはずであった。にもかかわらず，経営者の暴走を抑えることができなかったのである。

　とはいえ，そうした経営者の暴走は，実際にそうなるかどうかは経営者の個人的な資質にもよるであろうし，彼を取り巻いている環境にもよるであろう。ただ，ここで確認すべきは，資本の所有と支配とが分離され経営者支配が確立された株式会社資本においては，経営者が資本の人格化として振る舞い，それ

によって資本が資本として存立する論理的必然性はもはや完全に失われている，そしてそのことが歴史的事実によって証明されている，ということである。

2　株主価値重視の経営とコーポレート・ガバナンス

ところで，経営の監視というコーポレート・ガバナンスの根本問題は，経営者支配とともに顕在化したが，経営者支配が確立されれば経営の監視は必ず機能不全になるというものではない。

たとえば，かつてのアメリカ資本主義のもとでは，株式が個人投資家に分散し，それを基礎に経営者支配が行われていた[19]が，そこでは証券市場における株価の動向によって（つまり，優れた経営者を擁する企業は株価が上がり，逆の場合には株価が下がりM&Aを仕掛けられるという，いわゆるウォールストリート・ルールをとおして）経営者は監視を受けていた，と言われる。これによって，経営者は否が応でも市場の規律を一身に受けとめ，これを「資本の論理」として企業組織内部に浸透させていかなければならなかった（要するに，彼らは資本の人格化として振る舞うことを強制されていた）ということになろう。

また，株式相互持ち合いのもとで独特の経営者支配が行われていた日本の法人資本主義のもとにあっても，かつてはメインバンクによる経営監視などがコーポレート・ガバナンスを支える機能を果たしていた，ということも一般的に認識されている（いわゆる「日本的経営」のもとにおける日本的コーポレート・ガバナンスとして，「従業員の声」や，あるいは「監督官庁の指導」などをあげる場合もある）。

また，アメリカにおいては，投資信託，生命保険会社あるいは年金基金などの機関投資家に株式所有が集中し，株式の機関所有にもとづいた経営者支配[20]が行われたが，そこではまた独自のコーポレート・ガバナンスが確立されている，と考えられていた。このアメリカ型コーポレート・ガバナンスは，日本的経営の崩壊とともにメインバンクによる経営監視も機能しなくなったわが国では，ひとつの到達すべき目標と見られる傾向もあった。だが，それも前述のエンロン事件などで大きな疑問符が付けられてしまったのである。

大株主としての機関投資家には，かつての個人資本家が彼の雇った支配人に対してもっていた強大な権限もなければ，またかつての個人支配株主が経営者

234　第3部　資本の理論

に対してもっていた強力な経営監視機能も期待できなかった（だから経営者の強欲や暴走をチェックできなかった）ということになるからである。

　こうした問題状況のなかで，現在もなお支配的なのは，コーポレート・ガバナンスをもっぱら株主の存在と関連づけ，株主利益を重視した企業経営を徹底すること，あるいは株主価値を重視する経営を追求することがコーポレート・ガバナンスであるとする考え方であろう。たとえばこれは次のように主張されている。「コーポレート・ガバナンスの本家アメリカでは，コーポレート・ガバナンスとはずばり株主利益を重視した会社経営を徹底することである。」[21]

　このような株主利益の重視，あるいは株主価値の重視の経営によってコーポレート・ガバナンスを確立しようという考え方は，資本の法律上の所有者（＝私的所有者）である株主を重視することで，経営者支配によって実質的に弱められた「所有者」すなわち株主の立場を強化・復活し，それによって株式会社資本の存立構造のなかに私的所有の論理を再確立しようとする立場である，といってよいであろう。

　ところが問題は，こうした主張の基礎におかれている株主利益の重視もしくは株主価値を重視した経営なるものが，そもそもきわめて曖昧だということである。それは，1株あたりの配当を多くすることなのか，あるいは株価を高めることなのか，さらには企業の発展のために長期的な観点から現在の株主への配当を一時的に抑制しても資本蓄積を強力に推し進めることなのか。要するに，株主価値重視といっても，短期的な価値を高めるのか長期的な価値を高めるのかによって異なり，その判断を誰がやるのかによっても正反対の結果になる場合すらありうるのである。

　それでも，とにかく資本所有者たる株主の利益を重視すべきだ，そうした私的所有の論理を企業統治の原点におくべきだというのが，こうした主張の眼目なのである。これは，じつは見方を変えれば，経営者支配が確立された巨大公開株式会社のもとでは経営者が資本の人格化として機能しなければならない必然性が失われている，そこにおいては資本の論理が貫徹されない，したがってまた資本が資本として存立できない，そうした可能性があるという現実を示唆しているのである。

　21世紀のとば口で起こった巨大株式会社の経営破綻事件は，その証左とも

いうべきものであったし，さきの株主利益を重視した会社経営の徹底化こそが
コーポレート・ガバナンスであるという主張は，それに対する危機感の表明と
も受け取れる。そして，そうした事実にこそ，株式会社が資本制企業の発展の
なかで登場した必然的な形態であるという側面だけでなく，他方で，それが資
本そのものを乗り超える要素を潜ませた制度として存在していることの証拠と
見ることもできるのである。以下においては，この問題を検討していこう。

3　公器としての巨大株式会社

　コーポレート・ガバナンスに関するもうひとつの重要問題は，じつはこれが
「会社は誰のものか？」という問いかけを含んでいるということである。この
問題は，巨大公開株式会社の経営者支配のもとで，経営者の専制支配とその弊
害が目立つようになったときに提起され，さらに，わが国においては日本的経
営のもとで「会社は従業員のためにある」かのような状況とそれに対する批判
が生まれたとき，この「会社は誰のものか？」という同じ問いが投げかけられ
ている。いずれも，これらは会社の法律的・間接的な所有者ともいうべき株主
の立場からの問いかけと見ることができるであろう。

　他方，現代の巨大公開株式会社が動かしている経済力・規模はきわめて大き
く，その影響力は会社の株主や経営者，従業員といった直接的な利害関係者だ
けにとどまらない。その企業活動はいわば国民経済的規模，さらには地球的規
模でさまざまな影響を及ぼしているのである。このとき，「会社は誰のもの
か？」という問いかけが，企業の直接的なステーク・ホルダー以外の多様な国
民階層からも発せられうるのであり，また現に「会社は誰のものか？」という
問いかけのなかにはこの意味も含まれていたのである。

　このような問いかけがなされる根底には，株式会社における所有の二重化が
あり，そのもとで生じた株主所有権の実質的な空洞化がある。では，この株主
の会社に対する間接的な（法律上の）所有の内実とはどのようなものであった
ろうか？　結論から言えば，それは単に法律によって会社の所有者として規定
されているだけで，その所有の実質を喪失しているということである。その理
由は，以下のとおりである。

　株主は，個人資本家のように会社資産に対する直接的所有の関係を主張でき

236 第3部 資本の理論

ない立場におかれている。この意味で，株主は会社資産（現実資本）に対する
直接的な所有関係から実質的に排除された存在なのである。彼は，ただ株式
（擬制資本）に対する所有をとおして，会社に対する法律上の，間接的な所有
者としての立場を主張できるにすぎない。また，株主は，そのことを根拠に議
決権（これは共益権とされる）や利益配当請求権，残余財産分配請求権（以上
の2つは自益権である）などを与えられてはいても，それは基本的に現実資本
（会社資産）に対する私的所有の内実を具えていないうえでの措置でしかなく，
いわば空洞化され稀釈化された所有でしかないのである[22]。

　「会社は誰のものか？」という問いかけの根底には，このような株式会社に
おける株主の所有権の空洞化が存在している。株式会社において，このような
私的所有の空洞化が生じたのも，株式会社が「資本主義的生産様式そのもの限
界のなかでの，私的所有としての資本の廃絶」という性格をもっていたことと
不即不離の関係にあったからにほかならないのである。

　ここで，いったんまとめよう。コーポレート・ガバナンスの問題は，資本が
資本であるための基本的条件——すなわち，資本の内部組織とそれに規定され
るさまざまな企業行動を資本の論理によって規律づけ方向づけるメカニズム
——と密接に関わっており，この資本が株式会社の形態をとったときにはまた，
その所有関係に根本的な変更をもたらす問題——会社は誰のものか？　との問
いかけ——をも生み出した。いずれの問題も，その鍵を握っているのは資本主
義システムの基盤にある私有財産制度（私的所有の論理）であって，それが資
本を資本たらしめたと同時に，資本の限界をも画したのである。

　他方ではまた，株式会社制度の制度的特質である有限責任制は，私有財産制
のもとでの私的諸個人の自己責任の原則をかなりきわどく逸脱するものであっ
たが，その反対側で株主の出資払い戻しを否定することで企業活動の継続性を
保証するものでもあった。言ってみれば，株式会社制度は，このような私的所
有の論理からの逸脱によって，個人資本の限界を打ち破り（言い換えるなら，
私的資本ではなくて社会資本として）巨大な資本の集中と集積を可能にしたの
である。

　そして，じつは，株式会社におけるコーポレート・ガバナンス問題（経営監
視の不可避性，資本所有の曖昧化など）は，このような資本が株式会社制度を

とることによって資本の無限の自己拡大衝動に道を拓く一方，株式会社資本の発展がその基礎とする私的所有の論理を掘り崩していったことの必然的な結果と言うべきなのであった。

「会社は誰のものか？」という問題は，基本的には，このような株式会社の成立条件に密接に関わる私的所有の空洞化，稀釈化を基礎に出てきたものであって，この意味では会社に対する権利主張は株主のみならず，それに関わる多様なステーク・ホルダーの側からもなされうるのである。そして，その理論的根拠は，株式会社の存立構造そのもののなかに潜在していたということであった。したがって，株式会社があまりに巨大化し，その活動が国民経済に多大なる影響を与えている現代資本主義の実状のなかでは，株主だけではなく，こうした会社を取り巻く多様なステーク・ホルダーの立場からの経営監視もまた不可欠となっている，と言わなければならない。

例をもって説明しよう。すでに本書の第7章・セクションⅡ「4 グローバル資本について」のなかで指摘しておいたように，現代資本主義（すなわちグローバル資本主義）においては，この時代を代表する支配的資本＝グローバル資本の利害 (interest) と，それによって駆動される国民経済の利害とが必ずしも一致していないという問題があった。つまり，調達，生産，販売という3つの資本の活動領域すべてにおける国際化を特徴とするグローバル資本は，国民経済の発展とは無関係に自らの発展を図ることができる，ということである。このグローバル資本もまた巨大株式会社として存在しており，そうである以上，そこでのコーポレート・ガバナンス問題には，単に株主による経営の監視というだけでは済まされない，国民経済レヴェルの問題が含まれているのである。

さらに言えば，もともと自己増殖する価値としての資本は，その存在，その本質において無限の拡大を指向する機能集団であり，現代の巨大株式会社はそうした資本の無限の自己拡大衝動を支え，それを圧倒的なパワーとして実現することに最適な組織形態と資本蓄積システムとを具えた存在でもある。その一方で，この資本が発展すればするほど，われわれ人間の生活する地球もしくは自然の許容能力（環境，資源，その他）が限界に近づいていく──とりわけ地球規模で運動を展開するグローバル資本の場合，そうした可能性や懸念はいっそう高まる──ということもまた否定しえない事実である。しかも，そのかな

238　第3部　資本の理論

りの部分が，いまや証券市場を含む資本（金融）市場を中心に跳梁跋扈する強欲資本主義によって主導されている，ということも決して忘れるべきではない。

　では，こうした地球環境，資源の限界を突破していく可能性をもち始めた，資本の自己拡大衝動に対して，われわれはいつどこで有効な歯止めをかけることができるのか。この問題もまた究極のところ巨大株式会社のコーポレート・ガバナンスに関わっている，と言わなければならないであろう。

　いや，むしろ今後は巨大株式会社をある種の公器として位置づけ，そう扱うことで，そのような独自の機能集団としてのコーポレート・ガバナンスを問題にしていかなければならない。こうした発想の転換が必要になってきている。そうした時代に，われわれは生きている，と言うべきである。

VIII　結論

　さて，以上の展開をとおして本章が明らかにしてきた主要論点は，近代的企業システムの発展とそれにともなう資本家概念の拡充のなかで，資本を構成するヒトとヒトとの関係も不断に変化を遂げてきた，ということである。このさい注意すべきは，その関係の変化が資本の所有，機能（＝経営），そして支配のありようと深く関わっている，という点である。

　個人企業の場合，このヒトとヒトとの関係は，もっぱら資本の所有主体であると同時に機能主体でもあった資本家と賃労働者（＝従業員組織）との関係であり，それは基本的に資本内部の独特の上下的な秩序関係からなる階層的組織におけるヒトとヒトとの関係，すなわち資本－賃労働関係が中心であった。

　しかしながら，近代的企業システムとしての資本制企業の発達につれて，資本家概念の人格的な分離が発生するとともに，このヒトとヒトとの関係は，資本家概念の内部で多様化していく。それは，たとえば所有資本家と機能資本家（＝「支配人」）との関係，さらには株主と経営者との関係，そこにまた大株主（＝支配株主）と経営者との関係や株主と会社の支配者としての経営者との関係，等々という形で複雑化していったのである。

　これらもまた，資本概念を構成するヒトとヒトとの関係であるが，それ自体は，資本内部（すなわち協業または協働システム内部）のヒトとヒトとの関係，

すなわち資本－賃労働関係とは区別される必要がある。それというのも、これらは基本的に資本の所有主体と機能主体との関係であり、この関係の如何が資本の所有、経営、そして支配のありように大きな影響を及ぼすことになるからである。そして、そのことがまた前述のコーポレート・ガバナンス（＝企業統治）の問題に関わり、「会社は誰のものか？」という根本的な問いかけにつながっていた、ということである。

　ここから結論へと進もう。自己増殖する価値としての資本の発展の現時点での到達点（＝現在形）として、グローバル資本が現代資本主義における支配的資本として登場してきた。このグローバル資本は、調達・生産・販売の国際化をその運動様式とすることで、いまや諸個人の生活の現実的基盤とも言うべき国民経済の利害と対立し、さらには地球すなわち自然の許容能力（環境、資源など）の限界を突破していく可能性をも見せ始めている。

　その一方で、このグローバル資本は巨大株式会社としても存在しており、株式会社としては、その制度に固有のヒトとヒトとの関係から成り立っている。この株式会社を成立させている諸関係のなかで最も重要なポイントは、株式会社がその制度的成り立ちから私有財産制度の基盤――すなわち、私的個人の自己責任を基本原理とする私的所有の論理――を逸脱する要素を内包しており、そこからまた私的所有の空洞化、稀釈化という問題を孕んでいる、ということであった。しかしながら、他方でこれはまた、そのことを根拠に株主以外の多様なステーク・ホルダーの立場からの巨大株式会社に対するコーポレート・ガバナンスの可能性もまた開かれている、ということでもある。そして、こうした可能性は、言うまでもなく、資本をもっぱらモノのレヴェルから自己増殖する価値もしくは自己増殖する価値の運動体としてだけ把握する見地からは決して見えてこない、ということも付言しておかなければならないであろう。

　要するに、この可能性は制度（いわばヒトとヒトとの関係）の問題であり、そうである以上それは制度の変革をとおして実現できる、ということである。ここに、資本（具体的には現代資本主義の支配的資本たるグローバル資本）に対する、国民の側――さらには広くは人間の側――からの統治（governance）の可能性が開かれているということ、そして、これはモノとモノとの関係によってヒトが制御されるのではなく、逆にヒトがモノとモノとの関係を制御する関

240　第3部　資本の理論

係（「必然の王国から自由の王国」）へと移行する，その第一歩になる，という
ことである。

注

1）　Marx［1962］S. 620. 邦訳774頁。

2）　Marx［1964a］S. 400. 邦訳485頁。

3）　Marx［1962］S. 352. 邦訳436頁。

4）　この有限責任制が認められることにより，株式会社においては無限責任を負う個人
　　にかわって法人という法的擬制が導入されるようになる。この法人格をもつ株式会社
　　は，最初は，王権によって特別に許可された「特権」として（特許状によって）付与さ
　　れたものである。この意味で，それは，近代の私的財産制度（私的個人の自己責任を
　　基礎にした私的所有の論理）とは異質な要素をはじめからもっていたのである。そう
　　した独自の制度的特徴から「株式会社の歴史は資金の持ち逃げと詐欺の連続」だった
　　ということもあり，株式会社制度の母国イギリスでは，かなりの期間にわたって「株
　　式会社不信の時代」が続いたとされる。この点は，上村達男［2002］30-31頁が詳しく
　　論じている。

5）　この点に関しては，北原勇［1984］84-92頁が詳細に分析している。北原によれば，
　　こうした株式会社制度確立の必然性は「企業活動の継続性の要求」に規定されている。

6）　Marx［1964a］S. 452. 邦訳556-557頁。

7）　本文中に示したように，マルクスは，株式会社（＝結合資本）自体が一個の資本と
　　して市場のなかで他の諸資本と競争・対立する私的な存在であることを否定している
　　わけではない。ところが，マルクスはそれを否定していると解釈する論者たちもいる。
　　たとえば，武田信照［1998］は，そうした解釈のいくつかを肯定的に紹介したうえで，
　　この株式会社の社会資本としての性格を前面にだすと「株式会社のもつ私的資本とし
　　ての側面は背後に隠れる」と主張している（同書，183頁を参照）。しかし，マルクス
　　自身は，株式会社が私的資本（すなわち私的個人の私有財産として存在する資本）で
　　はなく社会資本であると述べているわけで，はじめから株式会社のそうした私的資本
　　としてのあり方（あえて繰り返すなら，私的個人の私有財産としての資本のあり方）
　　を否定しているのである。だとすれば，そのように最初から否定されているものが
　　「背後に隠れる」こと自体がありえない。武田説は，マルクスのいう私的資本を別の
　　意味に誤解することから出てきた主張なのである。

8）　この法人を「資本の人格化」と解釈する説も存在している。たとえば，北原勇［1984］
　　232頁，植竹晃久［1984］107頁，森杲［1986］156頁などを参照。ただし，筆者自身は
　　この説をとらない。

9）　資本の機能主体は，企業経営の最も重要な決定を行うことができてはじめて完全な
　　ものとなる。このような「機能資本家」が『剰余価値学説史』でマルクスのいう「経済
　　上の資本所有者」（Marx［1968］S. 498. 邦訳654頁）たりうるのである。そうであるか

どうかの分かれ目は，資本の機能主体がその支配者であるかどうかに関わっているということである。したがって，会社を最終的に支配しているわけではない，単なる支配人や管理人（＝所有資本家の代理人）は「機能資本家」ではあっても「経済上の資本所有者」とは言えないのである。

10) この点について，上村達男 [2002] は次のように論じている。「従来の通説的な株式会社法理論は，既述のように，出資者たる株主が契約的に結合して社団を形成し，主人たる株主の代理人として取締役を選任し，経営目的を株主利益の極大化におき，監査目的も株主のため，株主代表訴訟も株主の利益保護のため，株主総会は会社所有者の集まり，といった極めて私的で閉ざされた世界で展開されてきており，有り体に言うなら，個人商人の世界も合名会社も株式会社も公開株式会社もすべて同じという理論状況である。」（同書，116頁）。仮に法律上は，ここに示されているように取締役が「主人たる株主の代理人」とされていても，「主人たる株主」はこの代理人契約の主体たりえないということ，したがってここでは代理人契約が結ばれているわけではないということに注意しなければならない。

11) こうした契約が「自己契約」であり，無効であるということについては，岩井克人 [2003] が問題として取り上げ究明している。同書の第3章を参照。

12) 岩井克人 [2003] は，この経営者が株主に対して負っている責任を「契約関係」ではなく「信任関係」として説明している（同書，83-93頁参照）。なお，自己責任と自己利益の追求を基軸とする「契約」と，他者への依存関係を基軸とした「信認」との区別と関連については，樋口範雄 [1999] が好適である。

13) 田村達也 [2002] によれば，1990年前後には「日本ではまだほとんど誰もコーポレート・ガバナンスという言葉を耳にしたことがなかった」（10頁）。

14) 1990年代のアメリカでは「株価重視」の企業経営が主流となっており，ここから「投資家資本主義 (Investor Capitalism)」「証券資本主義」「株主資本主義」などと呼ばれるようになっている。これは，1970年代から進んだ株式所有の機関化（投資信託や生命保険，さらには年金基金などが大企業の大株主となる）現象を背景としており，90年代にはいってこの機関投資家の圧力をとおして「高株価」経営をなによりも重視する傾向が生まれてきている。こうしたアメリカ株主資本主義の現状と特徴については，次のものが基本文献となろう。Useam [1996], 吉富勝 [1999], Kennedy [2000], 奥村宏 [2000]。

15) 現代アメリカ企業におけるコーポレート・ガバナンスの基盤に機関投資家の存在があることはよく知られている。J. ホーレイと A. ウィリアムズは，この機関投資家がいまや長期的観点から企業経営を監視する「ユニバーサル・オーナー」となり，彼らの経済的な利害関心は長期的かつ社会全体という観点から利益をもたらすかどうか（たとえば，環境へのダメージを極小化しようとする企業努力はその関心の範囲内）にあると説明する。(Cf. Hawley and Williams [2000] p. xv)。そのうえで「コーポレート・ガバナンスの諸々の実践とユニバーサル・オーナーの意識と行動として現れる諸々の活動とは，まさに表裏一体の関係にある」(ibid., p. 4) と主張している。

242　第3部　資本の理論

16)　深尾光洋・森田泰子 [1997] 9頁。

17)　井村進哉・福光寛・王東明編著 [2002] 4頁。

18)　現代のアメリカ株主資本主義のもとで，経営破綻した巨大株式会社の経営者たちは，
　　自らが資本の人格化となることで会社の手段となるかわりに，会社を自らの致富欲，
　　貨殖欲の手段にしてしまい，そのあげくに自分もろとも会社を破綻させてしまった，
　　と言えそうである。大島春行・矢島敦視 [2002] では，MBA取得のエリート社員た
　　ちやその頂点に立つ重役たちが，いかに会社を「金持ちになる」ための手段と考え，
　　そのために奔走していたのかが活写されている。

19)　通例，こうした株式分散を基礎にした経営者支配がアメリカでは1920年代頃から
　　始まり，わが国では第二次世界大戦後の財閥解体を契機に始まったとされている。奥
　　村宏 [2000] によれば，戦前の日本では個人資本家（財閥＝家族も含む）が株式会社を
　　支配しており，個人資本主義，あるいは家族資本主義といった株式会社の歴史の第一
　　段階にあった。第二段階は，第二次世界大戦後の財閥解体と株式分散とを背景とした
　　「経営者支配」が進んだ時代で，これは奥村によれば「混乱状態をもたらした」。そし
　　て，第三段階は，1950年代以降で，「法人間での株式相互持合いが進められ，法人資
　　本主義の構造ができ」あがって，そのもとでの経営者支配，すなわち株式の法人所有
　　に基づく経営者支配が行われるようになった，とされている（同書，25-26頁参照）。

20)　アメリカでは，1970年代頃から株式所有の機関化が始まっており，こうした事態
　　をP.ドラッガーはいち早く「年金基金社会主義」という概念で捉えことは，よく知ら
　　れているところであるが，これがなによりも株主価値を重視する「投資家資本主義」
　　の様相を露わにし始めるのは90年代以降である。この点について，M.ユシームは次
　　のように述べている。「20世紀半ばに経営者資本主義 (managerial capitalism) のコン
　　セプトが一般的なものとなったとすれば，この世紀の終わり頃には投資家資本主義
　　(investor capitalism) という新しいルールが支配的になりはじめた。」(Useam [1996]
　　p.7)。そして，この経営者資本主義と投資家資本主義とを対比して，次のように論じ
　　ている。「新たな投資家資本主義のルールのもとでの立身出世は，株主価値 (share-
　　holder value) に集中し——それを生み出していく執行役員の能力にますます依存し
　　てくる。……古い経営者資本主義の時代には，執行役員は株主たちのそれとは違った
　　プライオリティを追求することができた。投資家資本主義の時代には，そうした権利
　　侵害はほとんど容認されなくなった。経営者資本主義では，執行役員は会社の株主た
　　ちを黙殺することができたが，投資家資本主義ではそれは許されない。経営者資本主
　　義の場合，執行役員はその会社の取締役をできるだけ株主から遠ざけようとしたが，
　　投資家資本主義ではそうしたことはありえない。」(ibid., p. 233)

21)　土志田征一・田村秀男・日本経済研究センター編 [2002] 38-39頁。

22)　株主は会社の法律上の所有者と一般に思われているが，上村達男によれば，実際に
　　は「株主は法的な意味において会社の所有者とは言えない」（上村 [2002] 40頁）とい
　　うことである。もっと正確に言えば「株主は会社の所有者だという主張は希薄化され
　　た所有ないし変形された所有という意味」（同書，41頁）でしかないとされる。

おわりに

　さて，以上をもって本書は完結する。そこで，最後に本書の全体を総括しておくことにしたい。

　筆者は，本書の冒頭においてこう論述した。マルクス経済学では，資本は自己増殖する価値もしくは自己増殖する価値の運動体として概念規定されるが，この価値および資本概念に関しては，『資本論』が刊行されてからおよそ150年をへた現在も，マルクス経済学の方法論的立場にたつかぎり基本的には変更はない，と。これは，言うまでもなく，モノのレヴェルで把握された資本概念であった。

　これに対して，ヒトのレヴェルで捉えられた資本概念は，すでに確認してきたように資本主義の発展という現実の歴史的時間の経過のなかで，その概念内容を不断に変更しながら進化し続けてきている。そこから明らかになることは，マルクス学派の資本概念が，新古典派ミクロ経済学における企業概念のような，理論的な市場に存在する単なる質点のようなものではないということ，その内部に多様で重層的なヒトとヒトとの関係（＝諸人格の社会的諸関係）とモノとモノとの関係（＝諸物象の社会的諸関係）とを包蔵しながら，この2つの関係の転倒的な相互依存関係として概念構成された，独自の組織体もしくは運動体として把握されているということ，そして，その概念構成の中軸に資本家さらには資本‐賃労働関係がおかれているということであった。

　しかも，このさい特筆すべきは，この資本家概念を中軸に据えたヒトとヒトとの関係としての近代的企業システム，すなわち資本制企業は，時代の変遷とともに──言い換えるなら，資本主義経済のダイナミックな変容という，現実的かつ具体的な歴史的時間の経過のなかで──その内容を変革させながら発展し続けている，ということである。ここにも単なる市場の質点でしかない，新古典派ミクロ経済学の企業概念とはまったく異なる理論的フレームワークとその優位性とが見いだされるが，ただしマルクス経済学の理論的優位性はそこだ

けにとどまらない。

　それは，この経済学の基礎に，景気循環・経済変動を基盤とする「発展」という動態的契機を組み込んだ「再生産」認識がおかれていることである。こうした特徴的な再生産認識は，その独自的な資本概念の理論的基盤ともなっており，そのことはこの資本の再生産・循環運動のなかからさまざまな変革や発展の契機が紡ぎだされてくる独特の理論構造となって示されてもいる。こうした方法論的な特徴については，本書で展開した議論を顧みればもはや贅言を要さぬところであろう。

　しかも，こうした理論的特徴はまた，資本概念のなかに見いだされるばかりではなかった。それは，この資本が駆動力となって展開される社会的再生産過程そのものの認識においても貫かれているのである。すでに本書において確認してきたように，マルクス経済学に独自のミクロ分析とマクロ分析とは，その古典派経済学以来の再生産認識を基軸に展開され，その理論的基礎には，このミクロ・マクロの両分析を理論的に統合可能なものとする価値論（＝労働価値論）が存在していた。

　この価値論（すなわち抽象的労働説）こそ，現実的，具体的な歴史的時間のなかで変遷・発展し続ける資本主義経済の構造と動態の分析にとって，最も基本的なツールを経済学に与えるものだと言わなければならない。つまり，この価値論を基礎に据えることによってのみ，全体としての経済過程が「価値」に媒介されながら遂行されるという資本主義独特の社会的再生産過程の根本的かつ総体的把握がはじめて可能になるからである。

　以上の結論をもって，本書全体の締め括りとしよう。最後に一言。本書の狙いは，徹底した内在的批判とそれをとおしたマルクスの経済学の批判的な継承によって，そこにおける通説や常識を根底から覆し，その現代化を図ることにあった。この企図が成功したか否かについては，言うまでもなく，読者諸賢の判断に委ねられている。

参考・引用文献

▶赤堀邦雄［1971］『価値論と生産的労働』三一書房。

▶東浩一郎［2008］「投下労働量による剰余価値率分析の批判的検証と Single System」，『東京立正短期大学紀要』第36号。

▶Barnard, Chester I.［1938］*The Functions of the Executive,* Cambridge: Harvard University Press（山本安二郎・田杉競・飯野春樹訳『新訳 経営者の役割』ダイヤモンド社，1968年）.

▶Berle, Adolf A. and Means, Gardiner C.［1932］*The Modern Corporation and Private Property,* New York: Macmillan（北島忠雄訳『近代株式会社と私有財産』文雅堂書店，1958年）.

▶Chandler Jr., Alfred D.［1977］*The Visible Hand: The Managerial Revolution in American Business,* Cambridge, Mass.: Harvard University Press（鳥羽欽一郎・小林袈裟治訳『経営者の時代』上・下，東洋経済新報社，1979年）.

▶Duménil, G.［1983］"Beyond the Transformation Riddle: A Labor Theory of Value", *Science and Society,* 47(4).

▶Foley, D. K.［1982a］"Realization and accumulation in a Marxian model of the circuit of capital", *Journal of Economic Theory,* 28(2).

▶――――［1982b］"The Value of Money, The Value of Labor Power and Marxian Transformation Problem", *Review of Radical Political Economics,* 14(2).

▶――――［1986a］*Understanding Capital, Marx's Economic Theory,* Cambridge, Mass. and London: Harverd University Press（竹田茂夫・原伸子訳『資本論を理解する：マルクスの経済理論』第Ⅰ部，法政大学出版局，1990年）.

▶――――［1986b］*Money, Accumulation and Crisis,* New York: Harwood Academic Publishers（竹田茂夫・原伸子訳『資本論を理解する：マルクスの経済理論』第Ⅱ部，法政大学出版局，1990年）.

▶Freeman, A., Kliman, A. and Wells, J.（eds.）［2004］*The New Value Controversy and the Foundation of Economics,* Edward Elger.

▶Freeman, A.［2004］"The Case for Simplicity: A Paradigm for the Political Economy of the 21st Century", in Freeman, Kliman and Wells（eds.）［2004］.

▶深尾光洋・森田泰子［1997］『企業ガバナンス構造の国際比較』日本経済新聞社。

▶Hawley, James P. and Williams, Andrew T.［2000］*The Rise of Fiduciary Capitalism:*

How Institutional Investors Can Make Corporate America, More Democratic, University of Pennsylvania Press.

▶橋本貴彦・山田彌 [2013]「マルクス価値論と『新解釈』学派」,『立命館經濟學』第61巻第6号。

▶橋本勲 [1970]『商業資本と流通問題』ミネルヴァ書房。

▶樋口範雄 [1999]『フィデュシャリー「信認」の時代：信託と契約』有斐閣。

▶平瀬巳之吉 [1954]『経済学の古典と近代』時潮社。

▶──── [1959]『独占資本主義の経済理論』未来社。

▶──── [1979]『実物分析と貨幣的分析』未来社。

▶廣松渉 [1974]『資本論の哲学』現代評論社。

▶本間要一郎 [1974]『競争と独占』新評論。

▶飯田和人 [2001]『市場経済と価値──価値論の新機軸』ナカニシヤ出版。

▶──── [2004]「コーポレート・ガバナンスと資本家概念」,明治大学『政経論叢』第72巻第4・5号,2004年。

▶──── [2006]『市場と資本の経済学』ナカニシヤ出版。

▶──── [2011]『グローバル資本主義論──日本経済の発展と衰退』日本経済評論社。

▶──── [2012]「『グローバル資本主義論──日本経済の発展と衰退』に対する鶴田満彦氏の書評へのリプライ」,経済理論学会『季刊 経済理論』第48巻第4号。

▶──── [2013a]「関係主義的な抽象的労働説と国民経済計算」,『東京経大学会誌 経済学』第277号。

▶──── [2013b]「抽象的労働説と再生産可能価格」,明治大学『政経論叢』第81巻第3・4号。

▶──── [2014]「資本家概念の拡充について──危険負担,企業組織および革新の担い手」,明治大学『政経論叢』第82巻第3・4号。

▶──── [2015a]「抽象的労働説と独占価格論」,鶴田満彦・長島誠一編『マルクス経済学と現代資本主義』(独占研究会創立40周年記念論文集)桜井書店,所収。

▶──── [2015b]「労働価値論と資本循環──体化労働説と抽象的労働説について」,経済理論学会『季刊 経済理論』第52巻第3号。

▶──── [2016a]「労働力の価値,剰余価値および剰余価値率について──抽象的労働説の観点から」,福島大学『商学論集』第84巻第4号。

▶──── ・高橋聡・高橋輝好 [2016b]『現代資本主義の経済理論』日本経済評論社。

▶──── [2017]「グローバル資本主義の資本と賃労働──新自由主義下の資本蓄積と格差社会をめぐって」経済理論学会『季刊 経済理論』第54巻第1号。

▶池本正純 [2004]『企業家とはなにか──市場経済と企業家機能』八千代出版。

参考・引用文献　247

▶飯盛信男［1985］『サービス経済論序説』九州大学出版会。

▶井村進哉・福光寛・王東明編著［2002］『コーポレート・ガバナンスの社会的視座』日本経済評論社。

▶一井昭［2009］「独占資本主義の理論――平瀬・白杉論争とその今日的意義」，同『ポリティカル・エコノミー――『資本論』から現代へ』桜井書店，所収。

▶一ノ瀬秀文［2002］「90年代米国型『株式資本主義』の大きな曲がり角」，『経済』（新日本出版社）9月号。

▶岩井克人［2003］『会社はこれからどうなるのか』平凡社。

▶泉弘志［1992］『剰余価値率の実証研究――労働価値計算による日本・アメリカ・韓国経済の分析』法律文化社。

▶―――［2014］『投下労働量計算と基本経済指標――新しい経済統計学の探究』大月書店。

▶金子ハルオ［1966］『生産的労働と国民所得』日本評論社。

▶加藤厚［2002］「『見せかけ』会計」，『旬刊 経理情報』（中央経済社）6月1日号。

▶川上則道［2009］『マルクスに立ちケインズを知る――国民経済計算の世界と『資本論』』新日本出版社。

▶Kennedy, Allan A.［2000］*The End of Shareholder Value,* Perseus Publishing（奥村宏監訳，酒井素介訳『株主資本主義の誤算』ダイヤモンド社，2002年）.

▶Keynes, J. M.［1936］*The General Theory of Employment, Interest and Money,* London: Macmillan（塩野谷祐一訳『雇用・利子および貨幣の一般理論』〔『ケインズ全集』第7巻〕東洋経済新報社，1983年）.

▶北原勇［1984］『現代資本主義における所有と決定』（置塩信雄ほか編『現代資本主義分析』3）岩波書店。

▶Kliman, A.［2004］"Marx versus the '20th-Century Marxist': a Reply to Leibman", in Freeman, Kliman and Wells（eds.）［2004］.

▶Knight, F. H.［1921］*Risk, Uncertainty and Profit,* Boston and New York: Houghton Mifflin（奥隅栄喜訳『危険・不確実性および利潤』文雅堂書店，1959年）.

▶小谷義次・置塩信雄・池上惇［1991］『マルクス・ケインズ・シュムペーター――経済学の現代的課題』大月書店。

▶小檜山正克［1994］『労働価値論と国民所得論』新評論。

▶Krause, U.［1979］*Geld und abstrakte Arbeit: Über die analytischen Grundlagen der politischen Okonomie,* Campus Verlag（高須賀義博監訳『貨幣と抽象的労働――政治経済学の分析的基礎』三和書房，1985年）.

▶櫛田豊［2016］『サービス商品論』桜井書店。

▶Leontief, W. [1941] *The Structure of American Economy, 1919–1939,* New York: Oxford University Press（山田勇・家本秀太郎訳『アメリカ経済の構造——産業連関分析の理論と実際』東洋経済新報社，1959年）．

▶Lichtenstein, Nelson [2009] *The Retail Revolution: How Wal-Mart Created a Brave New World of Business,* New York: Metropolitan Books（佐々木洋訳『ウォルマートはなぜ，世界最強企業になれたのか——グローバル企業の前衛』金曜日，2014年）．

▶Lipietz, A. [1982] "The So-Called 'Transformation Problem' Revisited", *Journal of Economic Theory,* 26(1).

▶Marshall, Alfred [1890] *Principles of Economics,* 9th (variorum) ed., with annotations by C. W. Guillebaud, London: Macmillan, 1961（馬場啓之助訳『経済学原理』第1分冊～第4分冊，東洋経済新報社，1965～1967年）．

▶Marx, Karl [1962] *Das Kapital, Kritik der politischen Ökonomie,* Bd. 1, in: Karl Marx/Friedrich Engels, Werke (MEW), Bd. 23, Dietz Verlag, Berlin（岡崎次郎訳『資本論』第1巻〔『マルクス＝エンゲルス全集』第23巻第1分冊・第2分冊〕大月書店，1965年）．

▶―――― [1963] *Das Kapital, Kritik der politischen Ökonomie,* Bd. 2. in: Karl Marx/Friedrich Engels, Werke (MEW), Bd. 24, Dietz Verlag, Berlin（岡崎次郎訳『資本論』第2巻〔『マルクス＝エンゲルス全集』第24巻〕大月書店，1966年）．

▶―――― [1964a] *Das Kapital, Kritik der politischen Ökonomie,* Bd. 3, in: Karl Marx/Friedrich Engels, Werke (MEW), Bd. 25a, Dietz Verlag, Berlin（岡崎次郎訳『資本論』第3巻〔『マルクス＝エンゲルス全集』第25巻第1分冊〕大月書店，1966年）．

▶―――― [1964b] *Das Kapital, Kritik der politischen Ökonomie,* Bd. 3, in: Karl Marx/Friedrich Engels, Werke (MEW), Bd. 25b, Dietz Verlag, Berlin（岡崎次郎訳『資本論』第3巻〔『マルクス＝エンゲルス全集』第25巻第2分冊〕大月書店，1967年）．

▶―――― [1968] *Theorien uber den Mehrwert,* Teil III. in: Karl Marx/Friedrich Engels, Werke (MEW), Bd. 26III, Dietz Verlag, Berlin（岡崎次郎・時永淑訳『剰余価値学説史』〔『マルクス＝エンゲルス全集』第26巻〕大月書店，1970年）．

▶―――― [1983] *Das Kapital, Kritik der politischen Oekonomie,* Bd. 1, erste Auflage, 1867. in: Karl Marx/Friedrich Engels, Gesamtausgabe (neue MEGA), 2. Abteilung, Bd. 5, Dietz Verlag, Berlin（岡崎次郎訳『資本論第1巻初版：第1章および付録「価値形態」』大月書店，1976年）．

▶松石勝彦 [1972]『独占資本主義の価格理論』新評論。

▶松嶋敦茂 [1996]『現代経済学史 1870～1970——競合的パラダイムの展開』名古屋大学出版会。

参考・引用文献　249

▶森杲［1986］『株式会社制度』北海道大学図書刊行会。

▶Moseley, F. [2000] "The 'New Solution' to the Transformation Problem: A Sympathetic Critique", *Review of Radical Political Economics,* 32(3).

▶────［2004］"The Return to Marx: Retreat or Advance", in Freeman, Kliman and Wells (eds.) [2004].

▶向井公敏［2010］『貨幣と賃労働の再定義──異端派マルクス経済学の系譜』ミネルヴァ書房。

▶野村進［2006］『千年，働いてきました──老舗企業大国ニッポン』角川書店。

▶小幡道昭［2014］『労働市場と景気循環──恐慌論批判』東京大学出版会。

▶置塩信雄［1977］『マルクス経済学──価値と価格の理論』筑摩書房。

▶────［1980］『現代資本主義分析の課題』（置塩信雄ほか編『現代資本主義分析』1）岩波書店。

▶奥村宏［2000］『株式会社はどこへ行く──株主資本主義批判』岩波書店。

▶────［2002］『エンロンの衝撃──株式会社の危機』NTT出版。

▶奥村皓一［2002］「ニューエコノミーの巨人・エンロン破局の構造」，関東学院大学『経済経営研究所年報』第24集。

▶大島春行・矢島敦視［2002］『アメリカがおかしくなっている──エンロンとワールドコム破綻の衝撃』NHK出版。

▶Porter, Michael E. [1980] *Competitive Strategy: Techniques for Analyzing Industries and Competitors,* New York: Free Press（土岐坤・中辻萬治・服部照夫訳『競争の戦略』ダイヤモンド社，1995年）。

▶Quesnay, F. [1758-59] *Tableau économique,* in: *Quesnay's Tableau économique,* ed. by Marguerite Kuczynski & Ronald L. Meek, London: Macmillan, 1972（坂田太郎訳『ケネー「経済表」』春秋社，1956年；平田清明・井上泰夫訳『経済表：原表第3版所収版』岩波書店，1990年）。

▶Ricardo, D. [1817, 1819, 1821] *On the Principles of Political Economy and Taxation,* in: *The Works and Correspondence of David Ricardo I,* Cambridge, UK.: University Press for the Royal Economic Society（堀経夫訳『経済学および課税の原理』〔『リカードウ全集』第1巻〕雄松堂書店，1972年）。

▶ルービン，I. I.著／竹永進訳［1993］『マルクス価値論概説』法政大学出版局。

▶────竹永進編訳［2016］『マルクス貨幣論概説』法政大学出版局。

▶斎藤重雄［2005］『現代サービス経済論の展開』創風社。

▶セレブリヤコフ，ヴェ著／堀江邑一・団迫政夫訳［1937］『独占資本と物価』清和書店。

▶Schumpeter, J. A. [1921] *Theorie der wirtschaftlichen Entwicklung,* München und Leipzig Duncker und Humblot (2 Aufl. 1926) (塩野谷祐一・中山伊知郎・東畑精一訳『経済発展の理論』岩波書店, 1951年).

▶―― [1928] "Unternehmer", in: *Handwörterbuch der Staatswissenschaften* (清成忠男編訳『企業家とは何か』東洋経済新報社, 1998年, 所収).

▶Sherman, Howard J. and Evans, Gary R. [1984] *Macroeconomics: Keynesian, Monetarist, and Marxist Views,* New York: Harper & Row (野下保利・原田義教・上村博恭訳『マクロ経済学――ケインジアン, マネタリスト, マルクス派の見解』新評論, 1989年).

▶白川一郎・井野靖久 [1994]『SNA統計――見方・使い方』東洋経済新報社。

▶白杉庄一郎 [1961]『独占理論の研究』ミネルヴァ書房。

▶塩沢由典 [2014]『リカード貿易問題の最終解決――国際価値論の復権』岩波書店。

▶――・有賀裕二編著 [2014]『経済学を再建する――進化経済学と古典派価値論』中央大学出版部。

▶Smith, A. [1776] *An Inquiry into the Nature and Causes of the Wealth of Nations,* GE, II, 1976 (大内兵衛・松川七郎訳『諸国民の富』(1)～(5), 岩波文庫, 1959-66年).

▶Sraffa, P. [1960] *The Production of Commodities by Means of Commodities,* Cambridge: Cambridge University Press (菱山泉・山下博訳『商品による商品の生産』有斐閣, 1962年).

▶Steedman, I. [1977] *Marx after Sraffa,* London: Verso Edition and NLB.

▶鈴木和雄 [1999]『労働力商品の解読』日本経済評論社。

▶高須賀義博 [1979]『マルクス経済学研究』新評論。

▶武田信照 [1998]『株式会社像の転回』梓出版。

▶田村達也 [2002]『コーポレート・ガバナンス――日本企業再生への道』中公新書。

▶鶴田満彦 [2012]「書評『グローバル資本主義論――日本経済の発展と衰退』」, 経済理論学会『季刊 経済理論』第48巻第4号。

▶竹永進 [2007-2009]「貨幣的循環理論の構造と問題再論 (一)～(五)」, 大東文化大学『経済論集』, (一) 第89号 (2007年7月), (二) 第90巻 (2008年3月), (三) 第91号 (2008年7月), (四) 第92号 (2009年3月), (五) 第93号 (2009年7月)。

▶土志田征一・田村秀男・日本経済研究センター編 [2002]『検証 株主資本主義』日経BP社。

▶上村達男 [2002]『会社法改革――公開株式会社法の構想』岩波書店。

▶植村博恭・磯谷明徳・海老塚明 [1998]『社会経済システムの制度分析――マルクスとケインズを超えて』名古屋大学出版会。

参考・引用文献　　251

▶植竹晃久［1984］『企業形態論──資本集中組織の研究』中央経済社。

▶宇野弘蔵［1959］『マルクス経済学原理論の研究』岩波書店。

▶───［1962］『経済学方法論』東京大学出版会。

▶Useam, Michael［1996］*Investor Capitalism,* Basic Books.

▶和田豊［2014］『価値の理論（第二版）』桜井書店。

▶Weber, Max ［1956］ *Wirtschaft und Gesellschaft: Grundriss der verstehenden Soziologie.* Mit einem Anhang: Die rationalen und soziologischen Grundlagen der Musik. 4., neu hrsg. Aufl. Besorgt von Johannes Winckelmann, Tübingen: Mohr（世良晃志郎訳『支配の社会学』I，創文社，1960年）。

▶Williamson, O. E.［1975］*Markets and Hierarchies: Analysis and Antitrust Implications,* New York: Free Press（浅沼万里・岩崎晃訳『市場と企業組織』日本評論社，1980年）。

▶吉村信之［2011］「転形問題における単一体系解釈」，『信州大学経済学論集』第62号。

▶吉富勝［1999］「アメリカ経済　その新しい構造と危機──証券資本主義の貫徹と矛盾」，『世界』9月号。

初出論文一覧

第2章

「労働価値論と資本循環」，経済理論学会『季刊 経済理論』第52巻第3号，2015年10月。

第3章

「関係主義的な抽象的労働説と国民経済計算」，東京経済大学『東京経大学会誌 経済学』第277号，2013年2月。

第4章

「労働力の価値，剰余価値および剰余価値率について——抽象的労働説の観点から」，福島大学『商学論集』第84巻第4号，2016年3月。

第5章

「抽象的労働説と再生産可能価格」，明治大学『政経論叢』第81巻第3・4号，2013年3月。

第6章

「抽象的労働説と独占価格論」，鶴田満彦・長島誠一編『現代資本主義とマルクス経済学』(独占研究会創立40周年記念論文集) 桜井書店，2015年7月，第4章。

第7章

「コーポレート・ガバナンスと資本家概念」，明治大学『政経論叢』第72巻第4・5号，2004年3月 (一部)。

「『グローバル資本主義論——日本経済の発展と衰退』に対する鶴田満彦氏の書評へのリプライ」，経済理論学会『季刊 経済理論』第48巻第4号，2012年10月 (一部)。

第8章

「資本家概念の拡充について——危険負担，企業組織および革新の担い手」，明治大学『政経論叢』第82巻第3・4号，2014年3月。

第9章

「コーポレート・ガバナンスと資本家概念」，明治大学『政経論叢』第72巻第4・5号，2004年3月 (一部)。

❖第1章は，ほぼ書き下ろしである。また，第2章から第9章まで，いずれの諸章も初出論文に大幅な加筆を施している。

あとがき

　筆者は，三十有余年にわたって勤務先の明治大学政治経済学部で経済原論を担当してきた。この科目は，当初，経済学原論Ⅱという科目名称であり，他方の経済学原論Ⅰがいわゆる近代経済学であったのに対して，こちらはマルクス経済学を講義するという形で，いずれかを必ず履修しなければならないという選択必修科目とされていた。いわゆる「近経」対「マル経」であり，筆者の担当科目は『資本論』さらには『資本論』以後のマルクス経済学を経済学原論として講義するという，古き良き時代のスタイルであった。

　やがてカリキュラム改革が実施され，授業の内容も変更される。シラバスでは「授業の概要・到達目標」として次のように記すこととなった。「経済学派によって資本主義経済観が異なるところから，この違いを明らかにしながら各々の資本主義論を経済原論として講義する。さらに，大学では現代の主流派経済学（＝新古典派経済学）の方法に従ってミクロ，マクロ理論が講義されていることを踏まえ，この授業では，非主流派の経済学（マルクス経済学，ケインズ経済学，現代制度学派など）の多様な資本主義観（および理論）を積極的に講義していく。これによって，資本主義経済に対する多様な分析視点を身につけ，自由で柔軟なものの見方や捉え方を獲得してもらいたい」と。

　要するに，新古典派経済学批判という対抗軸を打ち出し，そのうえで「資本主義経済の基本的な仕組みを理解し，現代経済の歴史的な方向性を読みとる力量を身につけるための土台作り」（上記シラバスより），という意味での「経済原論」を講義するスタイルに変更したわけである。

　かくして，筆者の経済原論は，マルクス経済学のみならず，経済学を構成するさまざまな学派の資本主義観や経済学方法論，諸理論を紹介し講義する授業となった。もっとも，新古典派経済学のミクロ，マクロへの対抗軸として再生産という分析視角を前面に出してはいたが，その基礎理論領域で肝心の価値論をスポイルして（つまり価値概念を関係性に解消して）いたこともあってか，ある種「根無し草」のような気分になっていたことも否定できない。

　自分の経済原論の理論的基盤をどこにおくのか？　講義内容の変更以降，それ

が筆者にとっての，ある種の強迫観念のようなものとなった。本書は，そうした強迫観念が生み出した賜物とも言える。したがって，本書のメインタイトルは「価値と資本」ではなく，むしろ「経済原論の基礎」とすべきであったかもしれない。いまでもそんな気がしないわけでもない。これが正直なところである。

「日暮れて道遠し」，これも定年退職を目前に控えた筆者の実感である。やり残した課題も山のようにある。そのなかでも，気になってしかたがなかったものが3つあった。ひとつは，いったんは関係性に解消してしまった価値概念をもう一度，経済学のツールへと復権させねばならぬという思いである。いまひとつは，大きな学恩を受けた平瀬巳之吉先生の独占価格論（すなわち貨幣＝流通利潤論）をこのツールとしての価値論によって再評価し，新しい労働価値論（＝抽象的労働説）のなかにその的確な理論的位置づけを与えること。そして，最後のひとつが，これまでに筆者が書きためて（書き散らかして？）きた資本概念の現代化を完結した形で提示する，ということであった。

最初の課題は本書の第1部および第2部で，次の課題は本書の第2部の第5章とそれを理論的に踏まえた第6章で，そして第3の課題は本書の第3部で果たしたつもりである。

さて，本書は，明治大学より2017年度の社会科学研究所の出版助成を受けることができた。三十有余年にわたる給与と仕事を与えてくれたことをも含めて，大学には感謝の気持ちでいっぱいである。筆者はまた本書の刊行によって教員生活にひとつのけじめをつけることができたが，それもこれもさまざまな形で筆者を支えてくれた家族のおかげである。それなしにはなにごともなしえなかった。

さらに，本書の刊行にあたっては，出版情勢がいちだんと厳しさを増してきたなかで桜井書店の桜井香氏のご理解とご快諾を得ることができた。正確かつ丁寧な校正をいただいたことも含めて本当に有難く，心から感謝したい。この場を借りて厚く御礼申し上げます。

2017年4月1日　著者

<ruby>飯田和人<rt>いいだかずと</rt></ruby>

明治大学政治経済学部教授
1948年生まれ
1977年，明治大学大学院政治経済学研究科博士課程単位取得退学
博士（経済学）
著書
『市場経済と価値――価値論の新機軸』（ナカニシヤ出版，2001年）
『市場と資本の経済学』（ナカニシヤ出版，2006年）
『グローバル資本主義論――日本経済の発展と衰退』（日本経済評論社，2011年）
『危機における市場経済』（編著，日本経済評論社，2010年）
『現代資本主義の経済理論』（共著，日本経済評論社，2016年）ほか

価値と資本：資本主義の理論的基盤
【明治大学社会科学研究所叢書】

2017年9月20日　初　版

著　者　飯田和人
装幀者　加藤昌子
発行者　桜井　香
発行所　株式会社 桜井書店
　　　　東京都文京区本郷1丁目5-17 三洋ビル16
　　　　〒113-0033
　　　　電話　(03)5803-7353
　　　　FAX　(03)5803-7356
　　　　http://www.sakurai-shoten.com/

印刷・製本　株式会社 三陽社

© 2017 Kazuto IIDA

定価はカバー等に表示してあります。
本書の無断複製（コピー）は著作権上
での例外を除き，禁じられています。
落丁本・乱丁本はお取り替えします。

ISBN978-4-905261-36-0 Printed in Japan